図書館・文化・社会 9

図書館思想の進展と図書館情報学の射程

【編著】
相関図書館学方法論研究会
（川崎良孝・三浦太郎）

【著】
吉田右子
和気尚美
金晶
王凌
根本彰
中山愛理

松籟社

目次

図書館思想の進展と図書館情報学の射程

宗教グループの集会室利用に関する裁判事件
アメリカ図書館協会の到達点

川崎　良孝

はじめに

　1980年にアメリカ図書館協会は『図書館の権利宣言』を修正し、図書館を「情報や思想のひろば」と定めた。図書館は活字資料を中心としてきたが、「情報や思想のひろば」には口頭での情報や思想の交換も含まれ、集会室での利用者グループによる議論や対話は奨励される。それは利用者参加を歓迎することでもあるが、一方では利用をめぐっての問題も生じる。こうした利用者参加の場としては、集会室に留まらず展示空間、掲示板、それに誰もが活用できる文献展示テーブルなど、さらに21世紀に入って図書館主催のネット空間での利用者参加スペースがある。

　アメリカ公立図書館での集会室、展示空間、文献配布テーブルなどをめぐる事件をみると、宗教グループ、ヘイトグループ、LGBTグループなどの活動、とりわけ宗教グループの活発な活動が目立っている。筆者はこれまでに1988年に生じた「アメリカを懸念する女性」事件、その判決に沿って2000年に判示されたクリストファー・ファイファー事件を追い、さらに2004年に生じたフェイスセンター事件、2008年に生じたコミュニティバリュー事件を取り上げてきた。合わせて、そうした事件がアメリカ図書館協会の方針に与えた影響も明らかにしてきた。

　ただしフェイスセンター事件については、筆者が2010年に発表した論考「公立図書館というスペースの思想的総合性」[1]以後にさらなる進展があった。本

稿ではそうした事件の展開を明らかにするとともに、アメリカ図書館協会や知的自由委員会が2010年代になって採択した宗教と集会室に関する基本文献をまとめる。そのことによって、集会室に関するアメリカ図書館協会の方針の到達点を探る。

　1章では「アメリカを懸念する女性」事件、その判決がアメリカ図書館協会に与えた影響、さらに単に集会室に留まらず、図書館というスペースを考察するときに用いられるパブリック・フォーラムの理論について、簡略にまとめる。2章では2004年に生じたカリフォルニア州コントラコスタ・カウンティ図書館で生じたフェイスセンター事件、3章では2008年にオハイオ州アッパーアーリントン公立図書館で生じたコミュニティバリュー事件を取り上げる。これらはいずれも、宗教グループが一般公開で、社会的な問題を討議し、そののちに祈り、賛美、礼拝を行うというプログラムであった。図書館は礼拝が含まれるとの理由で、集会室の利用を拒否したが、宗教グループは裁判に訴えた。2章、3章では両判決を紹介する。4章ではそれを受けて、宗教グループと図書館集会室をめぐる裁判の帰趨を確認する。5章では以上のような宗教グループの裁判闘争が、アメリカ図書館協会の基本方針に与えた影響を探り、最終6章では知的自由委員会が採択した問答集を子細に検討して、5章で示した方針をいっそう具体的に説明する。こうした探究によって、図書館集会室と宗教との関わりについて、一定の到達点に達したことが明らかになる。

1　「アメリカを懸念する女性」事件とパブリック・フォーラムの理論

　「アメリカを懸念する女性」事件は、集会室のみならず図書館というスペースを思想的、法的に考察する場合の起点になる判決である。この事件については以前に詳述しているので、事件の概要とアメリカ図書館協会の方針への影響を簡単にまとめる。そして本稿全体に関係するパブリック・フォーラムの理論について説明する。

1.1　「アメリカを懸念する女性」事件とアメリカ図書館協会[2)]
　「アメリカを懸念する女性」は保守的女性宗教グループで、伝統的なアメリ

カの価値を重視している。ミシシッピー州オックスフォードの同支部は、一般に向けて自分たちの考えを表明しようとして、公立図書館に集会室の利用を申し込んだ。同館の規則は、市民的、文化的、教育的な性格のグループに集会室を提供すると定め、政治的、党派的、宗教的な目的には提供しないとなっていた。この規則によって、宗教グループとの理由で集会室の利用を拒否され、グループは修正第1条違反として連邦地裁に提訴した。連邦地裁は「アメリカを懸念する女性」を支持する判決（1988）を下した。この判決を不服として図書館は連邦控裁に上訴したが、控裁は地裁の判決を確認（1989）した。その要点は以下の2点である。まず図書館集会室はパブリック・フォーラムになっている。集会室利用規則を超えて合衆国海軍徴兵隊やアメリカ在郷軍人会といったグループに提供しているという実態からして、図書館は集会室をパブリック・フォーラムとして創出したので、言論の内容を理由に制限できない。また図書館には利用制限するだけのやむにやまれない利益が存在しない。次に「アメリカを懸念する女性」による集会室の利用は、国教禁止条項に違反しない。集会室を提供する目的は世俗的で、集会室の「主たる効果」が宗教の促進になっておらず、また政府と宗教が過度に関わり合いになることもないからである。等しいアクセスの方針は国教禁止条項に抵触しない。これと同種の事件が2000年にウィスコンシン州ウェストアリス公立図書館で生じ（クリストファー・ファイファー事件）、判決はオックスフォード公立図書館事件を踏襲した。

　アメリカ図書館協会の対応は判決に沿って修正されていく。オックスフォード事件判決を受けて、1991年にはそれまでの『図書館の権利宣言』解説文『展示空間と集会室』を修正し、『展示空間と掲示板』と『集会室』に分割した。『展示空間と集会室』では宗教グループの排除を認めていたが、『集会室』では「アメリカを懸念する女性」事件の判決を取り込み、他の市民グループなどと同じ扱いを求め、宗教グループの利用にも提供すべしと修正した。

1.2　パブリック・フォーラムの理論

　「アメリカを懸念する女性」事件を起点に以後の図書館の性格をめぐる諸裁判はパブリック・フォーラムの理論を用いているので、ペリー地方教職者組合

事件の合衆国最高裁判決を中心に簡略にまとめておく。パブリック・フォーラムを最初に用いたのは1939年のハーグ事件とされる[3]。ニュージャージー州ジャージーシティの条例は、道路その他の公の場所における印刷物の配布などを禁止するとともに、行進、集会などの集団行動を行うには警察の事前許可が必要であるとしていた。ただし、集団行動の許可を却下するのは、騒擾、混乱もしくは無秩序の集会を防止する目的の場合に限定されていた。ある労働者団体が、事前の許可を得ることなく、道路や公園で印刷物を配布しようとした時、市長が条例違反を理由としてその労働者を道路や公園から排除した。このため労働者は条例の違憲性を主張し、ジャージーシティを訴えた。合衆国最高裁は条例を無効とした。この判決の以下の部分は、その後に下された判例でもたびたび引用されている。

　たとえ道路や公園の所有権に基づくものであったとしても、それらは大昔（immemorially）から公衆による使用に委ねられており、集会や市民間の思想のコミュニケーション、そして公共問題の議論のために古来（time out of mind）から使われてきた。道路や公共の場所のこのような使い方は、昔（ancient times）から、市民の特権、免責、権利、自由の一部分をなしてきた。国家的問題への自らの見解をやり取りするために道路や公園を使うことは、合衆国の市民の特権である。この特権は、すべての者の利益に照らして規制されうる。この特権は絶対的ではなく、相対的である。この特権は全体の快適さや利便性に従って、平穏と秩序を保ちつつ行使されなければならないが、規制を装って、特権を奪ったり否定したりしてはならない[4]。

　次に1983年に合衆国最高裁が下したペリー地方教職者組合事件で、最高裁はパブリック・フォーラムに3つの類型を示し、これがその後の諸事件において公有財産と表現活動についての関係を考察する土台となった[5]。ペリータウンシップ・メトロポリタン学区には13の公立学校がある。各学校には教員用の郵便受けがあり、また学校間を結ぶ郵便網が設けられている。各学校の校長の許可の下でYMCAなどさまざまな私的団体によるメッセージの伝達にも用いられていた。

　ところで、1977年以前は、被告ペリー教育組合（Perry Education Association,

以下PEA）と原告ペリー地方教職者組合（Perry Local Educator's Association, 以下PLEA）の両者が学校区における教員を代表する団体として、郵便受けと郵便網を等しく利用できた。しかし1977年にPEAが学区における教員の排他的代表として選出された後、学区はPEAとの労働協約で、PEAにのみ郵便受けと郵便網の利用を認め、競争組合であるPLEAには認めなかった。そこで、PLEAが修正第1条および修正第14条違反を主張して提訴した。合衆国最高裁は非パブリック・フォーラムにおける規制として合理的であり、合憲であるとした。

　判決によると、郵便網と郵便受けへのアクセスをPLEAに拒絶することには、憲法上の利益が関わっている。しかしこのことは、修正第1条における言論の自由の保障が、なんらかのコミュニケーション活動が行われている学校建物のすべての場にたいする同等なアクセスを求めているということまで述べている訳ではない。「公有財産にたいするアクセスの権利の存在とそのような権利にたいする制約が評価される基準は、問題となっている財産の性格にしたがって異なる」[6]。このように述べて、パブリック・フォーラムについての3類型を示した[7]。

　（1）「長い伝統または政府の決定により集会と討議のためにあてられてきた場所においては、表現活動を制限する州の権利は厳しく制限される」。道路や公園は、大昔から公衆の使用に委ねられてきたもので、市民間の思想の伝達や公共的な問題について議論が行われてきた。これらの最も典型的なパブリック・フォーラムにおいては、政府はすべてのコミュニケーション活動を禁止することができない。州が内容に基づく排除を執行するには、規制がやむにやまれない州の利益に仕えるものであり、かつ規制がその目的を達成するように狭く設定されたものでなければならない。さらに州は内容中立の時間、場所、態様に関する規制を行うことができるが、重要な政府利益に仕えかつ十分な代替的なコミュニケーションの経路を残したものでなくてはならない。

　（2）「第2のカテゴリーは、州が公衆の使用のために表現活動の場所」として設けた公有財産である。州には施設の開放的性格を無期限に維持することが求められているわけではないが、開かれたものとして維持していく限り、伝統的

なパブリック・フォーラムに適用されるのと同一の基準に拘束される。

　(3)「伝統または指定による公衆のコミュニケーションのためのフォーラムとはいえない公有財産は、異なる基準によって決定される」。その場合には、時間、場所、態様に加えて、それが「合理的なものでありかつ公務員が話し手の見解に単に反対であるという理由で表現を抑圧するようなものでない限り」、規制が認められる。

　このようにペリー事件の合衆国最高裁判決は3つのパブリック・フォーラムの類型を提示し、その後の裁判で頻繁に使われるようになった。ここで問題となるのは第2のカテゴリーのパブリック・フォーラムである。このフォーラムは州が公衆の使用のために表現活動の場として設けた公有財産であるが、このフォーラムは「伝統的フォーラムでないフォーラムを公衆の討議のために意図的に開くこと」によってのみ創出される。したがってそうしたフォーラムであるか否かの決定は、政府の方針と利用実態、それに表現活動との親和性の検討によって判断されることになる[8]。

2　礼拝を含む集会室利用とフェイスセンター事件（2004年）[9]

　2000年代に入って異なる種類の事件が生じてきた。いずれも、一般向けの集会を開き、その後に礼拝を行うという集会で、カリフォルニア州コントラコスタおよびウィスコンシン州アッパーアーリントンの公立図書館で裁判になった。本章では前者の事件、次章では後者の事件を取り上げる。

2.1　フェイスセンター事件：裁判にいたる経過[10]

　ハティー・M.ホプキンズ博士（牧師）を指導者とするフェイスセンターは非営利の宗教団体で、宗教的な視座から教育、文化、コミュニティ、社会、政治の問題を討議したり、祈りや賛美をしたり、聖書や宗教関係書を論議したり、食事会を開いたりしていた。これらの集会は、伝統的な教会の建物で行われてはいなかった。そこにはいわゆる教会を訪れたことのない人に、キリストの教えを伝えたいという意図があった。

　カリフォルニア州のサンフランシスコ湾の東側に位置するコントラコスタ・

カウンティの2000年の人口は約95万人、同カウンティ内にあるアンティオク市の人口は約10万人で、アンティオク市の図書館はコントラコスタ・カウンティ図書館の分館という位置づけであった。図書館の集会室の方針は、「教育、文化、コミュニティ関連の集会、プログラム、活動のための使用を奨励する」と定め、「非営利の市民団体、営利団体、学校、政府機関」が利用できるとなっていた。ただし以下のような制限を設けていた。

(1) 図書館集会室の利用は申込順である。

(2) 集会室申込書には申込者と集会の目的を記入しなくてはならない。

(3) 集会室の利用は図書館職員の承認によって決まり、図書館は申し込みを拒否する権利、および以前に認めた集会を取り消す権利を有する。

(4) 集会が一般公開でない場合、参加料を徴収する場合、販売やカンパを含む場合、申込者は集会室の利用料を払わなければならない。

(5) 学校は「通常のカリキュラムの一部として、教育目的のために」集会室を利用できない。

(6) 「宗教的目的」(religious purposes) のために集会室は利用できない。

この集会室規定の (6) が2004年7月30日に憲法違反と訴えられ、2004年8月頃に「宗教的目的」を「礼拝と宗教活動」(religious services or activities) と修正し、さらに12月には「礼拝」だけに変えている。

フェイスセンターは2004年5月に5月29日と7月31日の2回分について集会室の予約を申し込んだ。ホプキンズ博士は牧師と記入し、集会室の利用目的は「キリストによる救済を教えて促進する目的、そしてコミュニティの構築を目的に、一般公開の祈り、賛美、礼拝 (prayer, praise and worship) を行う」となっていた。予約は受け入れられた。集会に先立ち、ホプキンズは集会日を確かめるために図書館に2回電話し、図書館も集会を確認している。フェイスセンターは5月29日の集会に関するチラシを配布していた。それによると当日の活動は、午前11時から12時までが「ワードショップ」、続いて軽食、午後は1時から3時まで「賛美と礼拝」(Praise and Worship)、そこにはホプキンズ牧師の説教を含むとなっていた。

5月29日の集会は開催されたものの、集会の終わりに近づく頃、図書館員が

宗教的目的は禁止されていること、および7月31日については集会室を利用できないことを告げた。6月になると、図書館は行事予定から7月31日のフェイスセンターの集会を削除している。フェイスセンターの希望は隔月の土曜日に4時間の集会を開きたいということであった。両者は話し合いを続けたが合意に至らなかった。

2.2　フェイスセンター事件：連邦地裁判決（2005年5月）

　2004年7月30日、フェイスセンターは図書館の措置を修正第1条の権利に違反しているとして、カリフォルニア北部地区連邦地裁に提訴した。地裁裁判官ジェフリー・S.ホワイトは2005年5月23日に判決を下している。ホワイトは3つの問題を設定した。すなわち、(1) 問題となる言論が憲法の保護下にあるか否かの決定、(2) 保護下にあれば言論が規制されたフォーラムの性格の決定、最後に (3) フォーラムの性格に照らして原告排除の是非である。なおホワイト裁判官は、かりに非パブリック・フォーラムであっても、見解による差別は許されないと確認している。まず (1) に関して、原告の表現活動が「単なる礼拝」であれ、それ以上のものであれ、修正第1条によって保護されていると確認した。

　通常の場合、ホワイトも指摘するように、続いて (2) フォーラムの性格の決定になる。フェイスセンターは集会室を指定的パブリック・フォーラムと主張し、そこでの言論規制には厳格審査が適用されると主張した。図書館側は集会室は制限的パブリック・フォーラムにすぎず、そこでの規制は「見解中立で、フォーラムの目的と合理的であればよい」と主張していた。これを受けてホワイト裁判官は、指定的であれ制限的であれ、見解に依拠する言論の制限ならば、フォーラムの性格を確定する必要はないと結論づけた。

　図書館は礼拝の禁止については見解による差別ではないとしつつ、5月29日の集会における礼拝を除く表現活動に関しては、許されるトピックを宗教的見解から論じたものと認めている。また図書館はフェイスセンターが配布したチラシを取り上げて、「礼拝」活動をフォーラムで許される他の表現活動から切り離すことができると主張した。この図書館側の主張について、ホワイト裁判

官は同意しないと断言した。

　ウィドマー事件で合衆国最高裁は、「賛美歌を歌うこと、聖書の1節を読むこと、聖書の原則を教えること」が、宗教的視座からの問題の討議から、どのような時点で礼拝に移るのかの決定は難しいとしていた[11]。その後の判決も参照[12]して、ホワイト裁判官はフェイスセンターが願う表現活動について、「そうした表現活動を構成する要素を分解して、『単なる礼拝』を他の許される表現活動から分離することはできない」[13]と結論した。

　また図書館側は国教禁止条項に依拠して、礼拝を排除する必要があると主張していた。これについては、（1）世俗的な立法目的を有しているか、（2）主要な「効果」が宗教を促進していないか、（3）政府と宗教との過度の関わり合いを促進していないかというレモンテストを用いた。このうちいずれのテストに反しても、国教禁止条項違反になる。（1）について集会室の全体的な方針は世俗的で、（2）については集会室は多種多様なグループが利用しており、宗教が集会室を独占してはいない。（3）について、集会室に等しいアクセスを求めることは、宗教と過度に関わることにはならないと判断した。このようにして連邦地裁は原告フェイスセンターの訴えを認めたのである。

2.3　フェイスセンター事件：合衆国司法省の準備書面（2005年11月）[14]

　この地裁判決にたいして、図書館は第9巡回区連邦控裁に上訴した。2005年11月22日、ジョージ・ブッシュ政権下の司法省は法廷助言者として準備書面を提供したが、それは原告および地裁判決を強力に支持する内容であった。準備書面の結論は、「教育、文化、コミュニティ関連の集会、プログラム、活動を行うコミュニティのグループに開かれているコミュニケーションの経路から、フェイスセンターを排除するのは、見解による差別で憲法に違反する」[15]であった。準備書面は問題を次の2点に定めた。

　　（1）礼拝を含む図書館集会室の利用を宗教団体に禁じた時、図書館は見解
　　　　　による差別を行い憲法違反を行ったのか否か。
　　（2）表現活動を求める宗教団体に他の団体と等しい条件で公立図書館集会
　　　　　室へのアクセスを授けることは、国教禁止条項に違反するのか否か[16]。

準備書面は以下のように主張している[17]。グッドニュース・クラブ事件（次章参照）での合衆国最高裁判決と軌を一にして、地裁判決は図書館が言論の自由の権利に違反したと正しく判示した。「教育、文化、コミュニティ関連の集会、プログラム、活動」のために集会室を利用できるという図書館の方針に、フェイスセンターの集会は合致している。フェイスセンターは宗教、社会、政治的な事柄について住民を教育しようと努めており、社会、文化、政治の諸問題について議論を行おうとしている。フェイスセンターはこのゴールを宗教的な見解から追求しているが、その活動がフォーラムの目的に合致するという事実に変わりはない。図書館がフェイスセンターの集会室利用を拒否した唯一の理由は、活動が宗教的視座ということにあり、これは見解での差別で許されない。集会室が制限的パブリック・フォーラムであれ非パブリック・フォーラムであれ、見解での差別が許されないのに変わりはない。

他の団体と同じ条件で、フェイスセンターの活動を許すことは国教禁止条項に違反しない。違反しないだけでなく、フェイスセンターに等しいアクセスを許すことは、国教禁止条項が求める宗教にたいする中立性を保持することになる。またフェイスセンターに集会室へのアクセスを許すことで、州が宗教と過度に関わり合いになることも回避できる。それはフェイスセンターの活動のどの要素が純粋な礼拝であるか、識別する必要がないからである。

このように司法省の準備書面ははっきりとフェイスセンター、地裁判決を支持した。

2.4 フェイスセンター事件：連邦控裁判決（2006年9月）[18]

2006年9月20日の控裁判決は地裁判決を覆したのだが、リチャード・A.パエツ裁判官が法廷意見を書き、3名の裁判官のうち、1名は反対、いま1人は判決の結論に賛成するものの別途に意見を執筆した。既述のように、フェイスセンターが集会室の利用を拒否された時点、集会室の規則は「宗教的目的」には利用できないとなっており、フェイスセンターはこの規則を見解による差別として提訴した。その後、図書館は「礼拝と宗教活動」、そして最終的には「礼拝」だけを禁じた。フェイスセンターは「礼拝」の禁止についても、見解によ

る差別で修正第1条違反と主張した。一方、図書館側は当初の「宗教的目的」という文言は過度に広範であったと認め、フェイスセンターの午前の「ワードショップ」の部分に集会室を利用できるとした。しかし午後の「賛美と礼拝」については、集会室という制限的パブリック・フォーラムを創出した目的を越えるもの、すなわち言論のカテゴリーによる規制で、見解による差別ではないと主張していた。

　パエツ裁判官は地裁判決を4点にまとめている[19]。すなわち、(1) 礼拝は修正第1条の保護下にある言論である。(2) 礼拝は他の形態の宗教的言論と区別できない。(3) 宗教的性格を持つ許される言論から礼拝を排除するのは、見解に依拠する差別である。(4) 国教禁止条項はフェイスセンターの除去を正当化しない。控裁判決が地裁判決と相違する点は、上記の (2) と (3) にある。まず (1) については地裁と考えに相違はない。そののち憲法の保護下にあるあらゆる形態の言論が政府の公有財産で保障されているのではないとし、控裁判決は地裁判決と相違して公有財産についてのフォーラム分析に移っていく。それは、「アメリカを懸念する女性」事件、クリストファー・ファイファー事件と展開を同じくしている。すなわちフォーラムの性格を確定したのち、各フォーラムの審査基準によって、言論規制の妥当性を検討するのである。

2.4.1　フォーラム分析と礼拝[20]

　まず街路や公園といった伝統的パブリック・フォーラムで、古くから集会や言論に専心してきた場である。次に政府が意図的に表現活動のために開いた指定的パブリック・フォーラムである。いずれも言論規制は厳格審査を受け、政府にやむにやまれない利益があり、規制が狭く設定され、コミュニケーションの代替経路が十分になくてはならない。内容中立の時間、場所、態様での最低限での規制は許される。非パブリック・フォーラムは上記のパブリック・フォーラム以外の場で、見解での差別を伴わない限り、合理的な基準が採用される。続いて判決によると、合衆国最高裁はいま1つのフォーラムのカテゴリーとして「制限的パブリック・フォーラム」を識別し、これは特定のグループのために、また特定のトピックを討議するために、意図的に開かれた非パブリッ

ク・フォーラムであるとした。制限的パブリック・フォーラムへのアクセスの制限は、見解中立でフォーラムの目的に照らして合理的であればよい。そして次のように結論している。

　　　アンティオク図書館の集会室は制限的パブリック・フォーラムで、集会室から礼拝を排除するという方針は、当該フォーラムの目的に照らして合理的である。明らかに、図書館が創出したフォーラムは伝統的パブリック・フォーラムでも非パブリック・フォーラムでもなく、この点で両当事者は合意している。両当事者は、集会室が指定的パブリック・フォーラムか制限的パブリック・フォーラムかで意見が相違するが、フォーラムの型を評価するに際しては、政府の方針と利用実態、表現活動との親和性を検討する必要がある[21]。

　集会室の利用方針は「非営利の市民団体、営利団体、学校、政府機関」が、「教育、文化、コミュニティ関連の集会、プログラム、活動のために」利用することを許していた。明らかに、コミュニティが表現活動のために参加することを意図している。そして実際にシエラクラブ、麻薬中毒者更生会、東部コントラコスタ民主党クラブなど多種多様なグループに集会室の利用を許していた。

　確かに方針は広範な目的を掲げているが、指定的パブリック・フォーラムを創出するほどの意図を決定するものではない。合衆国最高裁はグッドニュース・クラブ事件で、ニューヨーク州が「社会的、市民的な集会やレクリエーションのための集会、楽しみのためのイベント、コミュニティの福祉に資する集会」に公立学校を開いた時、ニューヨーク州は制限的パブリック・フォーラムを創出したとの解釈を採用した。明らかに、図書館の方針と利用実態は集会室を見境のない利用のために開くことを意図していない。図書館の方針は学校が通常のカリキュラムの一部として集会室を用いること、および宗教グループが礼拝の場として集会室を使うことを排除していた。また集会室申込書を提出させて、申込者と利用目的をあらかじめ検討していた。さらに一定の利用目的については集会室利用料金を課しており、図書館集会室へのアクセスを一定の目的や話し手に制限したいことを示している。そして図書館は一貫して方針が示

す制限を遵守してきた。

　フォーラムの性格も、集会室を表現活動のために無制限に開く意図がなかったことを示している。図書館は「静寂、知識、美に専心する場」、「学習を容易にし、文化を豊かにするという価値ある使命」を育成する場、「読書、筆記、沈思黙考によって知識の獲得を助ける」場である[22]。図書館集会室はグループ討議や講演といった表現活動と親和性があるものの、それらが読書、筆記、沈思黙考といった図書館の主たる機能を傷つけることを意図してはいない。

　パエツ裁判官は、「集会室の方針は利用に適した話し手や利用を掲げ、常に集会室申込者を検討し、限られた場合に利用料金を取っている。これらは当該フォーラムを見境のない利用に提供していないことを強調している」と記した。その上で、アンティオク図書館の集会室は制限的パブリック・フォーラムであり、「区別がフォーラムの目的に照らして合理的であり、見解中立である限り、……『主題に依拠して』アクセスを制限できる」[23]と結論した。

　そしてこの枠組みの中で、礼拝の排除の是非を検討することになる。図書館は集会室をコミュニティの人びとやグループの集まりの場として、「教育、文化、コミュニティ関連」の集会に広く開いていた。図書館が集会室を提供する目的は、異なる種類の表現活動のためにコミュニティの資源を提供することにある。異なる種類の表現活動とは、会合、討議、講演会、それに「教育、文化、コミュニティ関連」の集会である。図書館の方針はフォーラムの性格、すなわち一般的な集会の場、コミュニティの講演ホール、会社の会議室、スターバックスの代替場所という性格を維持するために、集会室の利用を規制している。例えば図書館は学校が通常のカリキュラムの一部として集会室を利用することを禁じている。これは集会室の目的に照らして合理的である。集会室を教室に転換することは、フォーラムの性格をコミュニティの集会室から公立学校に変えることになる。同じように、集会室を教会に変えないために、礼拝の禁止も合理的である。話し手の見解による差別がなければ、フォーラムの目的に沿わない特定の主題や活動を排除するのは何ら悪いことではない。政府の建物からの礼拝の排除を不合理と結論するならば、市民の集会のために開かれた公有建物は、教会、シナゴーグ、モスクとしての利用のために開かれることになるに

違いない。

2.4.2 見解による差別[24]

　パエツ裁判官によると、集会室での礼拝の禁止はフォーラムの目的に照らして合理的である。しかし礼拝の禁止が宗教的見解による差別なら、修正第1条に違反する。これは既述のように制限的パブリック・フォーラム、非パブリック・フォーラムを問わない。この点に関して、フェイスセンターは2点を主張していた。

　まず、「祈り、賛美、礼拝」は教育、文化、コミュニティ関連の活動であるのに、フェイスセンターの宗教的視座がゆえに抑圧され、礼拝の禁止は見解による差別で許されないとの主張である。判決はこのフェイスセンターの主張に反対している。フェイスセンターの午前中の集会は「ワードショップ」で、聖書や他の宗教関係書の議論、それに教え、祈り、歌、証しの共有、食事、さらに社会的、政治的な問題の論議などは、集会室で行われる聖書についての論議、社会的問題や政治的問題の討議、人生経験の共有といった主題について、宗教的視座を伝えるもので集会室の利用は許される。フォーラムに適切なトピックの議論から、宗教的視座の議論を禁止するのは、見解による差別で修正第1条に違反する。

　一方、フェイスセンターの午後の活動は、見解についての宗教活動ではない。フェイスセンターは明らかに「賛美と礼拝」のために集会室を用い、そのことで図書館の制限的パブリック・フォーラムの境界を越えた。午後の活動が純粋な礼拝を構成するという主張を、地裁は理解していたし、フェイスセンターもこの点に異論を唱えてはいない。むしろフェイスセンターは地裁にたいして、礼拝を宗教的言論から区別できず、法廷がそうした区別をするのは許されないと主張していた。

　判決によると、とはいえ純粋な礼拝は、許される主題に関する宗教的見解を伝えるための世俗的活動ではない。フェイスセンターの礼拝以外の他のトピック、例えば、聖書、コミュニケーション、社会的問題や政治的問題などを論じる場合には、いずれも宗教的視座と非宗教的視座が存在している。同じことが

グッドニュース・クラブ事件での道徳や性格の発達にもあてはまる。

　一方、礼拝の禁止は見解の規制ではなく、カテゴリーの規制である。このカテゴリーの中には、多くの異なる宗教の視座がたくさん含まれている。もし図書館が特定宗派の礼拝を排除するなら、図書館は当該宗派にたいして見解による不法な差別を行ったことになる。しかし礼拝を一律に排除することは、言論の見解ではなく、言論のカテゴリーに依拠する排除になる。

　次にフェイスセンターは、礼拝は集会室で許される他の宗教的な言論と区別できず、その区別を試みることは国教禁止条項が禁止する政府と宗教の過度の関わり合いを生むと主張していた。地裁判決は「表現活動を構成する要素を分解して、『純粋な礼拝』を他の許される表現活動から分離することはできない」と結論していた。一方、パエツ裁判官は、午後の礼拝は図書館の方針に照らして、図書館が扱う「主題」から外れるとして何ら問題はないと結論している。と同時に、「礼拝とその他のすべての宗教的言論との境界を定めるのは非常に挑戦的なことで、政府や法廷には境界を定める能力はない」[25]と述べた。そして地裁は世俗的部分と礼拝を区別するのは困難であるとしたが、控裁はフェイスセンター自体が午前と午後の性格の相違をはっきりと認識し、午後は「賛美と礼拝」と把握しているとした。すなわち図書館が純粋な礼拝か否かを識別できないとしても、フェイスセンター自体が識別できるし、識別したということである。

　控裁判決の結論をまとめると、フェイスセンターの午前中のプログラムは通常の集会室利用に合致し、主催者が宗教団体であっても拒否できない。しかし午後の礼拝については制限的パブリック・フォーラムという集会室の目的を維持するために、言論のカテゴリーとして集会室利用を拒否できる。当のフェイスセンター自体が礼拝と宗教的言論を識別している。このようにして控裁は地裁判決を覆した。

　ところで宗教的見解を表明する活動を認め、礼拝を排除するという均衡の取れた目標を達成するために、そして国教禁止条項が求める政府と宗教との過度の関わり合いを回避するために、図書館は提案をしていた[26]。例えば図書館の提案には、集会室の申し込みに際して、集会室を礼拝に用いないとの確認書の

提出を求めるという措置があった。これは申込者の誠実さに頼るとともに、宗教との過度の関わり合いを回避することになる。控裁はこうした措置に意見を表明してはいないが、両当事者の意見をさらに誘い、適切な判断をするように差し戻した。

　参考までに、同意意見を示した1人の裁判官は、「本件は単純な事件で、図書館は宗教団体から無料の礼拝の場の提供を求められた時、そうした場の助成を強いられるのか」という問題と把握した。そしてこの裁判官は、本判決のように持って回った論を展開する必要はなく、憲法が規定する国教禁止条項を厳格に守らなければならないとの意見であった[27]。いま1人の裁判官による反対意見は、地裁判決と同じように、礼拝と宗教的言論を区別することはできず、礼拝自体が言論であり、礼拝の禁止は見解にたいする差別であるとの考えであった[28]。なお原告は合衆国最高裁に裁量上訴の訴えをしたが、2007年10月1日にこの訴えは認められなかった[29]。

2.5　フェイスセンター事件と礼拝

　「アメリカを懸念する女性」事件とクリストファー・ファイファー事件は、宗教的な団体が図書館集会室を用いて、一般向けの会合やワークショップを開くことの是非が問われた。両裁判はいずれも、通常の図書館集会室の利用と把握して原告の訴えを認め、アメリカ図書館協会も解説文『集会室』(1991)で判決を追認した。しかしフェイスセンター事件は新たな段階に達したといえる。すなわち世俗的な部分と礼拝とが組み合わされている場合に、図書館はどのように対処すべきかという問題である。フェイスセンターの地裁判決は、プログラム全体としての一体性を強調し、かつ礼拝を修正第1条で保護された言論である限り、礼拝の禁止は見解に依拠する差別になるとした。控裁は礼拝の部分の拒否は見解に依拠する差別ではなく、図書館集会室の利用目的に関わるカテゴリーの排除であり、それは憲法上許されるとした。フェイスセンター事件は、解説文『集会室』自体に直接的な問題を提示しておらず、図書館界での関心は決して高くはなかった。知的自由委員会の機関誌『ニューズレター・オン・インテレクチュアル・フリーダム』は2006年3月号で連邦地裁判決と司法

省の準備書面を紹介し、11月号では連邦控訴判決を紹介した[30]。この新しい段階の裁判事件が、さらに2008年に生じており、それがコミュニティバリュー事件である。

3 礼拝を含む集会室利用とコミュニティバリュー事件（2008年）

3.1 コミュニティバリュー事件：裁判にいたる経過[31]

　オハイオ州のアッパーアーリントンはコロンバスの北西にあり、2008年当時の人口は約33,000人である。アッパーアーリントン公立図書館は3つの図書館で構成され、いずれの図書館にも集会室があった。集会室の目的と方針は次のようになっている。

> 民主的な生き方を教育する1つの機関として、図書館は、文化的活動のために、また公共の問題や社会的な問題を討論するために、集会室の利用を歓迎する。そのような集会の場は、集会が住民に公開のものであり、参加が無料である限り、コミュニティのすべてのグループにたいして、構成員の信条や所属関係にかかわりなく、平等に提供される[32]。

　この文言は明らかにアメリカ図書館協会の『図書館の権利宣言』を援用したものである。さらに利用方針は、「営利的、宗教的、政治的キャンペーンの集会には利用できない」としたが、宗教については「礼拝（religious service）を含まない場合、教会に関係する委員会（教会の執行委員会など）の集会室利用は認められる」と定めていた。この規則によると、教会関係の委員会の会議などを例外に、宗教グループの集会室利用を禁じているように思われる。しかし図書館はこの方針を執行しておらず、多様な宗教的集会に集会室の利用を許していた。もっとも礼拝を含めて、営利や政治的キャンペーンの集会は一貫して拒否している。

　コミュニティバリューは非営利の慈善、教育、宗教団体で、オハイオ州法の下で組織されている。地元、州、連邦の機関にキリスト教の道徳的価値を促進するために努力している。そのためにセミナーや教育関係の取り組みを行っている。同グループはオハイオ州の予備選挙に合わせて「政治と教会」という一連のプログラムを企画し、2008年2月26日にはデイトン、2月28日にはシンシ

ナティでプログラムを実施した。2月27日にはアッパーアーリントン市の公立図書館集会室で、午後7時から8時30分まで「政治と教会」を開催しようとした。そのために、2月14日にブルース・パーディが図書館に電話し、「政治と教会」というプログラムでの集会室の利用を申し出た。担当職員が応対し、グループと集会の内容が集会室利用方針に沿っているか確認した。パーディは、自分たちのグループはコミュニティに焦点を合わせるグループで、数名の牧師が参加すると述べた。担当者は礼拝を行うのかと問うと、パーディは否定した。それを確認して、担当者は集会室を押さえ、集会室利用申込書に記入してファックスで送るように指示した。同じ日にパーディは申込書を完成させ、自分たちのグループを「市民的・コミュニティ団体」という箇所に印を付けた。そしてパーディはこの申込書とともに、プログラム「政治と教会」を具体的に説明する文書もファックスで送付した。それによると「政治と教会」は以下の4つの部分で構成されていた。

(1) キリスト教徒、牧師、教会と政治との関わりについて、聖書が述べていることを討議する。

(2) キリスト教徒、牧師、教会が政治に関わるについて、現在の法律の状況を討議する。

(3) 政治における教会の正しい役割に導きを得るため、神に祈る時間。

(4) この国での政治参加への自由について、神に感謝を捧げ、賛美する時間[33]。

翌2月15日、パーディは図書館の担当者に集会室の予約を確認する文書をファックスで送るように電話し、担当者は確認の文書を送付した。しかし担当者はパーディが送った申込書と説明文書に目を通してはいなかった。5日後の2月20日、担当者はワシントン大統領誕生日（法定休日）の休暇から戻り、初めて申込書と説明文書に目を通した。そして電話での内容とファックスで示された内容が非常に異なるのに驚いた。すなわち電話では礼拝はないと述べたが、文書では礼拝が入っているということである。

担当者は上司に連絡し、2月21日には図書館長アン・ムーアが、説明文書が示す礼拝は集会室の利用方針に反すると伝えた。そして館長は以下のように説

明した[34]。プログラム「政治と教会」の(3)と(4)は「礼拝それ自体を構成する要素」(inherent elements of a religious services)で、集会室の利用は許されない。一方、(1)と(2)は「礼拝それ自体を構成する要素」ではないので、すなわち他の諸団体が集会室を利用するのと同じなので、集会室を利用できる。この館長の回答を得て、コミュニティバリューは2月27日に集会室を利用しなかった。そして3月11日、オハイオ南部地区連邦地裁に修正第1条などに違反するとして提訴した。

3.2　コミュニティバリュー事件：連邦地裁判決（2008年8月）

　連邦地裁のジョージ・C.スミス裁判官は2008年8月14日に判決を下した。スミスが設定した問題は、修正第1条に照らして、図書館側が「礼拝それ自体を構成する要素」と述べる部分も含んで、「政治と教会」プログラム全体に図書館集会室を利用できるのか否かということであった[35]。すなわち問題は図書館が述べる「礼拝それ自体を構成する要素」をどのように解釈するかであり、その点で前章のフェイスセンター事件と類似の事件である。

3.2.1　修正第1条に関する分析[36]

　判決は原告の言論が憲法の保護下に入ると確認したのち、政府の公有財産であらゆる形態の憲法の保護下にある言論が保障されているのではないとし、公有財産についてのフォーラム分析に移っていく。言論の制限はフォーラムの性格によって左右される。スミス裁判官は前例に従って、フォーラムを(1)伝統的パブリック・フォーラム、(2)制限的、指定的パブリック・フォーラム、(3)非パブリック・フォーラムにまとめた。街路や公園といった伝統的パブリック・フォーラムでの言論の規制には厳格審査が適用され、政府にやむにやまれない利益があり、制限が狭く設定され、コミュニケーションの代替経路が十分に開かれていなくてはならない。制限的、指定的パブリック・フォーラムは、州が表現活動に用いるために、公有財産を指定して開いたフォーラムである。制限的、指定的パブリック・フォーラムを同じものと考える判例では、伝統的パブリック・フォーラムと同じ審査基準が適用される。非パブリック・フ

ォーラムでの表現規制には合理性の審査が適用されるが、見解中立でなくては
ならない。

　スミス裁判官は制限的、指定的パブリック・フォーラムの概念に混乱がある
ことを指摘した[37]。そして両パブリック・フォーラムを同一視する判例と異な
ると把握する判例があることを示した。そして一般の人びとに区別なく利用に
開かれている指定的パブリック・フォーラムと、話し手や主題に関して一定の
カテゴリーにだけ開かれている制限的パブリック・フォーラムに区分する判例
があるとした。そして各々の審査基準は異なり、前者は厳格審査、後者は見解
中立で合理性の審査基準が適用されていると記した。後者の例として、フェイ
スセンター事件の連邦控裁判決を指摘している。

　原告コミュニティバリューは図書館集会室は指定的パブリック・フォーラム
で厳格審査に服すべきと主張し、図書館側は集会室は非パブリック・フォーラ
ムで合理性と見解中立の審査を用いるべきと主張していた。これを受けて、判
決はフォーラムの性格を決定するために、(1) 集会室に関する図書館の方針、
(2) 集会室の利用実態、(3) 集会室と表現活動の親和性を検討した。(1)「集会
室に関する図書館の方針」[38] について、方針は広範であったが、一定の表現活
動を排除していた。まず営利で、これは狭く設定されており問題はない。次に
政治的キャンペーンで、これも政治的言論の小さな下位カテゴリーに限定され
ている。さらに規則では宗教グループは集会室を利用できないと定めている
が、同時に「礼拝を含まない場合、教会に関係する委員会……の集会室利用は
認められる」と定めていた。これについてスミス裁判官は、「礼拝を行わない
限り、宗教の討議を含む『宗教的集会』を許しているように思われる」と解釈
した。

　(2)「集会室の利用実態」[39] について、スミス裁判官は宗教グループを取り上
げ、ほぼ一貫して方針を適用していると分析した。例えば、教会の月例の委員
会、イスラムの宗教と文化に関する討論会、新しい教会の設立に関する教会の
会議、教会による宗教ビデオの上映などに、集会室の利用を許可していた。一
方、ある教会が改造中に礼拝を図書館集会室で行いたいと申し込んだが、これ
は拒否したのである。図書館は「礼拝」を定義づけていないものの、この事件

で図書館が「礼拝それ自体を構成する要素」と結論したものを、「礼拝」としているのは明らかであるとした。

　(3)「集会室と表現活動の親和性」[40] については、公立図書館は知識の追求に専心する場で、学習を容易にし、文化を豊かにするという価値ある使命を育成する。図書館の方針と実践は、そうした広範な活動のための利用を許しており、集会室は表現活動と親和性がある。さらに図書館はコミュニティバリューの表現活動が図書館に混乱を生み、図書館の「基本的な機能」を害すると主張するものの、図書館はそうした証拠を示してはいない。このように分析して、判決は以下のようにまとめている。

　　　要するに、図書館は方針と利用実態によって、非営利の諸目的のために
　　　集会室の利用を許した。例外は、申し込まれた集会の内容が狭く設定さ
　　　れた制限の1つに該当する場合である。それに図書館の集会室は表現活動
　　　と親和性がある[41]。

　そしてスミス裁判官は、集会室を指定的パブリック・フォーラム、制限的パブリック・フォーラムと判断した。図書館側は集会室を非パブリック・フォーラムと主張したが、スミス裁判官は「集会室は広範な表現活動に使われ、また表現活動とも親和性があり、もし被告の主張に同意すると、公有財産で指定的、制限的パブリック・フォーラムに入るものはなくなる」と断言している。その場合、スミス裁判官は以下の図書館裁判を示して、図書館は指定的パブリック・フォーラム、制限的パブリック・フォーラムと位置づけられていると指摘した[42]。すなわち、「アメリカを懸念する女性」事件 (1989)、クリストファー・ファイファー事件 (2000) といった直接的に図書館集会室の利用に関わる事件に加えて、ホームレスの図書館利用に関して図書館という場のフォーラム分析を行ったクライマー事件 (1992)[43]、公立図書館のすべての利用者端末にフィルタリング・ソフトウェアを導入することに関してフォーラム分析を行ったラウドン公立図書館事件 (1998)[44]、さらには児童書を公立図書館の児童部門から成人部門に移したことに関してフォーラム分析を行ったサンド事件 (2000)[45]、裸足利用者を退館させたことをめぐって争われたコロンバス・メトロポリタン図書館事件 (2003)[46] である。

3.2.2　フォーラム分析とグッドニュース・クラブ事件判決（2001年）

　続いてフォーラム分析の適用である。図書館側の主張は「礼拝それ自体を構成する要素」とそれ以外に分け、前者の排除は見解中立で合理的な制限であると主張していた。コミュニティバリューは前者の排除が憲法で許されない見解に依拠する差別と主張していた。この部分の分析について、スミス裁判官は、合衆国最高裁が2001年に下したグッドニュース・クラブ事件を援用した。

3.2.2.1　グッドニュース・クラブ事件の合衆国最高裁判決（2001年）[47]

　ミルフォードはニューヨーク州の中央部にあり、2000年の人口は約3,000人の小さな町である。ミルフォード中央学校はニューヨーク州法に依拠して、学校の建物の利用を住民に開いていた。そうした利用は、（1）教育、学習、芸術のあらゆる部門の教育、（2）社会的、市民的な集会やレクリエーションのための集会、（3）コミュニティの福祉に資する集会を対象にしていた。一方、個人や団体による宗教的目的での利用を禁じていた。

　グッドニュース・クラブは子どものための私的なキリスト教団体で、放課後に学校のカフェテリアで週毎に集会を開きたいと申し込んだ。その目的は、「歌い、聖書の教えを聞き、聖句を暗唱するといった楽しい時間」を持つためとなっていた。学区は使用目的が実質的に礼拝に相当し、学区の方針に反するとして、カフェテリアの利用を拒否した。クラブは憲法の保護下にある言論の自由という権利を否定されたとして提訴した。1997年に連邦地裁は暫定的差止命令を発行してクラブを支持し、クラブは校内の部屋で毎週放課後に集会を持った。しかし1998年に裁判所は差止命令を取り消し、学区を支持した。クラブは第2巡回区連邦控裁に上訴し、控裁は地裁判決を支持した。その理由は、（1）学校は制限的パブリック・フォーラムである。（2）もし合理的で見解中立なら、そうしたフォーラムでの言論の規制は許される。（3）クラブの排除という決定は以下の理由で許される。（a）クラブの活動の主題は「典型的な宗教」（quintessentially religious）であり、（b）そのような活動は道徳や性格の発達という境界の外側にあるので、（c）学区の決定は見解に依拠するものではない。

　さらにこの裁判は合衆国最高裁に持ち込まれ、最高裁は控裁判決を覆した。

そこでは、(1) クラブの排除は見解による差別で修正第1条の言論の自由に違反する、(2) 国教禁止条項がクラブの活動の禁止を正当化することはないと判示した。前者 (1) について以下のような意見を示している。(a) 子どもの道徳や性格の発達を推進するあらゆるグループが学校の建物を利用できる。(b) クラブの活動は道徳的価値の教えから切り離して、単なる宗教を構成するのではない。(c) クラブによる宗教の使用を、クラブが伝える福音的メッセージだけを取り上げて、見解と異なるものとして扱う理由はない。(d) 言論の自由の保障という目的にとって、クラブがキリスト教に呼びかけることと、他の団体が当該団体の土台となるチームワーク、忠誠、愛国心に呼びかけることに、論理的な相違はない。さらに国教禁止条項がクラブの排除を正当化することはない。

3.2.2.2　グッドニュース・クラブ事件判決の援用[48]

　コミュニティバリューのプログラムには、グッドニュース・クラブのプログラムと同じように、祈りと賛美が入っていた。それは前者の事件では「礼拝それ自体を構成する要素」、後者の事件では「典型的な宗教」とされていた。また前者のプログラムは後者のプログラムと同じように、他の要素が入っていた。コミュニティバリュー事件で図書館側は、そうした他の要素は明らかに図書館集会室を利用できる活動と軌を一にしていると認めていた。グッドニュース・クラブ事件判決は、「クラブの活動は教える価値や道徳的価値と分離して、単なる礼拝を構成するものでない」と結論づけていた。これを受けてスミス裁判官は、「政治と教会」における「礼拝それ自体を構成する要素」は、公共問題や社会問題の討議と分離して、単に礼拝を構成しているのではないと判断した。そしてもし図書館が「政治と教会」全体を拒否していれば、コミュニティバリュー事件は、事実においてグッドニュース・クラブ事件と相違はないと断言した。

　もっとも図書館は全体を拒否するのではなく、祈りと賛美、すなわち「礼拝それ自体を構成する要素」だけを排除した。しかしこの排除はグッドニュース・クラブ事件の最高裁判決と相容れない。最高裁は「典型的な宗教」や「決

定的に宗教的な性格のもの」も、宗教的見解を示す言論と把握している。スミス裁判官の判断は、「礼拝それ自体を構成する要素」とそれ以外とを切り離すことは不可能であり、そうである限り図書館は見解による差別を行ったというものであった。すなわち以下がまとめとなる。

> 要するに、原告が提案した「政治と教会」の賛美と祈りという要素は、「政治と教会」の他の許される要素と切り離して、単なる礼拝を構成するのではない。本法廷によると、賛美と祈りは宗教的見解を伝える言論である。「礼拝それ自体を構成する要素」を含む部分を切り出して、原告を図書館集会室から排除するのは、見解による不法な差別であり、修正第1条が定める言論の自由という原告の権利を侵害する[49]。

さらに図書館側は修正第1条が規定する国教禁止条項の遵守には、やむにやまれない州の利益があると主張していた。判決はウィドマー事件判決とレモンテストを援用して、この主張も拒否した[50]。

3.3 フェイスセンター事件とコミュニティバリュー事件

『ニューズレター・オン・インテレクチュアル・フリーダム』は2008年11月号で、コミュニティバリュー事件の連邦地裁判決を紹介した[51]。そこでは、「目立つことだが、図書館側は図書館の方針と利用実態について、フェイスセンター事件の第9巡回区連邦控裁判決と軌を一にしていると主張したのだが、コミュニティバリュー事件の判決は図書館の主張を拒否した」と記している。当然ながらスミス裁判官は、フェイスセンター事件の連邦控裁判決に言及しており、その骨子は以下のようである[52]。フェイスセンターの控裁判決は、フェイスセンターの午前中のワードショップを認め、午後の「賛美と礼拝」については、制限的パブリック・フォーラムを所定の目的の利用のために維持するための、言論のカテゴリーに関する排除と把握し、図書館側の主張を認めていた。すなわち礼拝と宗教的見解を伝える言論とを区別していた。

礼拝と宗教的言論を区別することに関して、フェイスセンターは政府が宗教に過度に関わることになり、国教禁止条項に違反すると主張していた。控裁はこれに応えて、その区別は「挑戦的な」もので、「政府や法廷には境界を定める

能力はない」と記入していた。しかしフェイスセンター自体が両者の区別を行っていた。判決では「図書館は区別できないが、フェイスセンターは区別できるし、区別している」となっている。したがって「礼拝それ自体を構成する要素」の識別に関して、フェイスセンター事件では図書館が識別を行って、それを判決が支持したのではない。一方、コミュニティバリュー事件の場合、原告はそうした区別をまったく行っておらず、区別を行ったのは図書館である。そして図書館が区別することは、宗教と図書館が必然的に過度に関わり合うことになり、国教禁止条項に違反する。

4　宗教グループの図書館集会室をめぐる裁判事件の到達点

4.1　フェイスセンター事件の差し戻し裁判の結果（2009年6月）[53]

　ファイスセンター事件の地裁判決（2005年5月）から4年、控裁判決（2006年9月）からほぼ3年が経過した2009年6月19日に、連邦地裁のホワイト裁判官が差し戻し判決を下した。2008年8月のコミュニティバリュー事件判決後の1年間、同じ種類の事件に相反する判決が出ていたことになる。

　既述のように連邦控裁は両当事者の考えを誘うように求めていた。「賛美と礼拝」という語句について、ホプキンズ牧師は「聖書についての論議、教え、説教、歌、祈り、証しの共有、聖餐などの活動」を含むとした。そして「特に道徳的性格についての聖書の教えを強調しており、神と隣人を愛し、弱き貧しい者を助け、責任を持つ市民として生産的な生活を送るように」導いていると述べた。2004年5月29日の「賛美と礼拝」では、最初と最後に祈り、2つの聖歌を合唱し、ホプキンズが説教を行った。説教は午前中の「ワードショップ」での教えを補強するものであった。ホプキンズは自分の説教が取り上げるトピックについて、概して「強い性格の発達、すぐれた自尊心の涵養、悪弊への耽溺や悪い習慣の克服、罪の許しの学習、神その他とのすぐれた関係の持ち方、忍耐の必要性、ニーズの充足について神に頼ること、拒否にたいする対処法の学習、恐れや心配の克服」といったことを含んでいるとした。ホプキンズによると、「フェイスセンターの集会の礼拝部分と礼拝でない部分を分けるのは、自分には不可能」ということであった。というのは「礼拝は神との関係の外的

表明であり、神の御心に沿うことを行っている時は、常に礼拝行為をしている」からである[54]。

　続いて分析に移り、結果だけを示すと、(1) フェイスセンターは憲法の保護下にある言論に従事している[55]。(2) 集会室は制限的パブリック・フォーラムである[56]、(3) 集会室の目的に照らして、礼拝の制限は合理的である[57]。(4) 礼拝の制限は見解にたいして中立である[58]とした。要するに集会室での礼拝の制限は、言論の自由条項に違反しないと結論したことになり、これは控裁判決を確認したことになる。

　しかし控裁も指摘するように、問題は国教禁止条項との関連にあった[59]。ホワイト裁判官はレモン事件判決 (1971) が用いた3つのテスト基準を用いた。すなわち規則は、(1) 世俗的目的を有しているか、(2) 主要な効果が宗教を促進していないか、(3) 政府と宗教との過度の関わり合いを促進していないかというテストである。このいずれかに抵触していると、国教禁止条項違反になる。図書館にとって、(1) と (2) は問題ではなく、問題は (3) で、ホワイト裁判官は「政府と宗教との過度の関わり合いを促進している」と判断し、礼拝での集会室の利用禁止は国教禁止条項に違反すると結論した。図書館は礼拝の制限に該当するか否かの決定を、もっぱら集会室の申込者（フェイスセンター）に頼っていた。しかし集会室の利用が許される宗教的活動ではなく、礼拝活動か否かという問いが生じると、図書館が申し込みを検討して決定しなくてはならない。実際、ある具体的活動が礼拝に相当するのか否かの決定には、宗教理論を検討する必要がある。それに事実上、控裁判決は、礼拝とその他の宗教的言論の区別は「挑戦的」と記し、政府と宗教が過度に関わるという問題を明示していた。また、その決定を「政府や法廷が行う能力はない」と決めつけていた。ホワイト裁判官はこうした理由で、礼拝の制限はレモンテストの第3テストを満たせないと判断した。

　結論は次のようである[60]。第9巡回区は、両当事者の意見も求めて、礼拝の排除を許し、同時に政府と宗教との過度の関わりを避ける指令の作成を求めていた。図書館側は礼拝を行わないという確認を申込者から取ることで、この問題を解決できると示唆していた。もし図書館の主たる関心が、集会室が「時折

の教会」になることを回避しようとするなら、その判断を当事者に委ねることは過ちや危険な状態を招きかねず、満足できる解決法ではない。「時折の教会」になることを回避する他の方策があるかもしれないが、そうした方策は提示されなかった。したがって礼拝の制限の執行を止めるしかない。

　2008年の判決は、集会室の利用実態についていっそう具体的に示しているので、その一端を紹介しておく[61]。図書館は日曜閉館で、月曜から水曜は午前10時から午後8時、木曜は正午から午後8時、金曜は正午から午後6時、土曜は午前10時から午後6時まで開館している。集会室は開館時刻前でも、閉館時刻の後でも午後10時まで利用できる。集会室は玄関ロビーの事務室の近くにあり、110名を収容できるが、防音装置はない。121のグループが年間に1,200を越える集会を行っていた。具体的な利用を例示すると、栄光コミュニケーション・ネットワークは聖書の学習会、カレッジ援助サービスはテストの作成、メリルリンチは無料の投資家訓練会、コントラコスタ・カウンティ法律家協会は移民への無料法律相談を行った。また全国ホットドック週間、全国アイスクリーム月間（いずれも7月）には、ホットドックとアイスクリームのパーティを実施している。さらに親睦会、劇のリハーサル、動物を持ち込むイベントも行われている。

　このフェイスセンター事件の2009年判決について、「読書の自由財団」は2009年にシカゴで開催されたアメリカ図書館協会年次大会の評議会への報告で、「全国の図書館員の関心を引いた」[62]と述べている。また『ニューズレター・オン・インテレクチュアル・フリーダム』でも単なる報告ではなく、コメントを加えて取り上げた[63]。なおフェイスセンター事件とコミュニティバリュー事件は結びつきのない事件と思われるかもしれないが、両事件を支援し弁護したのは、いずれも保守的なキリスト教の法律支援団体である連合防衛基金で、後述するように同基金は図書館集会室などを対象に組織的な裁判闘争を行っていた。

4.2　リバティカウンセルと図書館集会室
　リバティカウンセルは信仰を土台とする非営利団体で、フロリダ州オーラン

ドを本拠にし、全国に事務所やボランティアを擁している。福音主義キリスト
教の役割についてプログラムやセミナー、それに法律闘争を中心に活動してい
る。この団体の予算は2003年の140万ドルから、2014年には420万ドルと3倍
になり、これらはほとんどが支持者からの寄付である[64]。オレゴン州北西部の
太平洋岸に面するシーサイドはリゾート地で、2010年の人口は約6,500人であ
った。リバティカウンセルのボランティアを自称する人物が、同州中央部の小
さな町エンタープライズから、2010年8月に図書館集会室の予約を手紙で申し
込み、10月に集会を開きたいと希望した[65]。その手紙では、「キリスト教と聖
書の観点から子どもの道徳観を形成し、責任感のある立派な市民にするのを助
けるために、シーサイドで福音的なアウトリーチを無料で実施する」となって
いた。図書館の方針は非営利グループに無料で集会室を提供していたが、「礼
拝や改宗」のための集会室利用を禁じており、集会室の利用を認めなかった。
8月の申し込みが拒否された後、数か月後にも同じような内容での集会の可能
性を図書館に問うたが、図書館は方針に変化はないと答えた。リバティカウン
セルは、宗教的な見解や内容に関わりなく、他のグループに集会室を提供する
のと同じ条件で利用を認めるべきと訴え、図書館の措置を歴然たる憲法違反と
して提訴した。リバティカウンセルの創設者は、「あらゆる地で、公立図書館
は多様な見解を歓迎すると考えられている。公立図書館がこのような憲法違反
を続けていることに愕然としている」と話した。こうした経過を経て2012年に
公立図書館は「礼拝や改宗」のための集会室利用を禁じる方針を変更するとと
もに、10,500ドルに裁判費用を加えて原告リバティカウンセルに払うことで和
解した。

　マサチューセッツ州の北東部にある工業都市ローレンスでは、2013年7月
にリバティカウンセルが「アメリカ建国期のキリスト教の見解を促進する教育
的、市民的プログラム」を開催したいと、ローレンス公立図書館に集会室の利
用を申し込んだ[66]。公立図書館は申し込みを拒否したが、それは集会室規則
「政治的、宗教的グループは管理運営目的で図書館集会室を利用できるが、改
宗や［政治的］キャンペーンのために、あるいは人びとに特定の信条や見解へ
の影響を与えるために用いることはできない」による。2015年1月、リバティ

カウンセルは再び集会室の利用を申し込んだものの、やはり同じ理由で拒否された。それを受けて、リバティカウンセルは6月に憲法違反として連邦地裁に提訴した。リバティカウンセルは上記の集会室規則の執行を禁止する暫定的差止命令を求めたが、図書館はこの求めに反対しなかった。そして裁判中の8月に図書館は市の法律家の助言によって規則を変更し、上述の規則を削除した。その代わりに、「集会室は純粋な（purely）親睦会、礼拝、政治的キャンペーンには提供しない」という規則を新たに設けた。双方はこの変更で同意し、図書館はリバティカウンセルに100ドルを払うことで9月に解決した。市の法律家は図書館の規則が憲法違反とされたのではなく、両当事者の合意によると強調した。

　2015年にはやはりリバティカウンセルがノースカロライナ州ウェイクカウンティ図書館の集会室規則を問題にした[67]。州都ローリーを擁する同カウンティはノースカロライナで最も人口の多いカウンティである。2013年3月、カウンティ図書館を構成する1つの図書館にリバティカウンセルの幹部が、「アメリカ建国期のキリスト教の見解を促進する教育的プログラム」という題目で集会室の利用を申し込んだ。このプログラムは聖書と建国の父の宗教観を多用するとともに、開始時には簡単な祈祷を行う。同館は文化、市民、情報、教育に関するあらゆる団体に無料で集会室を提供していた。例えばブッククラブ、ヨガのグループ、シナリオ作成クラス、クーポン（割引券）集めのグループなどである。しかし、「党派的な政治的集会、宗教的な教育、礼拝、儀式」での集会室利用を認めておらず、「宗教的な教育」に該当するとして申し込みを拒否した。さらにリバティカウンセルは1年半後の2014年11月にも集会室の利用を申し出たが同じように拒否され、2015年4月に憲法違反を理由に提訴した。この裁判は図書館が集会室規則を変更し、両者が合意して解決したが、図書館はリバティカウンセルに100ドルを払っている。リバティカウンセルによると、こうした図書館集会室の利用規則について約10件の裁判を起こしたが、「図書館の方針が支持された例はなく」、より多くの図書館は裁判に持ち込まれる以前に方針を変更したという。

5 『図書館の権利宣言』解説文と宗教 (2010 年代)

このような図書館裁判を踏まえて、アメリカ図書館協会は宗教に関してどのような方針を設定したのであろうか。2010年代後半は『図書館の権利宣言』および解説文の全面的検討の時代であった[68]。その中に新解説文『アメリカの図書館における宗教』と修正版『集会室』が含まれている。

5.1 『アメリカの図書館における宗教』(2016年)[69]

新解説文『アメリカの図書館における宗教』は2016年6月下旬にフロリダ州オーランドで開かれた年次大会で採択された。骨子は以下のとおりである。まず修正第1条が定める表現の自由、それに国教禁止条項、信教の自由条項を確認した後、「宗教的なコンテンツを持つ資料への大多数の挑戦は、挑戦者自身の信仰や挑戦者自身の宗教の実践を限定することへの挑戦ではなく、憲法の保護下にある言論にアクセスするという他者の権利を潜在的に侵害しようとする挑戦である」とまとめているが、これは宗教に関する資料への検閲の1つの特徴ということになる。

続いて解説文は「宗教」を定義し、「造物主、至高の神または神々、あるいは生きるということの究極的な意味ないしは目的の理解に関するすべてを指す」と定義づけ、そこには「フォーマルに組織化された信仰と実践のシステム、およびインフォーマルな個人的な霊性を含む」とした。そして対象としては、古い宗教の信者、新しい宗教の信者、無宗教者も指すと述べている。

蔵書ではいずれの宗教も支持せず、多様な宗教思想へのアクセスを提供すべきと述べたが、これは図書選択の基本原則の確認にほかならない。ただし特に宗教に関しては微妙な問題があるという。1つの宗教的伝統に特権を与えるのは、修正第1条の国教禁止条項違反になる。例えば宗教的な象徴をラベルに使用することは微妙である。すなわち宗教書の配架書架を指示するために十字架のデザインを用いることは、キリスト教に特権を与えていると把握される。図書館が、地図、便覧、大学案内、辞書、地方史といった特化した資料や目的のためにテーブルや書棚を別にしているなら、聖典のための書棚を別にしてもよい。ただしすべての聖典を公平に扱う限りにおいてである。聖典には他のグル

ープで類似の地位を占めるテクストを含める（例えば、『ヒューマニスト・マニフェストⅡ』）。

　付言すると、解説文は上記のように原典の例として『ヒューマニスト・マニフェストⅡ』を掲げている[70]。このマニフェストは「神は私たちを救うことはできない。私たちは自分自身を救わなければならない」という一文で有名で、要するに有神論を拒絶している。いわゆる宗教とは言い難いと思えるが、「宗教」を「造物主、至高の神または神々、あるいは生きるということの究極的な意味ないしは目的の理解に関するすべてを指す」と定義づければ、「生きるということの究極的な意味」という点で「宗教」に入るということであろう。この場合、聖典と聖典でないものの境界線は非常に曖昧になると思われる。

　以上は主に宗教書の資料の扱いだが、それ以上に重要で問題が生じているのは集会室（さらに利用者に開かれた展示空間や資料配布スペース）の扱いである。そこでは、裁判所は一貫して宗教グループにも他のグループと同じように集会室を提供しなくてはならない、図書館は情報を受け取るための制限的パブリック・フォーラムであると判示していると書き込んだ。また裁判所はこれまで、図書館は宗教グループを排除しなければならないと示したことはないと確認している。図書館にとって最も安全な方針は、コミュニティのすべてのグループに同じ利用規則を適用することで、規則は内容中立で時間、場所、態様の制限に限るべきである。一貫性が最も重要で、すべてのグループを同一に扱い、レンタル料、回数制限、騒音規制、飲食禁止など同じ規則を適用すべきである。

　さらにディスプレイや展示のスペース、印刷物の配布スペースを開放している場合も集会室と同じ扱いにすべきで、例えば印刷物の配布スペースの場合、印刷物1点当たりの部数、印刷物の大きさ、印刷物の滞留日数を含む方針を検討すべきであると確認した。

　解説文は以下の文言で閉じている。「宗教は図書館利用者にとって非常に微妙で、時には論争を生む。まさにこれが理由がために、宗教には最大限の保護が与えられるべきで、合衆国憲法修正第1条、アメリカ図書館協会『図書館の権利宣言』が多種多様な形で保護を約束している」。

この解説文は宗教に関する基本方針を示したものだが、前半は宗教書の資料の扱いで、この部分の説明にはとりたてて新味はない。むしろ重要なのは集会室の扱いである。解説文『アメリカの図書館における宗教』は、制限的パブリック・フォーラムである集会室は、宗教グループにも他のグループと同じように集会室を提供しなくてはならないと記し、「図書館にとって最も安全な方針」は、コミュニティのすべてのグループに同じ利用規則を適用することで、規則は内容中立で時間、場所、態様の制限に限るべきであると結んだ。「図書館にとって最も安全な方針」とは裁判沙汰にならない方針を意味する。この解説文では宗教グループの活動内容に触れず、礼拝という言葉も使われていない。宗教グループの利用を他のグループと同列に置き、内容中立の制限だけを指摘している。

5.2　『図書館の権利宣言』解説文『集会室』（2019年）

　アメリカ図書館協会の対応は判決に沿って修正されていく。「アメリカを懸念する女性」事件判決を受けて、1991年にはそれまでの『図書館の権利宣言』解説文『展示空間と集会室』を修正し、『展示空間と掲示板』と『集会室』に分割した。『展示空間と集会室』では宗教グループの排除を認めていたが、『集会室』では「アメリカを懸念する女性」事件の判決を取り込み、他の市民グループなどと同じ扱いを求め、宗教グループの利用にも提供すべしと修正した。この解説文『集会室』は2019年にさらに修正された。宗教グループに関係する箇所を抜き出すと次のようになる。

> 　　公費支弁の図書館は一般の人びとに集会室スペースを提供する義務はない。もし図書館がスペースの提供を選べば、そうしたスペースは指定的パブリック・フォーラムと考えられる。そして法的先例によると、図書館は議論される主題やグループが唱道する思想に依拠して、いかなるグループも排除できない。……宗教グループに図書館集会室やスペースの利用を許しても、修正第1条の国教禁止条項の侵害にはならない。

　2019年版は1991年版よりも、パブリック・フォーラムという語を用いることで、集会室というスペースを法的枠組みの中に明確に埋め込んだ。また宗教

グループを認めることは国教禁止条項に反するという、多くの公立図書館の認識を明確に拒否し、宗教グループの集会室利用は国教禁止条項に違反しないと明言したのである。続いて「図書館の方針は排除的ではなく包摂的な言葉で書くべき」とし、「教育、文化、知性、慈善、社会活動、市民、宗教、政治団体に開放する」という方針を例示した。さらに「図書館が多種多様な市民団体に集会室を開放しているなら、宗教団体のアクセスを拒否できないであろう」と確認している。そして集会室の利用を定める方針を法律顧問と相談して作成すべきとし、作成に際しての注意を以下のように記した。

> 方針では、利用の時間、場所、態様を適切に定めるべきである。利用制限として、集会の内容、主催者の信条や所属関係を扱ってはならない。

すなわち集会の内容や主催者の性格を集会室利用の判断材料にしてはならず、内容中立な時間、場所、態様の制限に限るべきと強調したのである。

6 アメリカ図書館協会知的自由委員会の対応の到達点

6.1 『アメリカの図書館における宗教に関する問答集』（2010年）

アメリカ図書館協会知的自由部編纂の2021年版『アメリカ図書館協会の知的自由に関する方針の歴史』は、第33章で新解説文『アメリカの図書館における宗教』採択の背景を簡略に説明している。既述のように、この解説文は2016年に採択された。同解説文の採択について、知的自由委員長は「問答集で取り上げられている多くのトピックを出発点として用いるとともに、言論と宗教の双方の表現の自由の原則にいっそうはっきりと理論的に結びつくようにした」と記し、この解説文が問答集を土台としていることを明記している[71]。この問答集とは、知的自由委員会が2010年に採択した宗教に関する問答集である。この問答集は、「公式の方針声明に組み込むには困難な」具体的問題に現実的な助言を提供している。問答集作成の背景には、フェイスセンター事件、コミュニティバリュー事件、それに連合防衛基金やリバティカウンセルの動きが関係していた。

2010年6月末にワシントン・D.C.で開催されたアメリカ図書館協会年次大会で、知的自由委員長マーティン・ガーナーは図書館集会室について次のような

報告をした[72]。キリスト教の法律問題などを扱う連合防衛基金は、礼拝に集会室の利用を許さない図書館を標的に、手紙で攻勢を開始した[73]。手紙には礼拝を禁じる方針は憲法違反であること、図書館が方針を変更しなければ裁判に持ち込むことが記されている。この動きを受けて、知的自由部は図書館員や図書館理事に、集会室の方針や連合防衛基金の手紙について助言を提供すると伝えた。そうした助言には、見本とすべき集会室の方針や図書館集会室についての判例の提供、集会室に関する方針の検討や変更への進言を含む。さらに知的自由委員会の新文書『アメリカの図書館における宗教に関する問答集』[74]を参考にするように求めた。この『問答集』は一問一答形式になっているので、知的自由委員会の見解が明示されている。『問答集』は序文に続いて、「蔵書」（質問数5）、「集会室」(6)、「展示とディスプレイ」(2)、「文献の配布」(1)、「宗教的信条の扱い」（「利用者の信条」(4)、「職員の信条」(6)）という5つの項目で構成されている。便宜的に質問に通し番号を添えると、「集会室」での質問と回答の骨子は以下のようになる。

　(6) **宗教グループに図書館集会室の利用を許すべきか**：はい。裁判所は一貫して宗教グループという理由だけでは、また宗教活動を含むという理由だけでは、集会室の利用を排除できないとしている。学校の集会室や講堂、公園の会館など、多くの公共施設は宗教グループを含めて、あらゆる種類のコミュニティ・グループに利用を認めている。さらに判決は情報を獲得するための制限的パブリック・フォーラムとして図書館を把握している。そして図書館は情報の交換のためにコミュニティが利用する制限的パブリック・フォーラムのエリアを指定でき、そうしたエリアの利用規則を作成できる。蔵書と同じように規則は内容中立で、行動の制限（時間、場所、態様による制限）に限られる。一貫性が肝要で、レンタル料金、利用回数制限、騒音への対応、食料禁止など、すべてのグループを同じように扱い、すべてのグループが同じ規則に服さなければならない。

　(7) **宗教グループが金銭を集めるのはどうなのか**：すべてのグループに適用する方針を用いる。もし非営利グループに集会への参加費の徴収を許すなら、宗教グループの献金も認める。すべてのグループに金銭の徴収を認めていない

なら、献金を許すべきでない。

（8）**聖餐を含めて、食料や飲料を許すべきなのか**：ここでもすべてのグループに同じ方針を用いる。もしアルコールを禁じているなら、聖餐にワインは許されない。ただし意図的でなくても、ある宗教を優遇する規則を避けるのが賢明だろう。例えばカトリックのミサやユダヤ教のセデル（正餐の儀式）はワインを用いるが、多くのプロテスタントのグループの聖餐ではぶどうジュースを用いる。

（9）**図書館は礼拝を禁じることができるのか**：最も安全な方式は、すべてのコミュニティ・グループに同じ利用規則（時間、場所、態様）を適用することである。どの判決も宗教グループや礼拝を排除しなければならないと判示してはいない。礼拝を排除した唯一の事例として、フェイスセンター事件の控裁判決があり、フェイスセンターが礼拝と自認した時、集会室から礼拝を排除できると判断した。それは聖書についての議論、聖書の教育、祈り、歌、証しの共有、それに政治的、社会的な問題の討議といった宗教活動を禁じ得ないことを示している。この確認に続いて『問答集』は次のように書き込んだ。

> 第9巡回区の判決は事実審にたいして、コントラコスタが集会室の方針を適用するに際して、当該宗教グループの活動が礼拝か否かの決定を図書館職員に求めることで、国教禁止条項に違反しないか否か決定することを求めた。……事実審はそうした決定を職員に求めることは国教禁止条項に違反すると判示し、礼拝の禁止を永久に差し止めた。

（10）**賛美歌は許されるのか**：すべてのグループは騒音に関する同じ方針に服する。例えば集会室が防音装置を備えているなら、賛美歌を禁じる理由はない。

（11）**集会室の方針作成で考えるべきことは何なのか**：以下のような領域を取り上げ、すべてのグループに一貫して用いる。すなわち「集会の時間の長さ」、「利用頻度」（例えば1週間や1か月に1回以内）、「部屋や機器の使用料」、「食料や飲料を許しているなら清掃に関わる費用」、「騒音に関する方針」、「方針に従わない場合の措置」、それに「上訴の手続き」である。

知的自由委員会は宗教グループを他の市民的、文化的な諸グループとまった

く同じように扱うべきと結論したことになる。それは献金、聖餐、賛美歌を取り上げていること、そしてそれらを他のグループの集会室利用方針と同一にすることを主張していることからも明白である。

6.2 『集会室に関する問答集』(2019年)

2019年1月29日に『図書館の権利宣言』解説文『集会室』が採択された後、知的自由委員会は『集会室に関する問答集』の作成に着手し、2019年6月下旬にワシントン・D.C.で開催されたアメリカ図書館協会年次大会で、委員会の文書として採択した[75]。この文書は宗教グループに限定した問答集ではないので、党派的政治グループやヘイトグループをも視野に入れた問答集になっている。冒頭にパブリック・フォーラム、国教禁止条項、集会室の方針など、いくつかの鍵となる言葉の定義を掲げ、本文は「パブリック・フォーラム」(集会室と法律、質問数9)、「方針」(4)、「販売と料金」(2) という3つの項目で構成され、全部で15の質問に答えている。

公立図書館には修正第1条が適用される。集会室 (展示空間、掲示板、だれもが利用できる文献配布テーブル) を一般に開放する義務はないものの、開放すれば指定的パブリック・フォーラムで内容や見解によって話し手やグループを排除できない。また論争や人びとからの非難を回避するためにグループを排除してはならない。図書館は話し手やグループの言論の内容を推奨しているのではない。これらは集会室についての一般原則といえる。

宗教に関しては、(5)「公立図書館が宗教グループや礼拝を行おうとするグループに集会室を提供するのは、国教禁止条項に違反するのか」という質問を設けている。そして礼拝を行う宗教グループによる集会室利用を、国教禁止条項は禁止していない、他のコミュニティ・グループと同じように扱わねばならないと確認した。いま1つ宗教に関わる質問として、(8)「図書館集会室へのアクセスを拒否したがために、図書館は提訴されたことがあるのか」という問いがあった。そこでは裁判事例があると答え、最も著名なのは集会室へのアクセスを拒否された宗教グループが提訴し、宗教グループが勝訴した判決であるとした。そして具体的に「アメリカを懸念する女性」事件 (1989)、コミュニティ

バリュー事件 (2008) を指摘している。

6.3 『アメリカの図書館における宗教に関する問答集』(2020年)

2010年の『アメリカの図書館における宗教に関する問答集』は10年後の2020年になって修正された[76]。5つの項目立ては2010年版と同じで、「集会室」については2010年版より2つ多い8つの質問が設けられている。2010年版の6つの質問とその回答は、細かな語句の修正を除いて、そのまま踏襲されている。新しい質問と回答は以下である。

(12) 図書館は宗教をテーマとするプログラムを提供できるのか： はい。コミュニティの関心を反映し、図書館の使命を増進する限り、宗教は図書館プログラムとして正当である。当然ながら図書館は特定の宗教を優遇してはならず、プログラムの目的は知識を与え、教育し、楽しめるものでなくてはならない。図書館はコミュニティにおける信仰や無信仰の多様性を反映するプログラムを提供すべきである。

(13) 図書館はプログラムで宗教団体と協働してもよいのか： はい。宗教団体も他のグループと同じように扱う必要がある。特定の信条や団体を優遇してはならず、情報提供でなくてはならない。

知的自由委員会が採択した文書をみると、宗教グループの集会室が礼拝を含むものであれ、一般的な集会室利用と同じように扱うことを主張している。宗教グループの利用をめぐって、アメリカ図書館協会は一定の結論を下したと考えてよく、それは裁判事件の判決にならったものであった。

おわりに

このように宗教グループの図書館集会室利用に関する裁判の系譜をたどってきたのだが、本稿をまとめると以下のようになる。

・「アメリカを懸念する女性」事件で問題となったのは、宗教グループが一般市民に向けて、宗教の観点から社会的問題などについて自分たちの考えを伝え、論じることの是非であった。前者の事件で判決は初めてパブリック・フォーラムという理論を適用し、集会室の目的はともかく、

利用実態からして集会室はパブリック・フォーラムになっており、そこでは宗教グループという理由で、一般向けの社会問題や政治問題を扱う集会を拒否できないと判示した。

・この判決を受けて、アメリカ図書館協会は『図書館の権利宣言』解説文を修正した。それまでの解説文『展示空間と集会室』は宗教グループの排除を認めていた。それが1991年『集会室』では他の市民グループと同じ扱いを求め、宗教グループの利用にも集会室を提供すべしと定めた。

・その後に生じたフェイスセンター事件とコミュニティバリュー事件は同種の事件であった。すなわち市民グループと同じように扱うべき部分と、礼拝部分を結合した一般向けのプログラムについて、集会室利用の是非が問われたのである。最終的には両判決とも、こうしたプログラムでの礼拝部分を図書館は拒否できないとした。しかし結論にいたるプロセスは異なっていた。コミュニティバリュー事件の場合、2つの部分を切り離せないと判断するとともに、礼拝部分も見解であり、そうである限り図書館集会室がどのような種類のパブリック・フォーラムであれ、見解による差別は認められないとした。一方、フェイスセンター事件の場合、図書館集会室を制限的パブリック・フォーラムと把握し、集会室の目的に照らして、見解中立のカテゴリーとして礼拝を拒否できるとした。しかし礼拝か否かの判断に際して、図書館は宗教と過度に関わり合うことになり、これは国教禁止条項に違反するとして、図書館側の主張を退けた。

・1991年の解説文『集会室』は2019年に修正された。そこでは、パブリック・フォーラムという語を用いることで、集会室というスペースを法的枠組みの中に明確に埋め込んだ。また宗教グループを認めることは国教禁止条項に反するという、多くの公立図書館の認識を明確に拒否し、宗教グループの集会室利用は国教禁止条項に違反しないと明言した。そして内容中立な時間、場所、態様での制限を明確に定め、公表すべきと強調した。

・『図書館の権利宣言』や『図書館の権利宣言』解説文は、具体的な個別事

象を扱ってはいない。それを示すのが、知的自由委員会が採択した宗教や集会室に関する問答集である。そこでは、宗教グループの集会でなされる献金、聖餐での飲料、讃美歌などを取り上げ、各館が定める一般的な集会での参加費やカンパ、食料や飲料、騒音に関する規則を適用すべきとした。礼拝なども含めて、すべてのコミュニティ・グループと同じ利用規則を採用し、言論の内容や主催者の性格を問題にしてはならないということである。これは内容中立な時間、場所、態様での制限ということになる。

　このような経過を経て、アメリカ図書館協会の宗教グループにたいする集会室の扱いが一定の到達点に達したと結論できる。そしてこの到達点に至ったのは宗教グループへの対処であったものの、この方針は宗教グループのみならず、あらゆるグループに適用されると考えるのが妥当である。

　付言すれば、アメリカ図書館協会や図書館界が宗教グループの礼拝を含む集会や礼拝自体を、好意的に認めているわけではないと思われる。最も安全な方式、すなわち裁判に負けない方式が、内容中立な時間、場所、態様での制限であり、そうした制限の必要性を強調しているにすぎない。例えば集会室の利用は1年に4回まで、集会が終わって初めて次回の集会を予約できる、集会の長さを3時間とするといった規則である。また食料や飲料、金銭、騒音に関する行動規則である。このような規則によって、実質的に礼拝を排除することを期待していると思われる。図書館を教会に転化させたくないし、させるべきでないという図書館側の意図は理解できる。それは図書館を学校の教室に転化させたくないし、させるべきでないという図書館の意図と同じである。それを現実化する手立てとして、言論の内容や主催グループの性格を持ち出してはならず、内容中立な時間、場所、態様での規制、それに食料、飲料、騒音、参加料などの行動規則を用いるべきということである。

注
1) 川崎良孝「公立図書館というスペースの思想的総合性：集会室や展示空間へのアクセス：歴史的概観」『現代の図書館』vol. 48, no. 3, September 2010, p. 147-162.

2）本節については以下を参照。川崎良孝「集会室のあり方と図書館の原則：オックスフォード公立図書館事件（1989年）」『図書館界』vol. 50, no. 3, September 1998, p. 126-139;「第2章 宗教グループによる集会室の利用をめぐって：オックスフォード公立図書館事件（1989年）」川崎良孝『図書館裁判を考える：アメリカ公立図書館の基本的性格』京都大学図書館情報学研究会, 2002, p. 41-66.

3）*Hague* v. *C.I.O.*, 307 U.S. 496 (1939). この説明は以下を用いた。前田稔「パブリック・フォーラムと公立図書館」川崎良孝編著『図書館・図書館研究を考える：知的自由・歴史・アメリカ』京都大学図書館情報学研究会, 2001, p. 230. 前田は以下を参考にしている。奥平康弘『表現の自由Ⅲ』有斐閣, 1984, p.197.

4）307 U.S. 496 (1939), 515-516.

5）*Perry Education Association* v. *Perry Local Educators' Association*, 460 U.S. 37 (1983). この説明は以下を用いた。前田稔「パブリック・フォーラムと公立図書館」*op.cit.*, p. 242-244. 前田は以下を参考にしている。大沢秀介「18 パブリック・フォーラム：Perry Education Assn. v. Perry Local Educators' Assn., 460 U.S. 37 (1983)」憲法訴訟研究会・芦部信喜『アメリカ憲法判例』有斐閣, 1998, p. 129-137.

6）460 U.S. 37（1983）, 44.

7）460 U.S. 37（1983）, 45-46.

8）例えば以下を参照。*Cornelius* v. *NAACP Legal Defense and Educational Fund*, 473 U.S. 788 (1985). この事件については以下がある。前田稔「パブリック・フォーラムと公立図書館」*op.cit.*, p. 246-247. 前田は以下を参考にしている。紙谷雅子「パブリック・フォーラムでない場に対するアクセスの制限：Cornelius v. NAACP Legal Defense and Educational Fund, 473 U.S. 788 (1985)」『ジュリスト』no. 902, 1988.2.15, p. 102-105.

9）フェイスセンター（コントラコスタ公立図書館）事件の連邦地裁および連邦控裁判決は以下である。*Faith Center Church Evangelistic Ministries* v. *Federal D. Glover*, 2005 U.S. Dist. LEXIS 30923; *Faith Center Church Evangelistic Ministries* v. *Federal D. Glover*, 462 F.3d 1194 (2006); *Faith Center Church Evangelistic Ministries* v. *Federal D. Glover*, 480 F.3d 891 (2007).

10）フェイスセンター事件の事実経過は以下による。2005 U.S. Dist. LEXIS 30923, 3-10; 462 F.3d 1194 (2006), 1198-1200.

11）2005 U.S. Dist. LEXIS 30923, 17; *Widmar* v. *Vincent*, 454 U.S. 263 (1981), 270 n. 6, 272 n. 11.

12）ホワイト裁判官が援用したのは以下の判例である。*Good News Club* v. *Milford Central School*, 533 U.S. 98 (2001); *Bronx Household of Faith* v. *Board of Education of the City of New York*, 331 F.3d 342 (2003); *Campbell* v. *St. Tammany Parish School Board*, 2003 U.S. Dist. LEXIS 13559. 例えばブロンクスハウス事件の場合、公立学

校が「社会的、市民的、レクリエーション的な集会やエンターテインメント、それにコミュニティの福祉に関係するような使用」に放課後の利用を許していた。判決は、原告である教会の集会内容は世俗的な部分と宗教的な部分（礼拝や賛美など）を含むがそれらは分離できないとし、「礼拝や宗教教育」(religious services or religious instruction) を拒否できないと判断した。

13) 2005 U.S. Dist. LEXIS 30923, 17.

14) "Brief for the United States as *Amicus Curiae* Supporting Appellees and Urging Affirmance: In the United States Court of Appeals for the Ninth Circuit: Faith Center Evangelistic Ministries v. Federal D. Glover, on Appeal form the United States District Court for the Northern District of California," No. 05-16132, November 22, 2005.

15) *ibid.*, p. 2.

16) *ibid.*, p. 2-3.

17) *ibid.*, p. 8-9.

18) フェイスセンター事件の連邦控裁判決は以下である。*Faith Center Church Evangelistic Ministries* v. *Federal D. Glover*, 462 F.3d 1194 (Sep. 20, 2006); *Faith Center Church Evangelistic Ministries* v. *Federal D. Glover*, 480 F.3d 891 (Mar. 9, 2007). 2007年3月の判決は2006年9月の判決を少し修正したものの、本稿に影響しないので、以下では2006年の判決を取り上げる。

19) *Faith Center Church Evangelistic Ministries* v. *Federal D. Glover*, 462 F.3d 1194 (2006), 1201.

20) 462 F.3d 1194 (2006), 1202-1207.

21) 462 F.3d 1194 (2006), 1204. パエツ裁判官によると、指定的パブリック・フォーラムと制限的パブリック・フォーラムの区別は曖昧であるという。

22) 462 F.3d 1194 (2006), 1205.「静寂、知識、美に専心する場」は以下の判決による。*Henry Brown et al.* v. *State of Louisiana*, 383 U.S. 131 (1966), 142. このブラウン事件については以下を参照。川崎良孝『アメリカ公立図書館・人種隔離・アメリカ図書館協会：理念と現実の確執』京都大学図書館情報学研究会, 2006, p. 217-223; 川崎良孝『図書館裁判を考える：アメリカ公立図書館の基本的性格』京都大学図書館情報学研究会, 2002, p. 28-32.「学習を容易にし、文化を豊かにするという価値ある使命」を育成する場は以下の判決による。*United States* v. *American Library Association*, 539 U.S. 194 (2003), 203. この裁判については以下を参照。高鍬裕樹「『子どもをインターネットから保護する法律』最高裁判決と公立図書館：公立図書館でのインターネット・アクセス提供に関して」『大阪教育大学紀要IV, 教育科学』vol. 53, no. 1, 2004, p. 123-134.「読書、筆記、沈思黙考によって知識の獲得を助ける」場は以下の判決による。*Kreimer* v. *Bureau of Police of Morristown*, 958 F.2d 1242 (1992), 1261. このモリスタウン公立図書館（クライマー）事件については以

下を参照。山本順一「公共図書館の利用をめぐって：クライマー事件を素材として」石井敦先生古稀記念論集刊行会『転換期における図書館の課題と歴史』緑蔭書房, 1995, p. 99-111; 川崎良孝「第3章　ホームレスの図書館利用をめぐって：モリスタウン公立図書館事件（1992）」川崎良孝『図書館裁判を考える：アメリカ公立図書館の基本的性格』京都大学図書館情報学研究会, 2002, p. 67-93.

23）462 F.3d 1194 (2006), 1206.

24）462 F.3d 1194 (2006), 1207-1214.

25）462 F.3d 1194 (2006), 1214.

26）462 F.3d 1194 (2006), 1214 n. 19.

27）462 F.3d 1194 (2006), 1215-1216.

28）462 F.3d 1194 (2006), 1216-1228.

29）*Faith Center Church Evangelistic Ministries* v. *Federal D. Glover*, 552 U.S. 822 (2007).

30）"Is It Legal?: Libraries: Antioch, California," *Newsletter on Intellectual Freedom*, vol. 55, no. 2, March 2006, p. 83; "From the Bench: Library: Antioch, California," *Newsletter on Intellectual Freedom*（以下 *NOIF*）, vol. 55, no. 6, November 2006, p. 295.

31）*Citizens for Community Values, Inc.* v. *Upper Arlington Public Library Board of Trustees*, 2008 U.S. Dist. LEXIS 85439, 2-9.

32）2008 U.S. Dist. LEXIS 85439, 3.

33）2008 U.S. Dist. LEXIS 85439, 6.

34）2008 U.S. Dist. LEXIS 85439, 8.

35）2008 U.S. Dist. LEXIS 85439, 10.

36）2008 U.S. Dist. LEXIS 85439, 10-41.

37）2008 U.S. Dist. LEXIS 85439, 14-16.

38）2008 U.S. Dist. LEXIS 85439, 19-20.

39）2008 U.S. Dist. LEXIS 85439, 21-22.

40）2008 U.S. Dist. LEXIS 85439, 22.

41）2008 U.S. Dist. LEXIS 85439, 23.

42）2008 U.S. Dist. LEXIS 85439, 24.

43）*Kreimer* v. *Bureau of Police of Morristown*, 958 F.2d 1242 (1992).

44）*Mainstream Loudoun* v. *Board of Trustees of the Loudoun County Library*, 24 F.Supp.2d 552 (1998). 54. ラウドン公立図書館事件については以下を参照。川崎良孝「第7章フィルターソフトをめぐって：ラウドン公立図書館事件（1998年）」川崎良孝・高鍬裕樹『図書館・インターネット・知的自由：アメリカ公立図書館の思想と実践』京都大学図書館情報学研究会, 2000, p. 119-145; 川崎良孝「第4章 利用者用インターネット端末をめぐって：ラウドン公立図書館事件（1998年）」川崎良孝『図書館裁判を考える』*op.cit.*, p. 95-126.

45） *Sund* v. *City of Wichita Falls*, 121 F.Supp.2d 530 (2000). 55. サンド事件については以下を参照。川崎良孝「第5章 2冊の絵本をめぐって：ウィチタフォールズ公立図書館事件（2000年）」川崎良孝『図書館裁判を考える』*op.cit.*, p. 127-162.

46） *Neinast* v. *Board of Trustees of Columbus Metropolitan Library*, 346 F.3d 585 (2003). ネイナスト事件については以下を参照。「27　コロンビアメトロポリタン図書館事件（2）」川崎良孝『アメリカ公立図書館の基本的性格をめぐる裁判事例の総合的研究』（研究課題番号17500158）平成17年度〜平成18年度科学研究費補助金（基盤研究（C））研究成果報告書, 2007, p. 40-41.

47） 2008 U.S. Dist. LEXIS 85439, 26-32. *Good News Club, et al.,* v. *Milford Central School*, 21 F.Supp.2d 147 (1998); 202 F.3d 502 (2000); 533 U.S. 98 (2001). 以下にもこの事件について説明がある。https://en.wikipedia.org/wiki/Good_News_Club_v._Milford_Central_School

48） 2008 U.S. Dist. LEXIS 85439, 32-35.

49） 2008 U.S. Dist. LEXIS 85439, 41.

50） 2008 U.S. Dist. LEXIS 85439, 41-48.

51） "From the Bench: Library: Upper Arlington, Ohio," *NOIF*, vol. 57, no. 6, November 2008, p. 238-239.

52） 2008 U.S. Dist. LEXIS 85439, 35-41.

53） *Faith Center Church Evangelistic Ministries* v. *Federal D. Glover*, 2009 U.S. Dist. LEXIS 52071.

54） 2009 U.S. Dist. LEXIS 52071, 10-12.

55） 2009 U.S. Dist. LEXIS 52071, 17.

56） 2009 U.S. Dist. LEXIS 52071, 17-21.

57） 2009 U.S. Dist. LEXIS 52071, 21-23.

58） 2009 U.S. Dist. LEXIS 52071, 23-25.

59） 2009 U.S. Dist. LEXIS 52071, 26-31.

60） 2009 U.S. Dist. LEXIS 52071, 36-37.

61） 2009 U.S. Dist. LEXIS 52071, 6-7.

62） "FTRF Report to ALA Council," *NOIF*, vol. 58, no. 5, September 2009, p. 186.

63） "From the Bench: Libraries: Contra Costa County, California," *NOIF*, vol. 58, no. 5, September 2009, p. 159.

64） 本項目では2010年代前半のリバティカウンセルの動きを取り上げるが、例えばリバティカウンセルは2002年にテキサス州アビリーン公立図書館の集会室利用を拒否され、提訴している。この記事によると、同カウンセルが裁判に持ち込んだのはアビリーンが5回目で、その内の3館では図書館が集会室の方針を変更し、内容に依拠する集会室の利用制限を除去したという。以下を参照。"Is It Legal?:

Libraries: Abilene, Texas," *NOIF*, vol. 51, no. 5, September 2002, p. 212.

65）*Liberty Counsel, Inc.* v. *Seaside Pub. Library Board of Trustees*, Case No. 3:12-cv-00329-HU (D. Ore. 2012); "Is It Legal?: Library: Seaside Oregon," *NOIF*, vol. 61, no. 3, May 2012, p. 119.

66）*Liberty Counsel, Inc.* v. *City of Lawrence, Mass.*, Case No. 1:15-cv-12862-ADB; Lisa Kashinsky, "Settlement Reached in Lawsuit against Lawrence Public Library," *The Eagle-Tribune*, October 19, 2015, https://www.eagletribune.com/news/settlement-reached-in-lawsuit-against-lawrence-public-library/article_95145fcd-2327-526c-ab2b-044beaa5316a.html.

67）*Liberty Counsel, Inc.* v. *County of Wake*, North Carolina, Case No. 5:15-cv-00176-FL (E.D.N.C. 2015); Jeffrey C. Billman, "Liberty Counsel, a Christian Group, Sues Wake County Public Library," *INDY Week*, May 13, 2015, https://indyweek.com/news/wake/liberty-counsel-christian-group-sues-wake-county-public-library/; "Is It Legal?: Libraries: Wake County, North Carolina," *NOIF*, vol. 64, no. 4, July 2015, p. 109.

68）川崎良孝「『図書館の権利宣言』および解説文の歴史と現在：全面的検討の時代：2015-2020年」『同志社図書館情報学』no. 31, 2021, p. 96-142.

69）『アメリカの図書館における宗教』の全訳は以下を参照。『図書館の原則（改訂5版）：知的自由マニュアル（第10版）』2022, p. 284-287.

70）『ヒューマニスト・マニフェスト』については以下を参照。川崎良孝「1980年代のアメリカの図書館と知的自由（3）：『図書館の権利宣言』新解説文を中心にして」『図書館界』vol. 43, no. 2, July 1991, p. 106-111.

71）「33: アメリカの図書館における宗教」『アメリカ図書館協会の知的自由に関する方針の歴史：第10版補遺』2022, p. 225.

72）"IFC Report to ALA Council," *NOIF,* vol. 59, no. 5, September 2010, p. 191.

73）例えば2007年と2008年の『ニュースレター・オン・インテレクチュアル・フリーダム』では、以下の頁に連合防衛基金の記事がみられる。頁だけを示しておく。*NOIF,* vol. 56, 2007, p. 59, 65, 103, 107, 153-154, 192, 247-248, 256-257; vol. 57, 2008, p. 9, 109, 150-151, 193, 242, 250. なお同基金のホームページで "library" で検索すると、2022年3月21日現在で、93件の裁判事件が掲載されている。以下を参照。"Showing 93 Results for 'Library'," https://adflegal.org/search?search_term=library

74）この問答集は以下に付録として添付されているものを用いた。"Supplementary Document: Religion in American Libraries, a Q&A by American Library Association," J. Douglas Archer, "Religion, the First Amendment and America's Public Libraries," *Indiana Library*, vol. 32, no. 1, 2013, p. 56-60.

75）ALA Intellectual Freedom Committee, "Report to Council, …, June 24, 2019," *2018-2019 ALA CD#19.5-19.11,* 2019 ALA Annual Conference, n.p.; "Meeting Rooms Q&A,"

2018-2019 ALA CD#19.6_62617_act, 2019 ALA Annual Conference, n.p.

76） "Religion in American Libraries, Q&A," (2020) http://www.ala.org/advocacy/intfreedom/religionqa.

デンマークにおける「公共図書館・教育学習センター開発補助金」
採択プロジェクトにみる脆弱層への視点

吉田右子　和気尚美

はじめに

　デンマークの公共図書館の基本財源は基礎自治体の文化予算からの支出によって賄われている。この予算は、図書館の人件費、資料費、運営費などの基本的な支出に割り当てられる。こうした収入以外に、国が交付する補助金がある。これらの補助金は、現在では全て競争的資金となっており、毎年テーマが設定され各公共図書館は各館の運営計画に合わせて、プロジェクトに公募申請し、採択された図書館は助成金を受け取りプロジェクト活動に取り組む。

　補助金の根拠法は2000年に制定された「図書館サービス法」である。同法は第18条で「国は公共図書館および学校図書館の分野の発展のために補助金を交付する」ことを定めている[1]。2023年現在の補助金の名称は「公共図書館・教育学習センター開発補助金」である[2]。

　自治体予算から計上される基本的な図書館運営費は、図書館の基本的サービスを提供する目的で使われるため、図書館が発展的なサービスを展開するには補助金を活用することが必須となる。また毎年更新される補助金のテーマは、デンマークの社会的課題を反映している。補助金を獲得して社会的課題に関わるプロジェクトを実施することにより、公共図書館はコミュニティの文化福祉機関としての責任を充分に果たすことができる。

1 先行研究と研究目的

1.1 先行研究

2021年に刊行された報告書『プロジェクト「読書の喜び」の位置付け』は、「公共図書館・教育学習センター開発補助金」から資金提供を受けたプロジェクトの中から、読書振興に関するプロジェクトに焦点を当てて、どれだけの資金がどのような地域のプロジェクトに配分されたのか概要を示している[3]。

ギデ・バリングとリスベト・ヴェスタゴーは、子どもの読書に焦点を当てた文化政策を解明するために、2003年から2021年までの主要な文化政策文書を分析した。その結果、余暇読書のためのプログラムが読み書き能力、文化の形成、読書スキルの向上に向けて実施されていたことを明らかにした。そして子どもの読書力向上のために、ステークホルダーとの連携が重要視され、さらに子どもとの協力関係が重要になってきたことを示すとともに、読書に関する包括的な国家戦略が欠如していることを指摘している[4]。

このように「公共図書館・教育学習センター開発補助金」については読書推進に関わる分析事例はあるものの、それ以外のプロジェクトについて事例分析は行われてこなかった。

1.2 研究目的

本研究では、デンマーク図書館開発および共同プロジェクトのための知識共有プラットフォームである「図書館プロジェクトバンク」（Bibliotekernes Projektbank）[5]で情報を入手できる2014年から2022年までの「公共図書館・教育学習センター開発補助金」を対象に、テーマに沿って図書館が計画したプロジェクトを見ていくことで、コミュニティにおける図書館の存在意義を検討する。とりわけ図書館サービスの届かない層（脆弱層、udsatte borgere）を対象とした補助金プロジェクトに着目し、助成金事業を検討する。

本研究において、脆弱層を対象としたプロジェクトに焦点を当てる理由は、デンマークの公共図書館サービスにおいて、住民全体を網羅する全域サービスを原則としながらも、脆弱層に対してリソースを厚く割り当てる政策を取ってきたためである。不利な条件に置かれた人々（underserved populations）へのサ

ービスは、公共図書館職の普遍的活動としてみなされてきた[6]。そうした中で、デンマーク図書館政策における脆弱層を対象としたサービスは社会的公正の現れであることにとどまらず、デンマークの公共図書館が文化民主主義を体現する文化福祉機関として位置付けられてきたことと深く関わっている[7]。理念に裏付けられたデンマークの脆弱層へのサービスの実践は、21世紀の公共図書館サービスの指針の1つとなりうる。

　以下の構成で議論を進める。2章では「公共図書館・教育学習センター開発補助金」の概要をその展開領域及び予算の変遷から見ていく。3章ではデンマークにおける脆弱住居地域について取り上げる。4章では脆弱層・脆弱住居地域を対象とした補助金プロジェクトを分析する。5章では公共図書館・教育学習センター開発補助金について、脆弱層へのサービスを視野に入れて総括する。

2　「公共図書館・教育学習センター開発補助金」の概要と展開

2.1　補助金の概要[8]

　「公共図書館・教育学習センター開発補助金」は、図書館の基本的な任務である情報、教育、文化活動の促進のための基金であり、毎年定められる「財務法」の中で文化省予算として定められている。プロジェクトへの補助金頒布は公共図書館・教育学習センターで実施可能な物理的なサービス、デジタルサービスを対象として行われてきた。申請の権利を有するのは公共図書館、学校、地方自治体、および公共図書館と教育学習センターを支援・開発する機関である。

　図書館サービス法制定以降、補助金の公布機関は図書館局（2000年から2008年）、図書館・メディア局（2008年から2011年）、文化局（2012年から2015年）、宮殿・文化庁[9]（2016年から現在）と変遷している。

　補助金の特徴は、多様なステークホルダーとの共創を目指すプロジェクトが推奨されることである。デンマークの公共図書館は地域の教育機関との連携活動に蓄積があるが、同補助金において、民間団体、ボランティア団体など、公的機関に留まらない新たなパートナーシップとの連携によってプロジェクトが推進されている[10]。

2.2 補助金の展開領域

　表1は補助金についての情報が公開されるようになった2013年から2022年までに設定された公募テーマを示している。

表1　補助金の公募テーマ

年	公募テーマ
2013	若者と成人の読書スキル向上／図書館と市民サービス／児童サービス／若者を対象としたサービス／オープンライブラリー（注）／自由応募／学校図書館と指導機能
2014	若者と成人の読書スキル向上／図書館と新たな利用者集団／児童サービス／物理的存在としての図書館／若者とボランティア活動／将来の学校と学校図書館／自由応募
2015	図書館と利用者グループの拡大／児童サービス／物理的存在としての図書館／将来の図書館における文学の役割／若者とデモクラシー／国民学校における教育学習センターの専門性向上
2016	児童サービス／物理的存在としての図書館／教育的なパートナー兼指導者としての教育学習センター／将来の図書館における文学の役割
2017	子どもと若者／デジタル情報を仲介する／将来の図書館における文学の役割
2018	子どもと若者のための楽しみのための読書／地域可能性に関する教育学習センターの役割／図書館におけるデジタル情報源の提供／自由応募／将来の図書館における文学の役割
2019	地域の文化拠点としての図書館／子ども、若者とデジタル読書／教育的観点から中級レベルの読書に関心を当てた教育学習センターの活動／自由応募／将来の図書館における文学の役割
2020	読書への欲求と全ての人のための読書コミュニティ
2021	力強く持続可能な地域社会の推進力／知識への自由で平等なアクセスの推進／データリテラシーとテクノロジー理解の開発／デジタルサービス、デジタルプラットフォーム、デジタルフォーマットの開発／新たな形態の読書／SDGsを支える
2022	力強く持続可能な地域社会の推進力／知識への自由で平等なアクセスの推進／データリテラシーとテクノロジー理解の開発／デジタルサービス、デジタルプラットフォーム、デジタルフォーマットの開発／新たな形態の読書／SDGsを支える

注　オープンライブラリー（åbne biblioteker）とは図書館の閉館時に利用者が図書館カードを使って入館し、施設と資料を利用者の責任で自由に使う仕組み[11]。
［出典］支援プロジェクトの概要[12]より筆者作成

2020年度は新型コロナウィルス感染症パンデミックにより、応募領域は
「読書への欲求と全ての人のための読書コミュニティ」の1つに絞られている。
2021年と2022年は同様の公募テーマのもとに募集が実施された。

2.3　予算の変遷

　表2に本稿の分析対象とする2014年から2022年の補助金予算額の変遷を示
している。これらは財務法に予算として計上された金額であり、実際の配付金
額には増減がある。

表2　補助金額の変遷

年	予算額	採択数
2014	1,920,000	14
2015	1,940,000	13
2016	1,300,000	33
2017	1,300,000	42
2018	1,300,000	35
2019	1,300,000	24
2020	1,300,000	34
2021	2,550,000	46
2022	2,490,000	39

注　単位はデンマーク・クローネ [13]
［出典］財務省「財務法：文化省予算」2014年-2022年より補助金予算額を抜粋 [14]

　2015年から2016年にかけて約640,000デンマーク・クローネの予算額の減少
が見られた。一方2020年から2021年にかけて約1,250,000デンマーク・クロー
ネの予算額の増加が見られた。

3　デンマークにおける脆弱住居地域

　本章ではデンマーク内務・住宅省 [15] が指定した脆弱住居地域について取り

上げる。

3.1 デンマークにおける脆弱住居地域

　デンマークにはマイノリティが集住し社会問題を抱える地域がある。こうした地域はデンマークの主要都市に存在している。デンマーク政府は1990年代以降、ゲットーと呼ばれる脆弱住宅地域（udsatte boligområder）の住民の生活を向上させることを目的に、各コミュニティの特性に合わせて計画したプロジェクトを開始している。2020年にはデンマーク全土のゲットーを2030年までになくすことを目指す取り組みが開始された[16]。

3.2 デンマーク行政政策と脆弱住居地域[17]

　脆弱な住居地域について、初めて基準が設けられたのは2010年である。最初の「脆弱住居地域」の基準は、「労働市場や教育へアクセスできていない18歳から64歳の住民の割合が、過去4年間平均で40％以上である」、「犯罪歴がある18歳以上の住民数が、10,000人あたり過去4年間平均で270人を超える」、「非西欧諸国からの移民や子孫の割合が50％を超える」という3つの条件のうち、2つの条件に当てはまり1,000人以上が居住する地域となっていた。この時に「脆弱住居地域」と認定されたのは14地区であった[18]。

　2013年に脆弱住居地域の基準が改正され、40地区が認定された[19]。2014年には31地区が認定された[20]。2015年から名称が「ゲットー地域」に変わり、2015年には26地区[21]、2016年には26地区[22]、2017年には23地区[23]が認定された。2018年には「脆弱住居地域」という名称で44地区[24]、2019年と2020年には再び「ゲットー地域」という名称で、2019年には29地区[25]、2020年には15地区[26]が認定された。2021年にゲットーという呼称は廃止され、新たに予防地区（forebyggelsesområder）の認定が開始された[27]。2021年には「脆弱住居地域」という名称で21地区[28]、2022年は18地区[29]が認定された。

　2021年7月現在、脆弱住居地域は以下の4つのカテゴリーに分類されている[30]。

　　（1）脆弱住居地域

「労働市場や教育へアクセスできていない18歳から65歳の住民の割合が40％以上である」、「犯罪歴がある住民が全国平均の3倍以上である」、「後期中等教育以上の教育を受けていない30歳から59歳の住民の割合が60％を超えている」、「15歳から64歳の納税対象者の平均総所得が、同じ県の平均総所得の55％未満である」という4つの条件のうち2つの条件に当てはまり、1,000人以上が居住する地域

(2) 準脆弱地域（parallelsamfund）
非西欧諸国からの移民や子孫の割合が50％を超える地域

(3) 脆弱転換地域（Omdannelsesområder）
準脆弱地域となるための条件を過去5年間に満たした脆弱地域

(4) 予防地域
「労働市場や教育へアクセスできていない18歳から65歳の住民の割合が30％以上である」、「犯罪歴がある住民が全国平均の2倍以上である」、「後期中等教育以上の教育を受けていない30歳から59歳の住民の割合が60％を超えている」、「15歳から64歳の納税対象者の平均総所得が、同じ県の平均総所得の65％未満である」という4つの条件のうち2つの条件に当てはまり、1,000人以上が居住し、非西欧諸国からの移民および子孫の割合が30％を超える地域

　2000年代以降、住宅分野に関しては賃貸規則の厳格化、教育分野においては学習支援や保育所の整備など、これらの脆弱居住地域に焦点を当てたプロジェクトが国レベルで展開されてきた[31]。図書館行政においても「脆弱居住地域」を射程に入れた政策が実施されている。例えば2008年から開始されたブックスタート事業において「社会的目的のための政府基金」に基づき宮殿・文化庁がブックスタートプログラムを主導し、デンマーク語の修得に支援が必要な地域の家庭に対象者を絞り込み、リテラシー育成のための手厚いサポートを行った[32]。

　本研究では、補助金で実施されたプロジェクトの中から、脆弱層を対象としたプロジェクトを抽出しプロジェクトの内容を分析するとともに、プロジェクトの対象に脆弱住居地域が含まれているかどうかも併せて調査した。

4 脆弱層・脆弱住居地域を対象としたプロジェクト

本章では2014年から2022年までに「公共図書館・教育学習センター開発補助金」を得て実施されたプロジェクトを対象に、脆弱層・脆弱地域におけるプロジェクトの内容を見ていく。

4.1 2014年プロジェクト

2014年の脆弱層を対象としたプロジェクトは、脆弱住居地域ケースケアパルケン[33]とスナパルケンで実施されたフレザレチャ図書館のプロジェクトである[34]。

表3 2014年プロジェクトの概要

実施図書館	フレザレチャ図書館
脆弱住居地域	ケースケアパルケン（2013年リスト記載） スナパルケン（リスト未記載）
実施期間	2015年1月1日から2016年12月31日
対象	成人
テーマ	普及、能力、発達、読書、言語刺激
プロジェクト名	失業をなくす
予算	484,400デンマーク・クローネ

プロジェクト概要と成果[35]

同プロジェクトはフレザレチャ・コムーネと住宅関連団体や職業センターの公営住宅政策とが連携し、脆弱層の住民が失業状態から抜け出すために、読書活動を活用する試みである。対象となった地区は脆弱住宅地域であるケースケアパルケンとスナパルケンの失業者である。プロジェクトでは失業者に対し仕事や教育の機会を増やし、参加者の労働市場への参入に向けた準備活動が行われた。

図書館でのプロジェクトの開始は2015年1月であったが、この時点ですでにコムーネ[36]は、失業者のための運動、食事など生活改善コース、デンマー

ク語講座、就職活動やコーチングコースを開始していた。このような既存のコースに対し、図書館が司書の専門性を活かし読書、文学、文化プログラムなどの枠組みで貢献することがプロジェクトの目的であった。

　図書館は「ガイド付き共有読書」(Guidet Fælleslæsning)[37] の手法を取り入れ、失業者の労働市場への接続を支援するために、脆弱住宅地域で実施されている教育コース「失業を抜け出す」(Slip ledigheden) の中に読書活動を組み込んだ。

　具体的には図書館が失業者にとって適切で関連性の高いテキストを選択し、テキストを司書と失業者が共に読むコースが設定された。プロジェクトは潜在的な読書欲求の掘り起こしに寄与し、コース終了後も読書会への参加継続を希望する参加者が見られた。

　「共有読書」への参加者は、読書グループに参加したことで、中断していた図書館利用を再開したことを証言し、共有読書プログラムに含まれる音読について、良い経験となったことを認識していた。プログラム参加後は eReolen[38] を通じて、電子書籍を読んだりオーディオブックを聴いたりするようになったとの発言も得られた[39]。

　プロジェクトの成功により、ガイド付き共有読書プログラムは範囲を拡大し、脆弱住居地域であるスナパルケンに新規に建設されたアクティビティセンターでも開始された。同センターには図書コーナーが設けられ、同地域で雇用した司書が定期的に常駐するようになった。センターを拠点に読書会を実施すると共に、食事を共にするイベントや健康プログラムなど他のイベントも行なわれ、とりわけ図書館が特定の図書を買い上げ住民に配付し、作家との交流会を開催するイベントは住民から好評を博した。アクティビティセンターの利用者代表は、センターで行われるプログラムを終えて読書する利用者やプログラムを休んで読書に熱中する子どもがいることを報告し、住民の読書欲求の高まりを評価している。そしてアクティビティセンターで資料サービスが継続されることを望んだ[40]。

　結果的にフレザレチャ図書館は図書館から脆弱住居地区に活動拠点を移して、失業者を減らすプロジェクトに取り組むことで、対象地域の文化活動、文学的関心を生み出すことに成功し、さらに社会関係資本の創出にも寄与した。

脆弱な地域での図書館の活動により、参加者の読書意欲は高まり同時に労働市場への接続も担保されたことが実証された。

4.2　2015年プロジェクト

2015年の脆弱層を対象としたプロジェクトは、ヴァイレ図書館のプロジェクト[41]、およびライラ図書館・文書館のプロジェクト[42]である。

表4　2015年プロジェクトの概要1

実施図書館	ヴァイレ図書館
実施期間	2016年1月1日から2016年12月31日
対象	若者、成人、高齢者
分野（テーマ）	討論会（イベント、コミュニティ、統合、シティズンシップ、言語刺激）
プロジェクト名	移民・難民のための討論グループ
予算	101,750デンマーク・クローネ

プロジェクトの概要と成果[43]

同プロジェクトでは移民・難民を対象に、時事問題を語る討論グループが結成され、図書館とボランティアが連携して対話を主体とする討論グループを支援した。対象者はデンマーク語での会話が可能な移民と難民である。

同プロジェクトは、運営グループの設置、ボランティア募集、ディベート参加者募集、ボランティア紹介イベント、ディベートグループの設置、追加ディスカッショングループの設置のプロセスを経て実施された[44]。

討論グループの参加者の募集や討論グループの結成にあたり、イェリング・バアコプ赤十字・難民センター、ヴァイレ赤十字カフェ、ランゲージセンター・ヴァイレ、ボランティアセンター・ヴァイレとの連携があった[45]。移民・難民とデンマークの社会や文化をデンマーク語で語り合う討論グループのモデレーターは公募された[46]。2016年11月にはプロジェクトの紹介イベントが開催され、研究者、図書館界関係者が、移民・難民の討論グループについて議論

し、意見公開が行われた。

表5　2015年プロジェクトの概要2

実施図書館	ライラ図書館・文書館（ヴァルスー図書館）
協力図書館	ヘアニング図書館、オーゼンセ図書館、ロスキレ図書館
脆弱住居地区	エーブレハウン（2014年リスト記載） ヴォルスモーセ（2014年リスト記載）
実施期間	2016年1月1日から2016年12月31日
対象	若者、成人、高齢者、文化施設
分野（テーマ）	討論会（集会、利用者の参画、普及、地域統合）
プロジェクト名	シリア難民とデンマーク国民が出会う：展覧会と対話集会
予算	205,000デンマーク・クローネ

プロジェクトの概要と成果[47]

　同プロジェクトはシリア難民とデンマーク人を対象としており、両者の交流を促進する展覧会を開催することを目的として、住民同士の出会いを可視化する展示を行った。

　難民居住地域において、デンマーク人のボランティアが運営する言語カフェが組織化され、デンマーク語レッスン、新聞の読書、デンマークの文化と行動の紹介を支援した。保健師との連携による母親グループの設立、市民との協力による遊戯グループ、食事や音楽鑑賞を伴うイベントが実施された。

　ライラ図書館・文書館はデンマーク難民評議会のボランティアグループ、アウンストロブ難民センター、ヴァルスー学校、オーステズ文化センター、オーステズ・フリースクールと連携し、難民の母親のためのグループ、アウンストロブの女性のためのワールドカフェ、言語カフェ、ボランティアカフェを実施した。ロスキレ図書館は、デンマーク難民評議会、シェラン住宅協会と連携し3つのライブラリーカフェを運営した。そのうちの1つは脆弱な住宅地域エーブレハウンにあるスポーツ図書館に設置された。オーゼンセでは脆弱住居地域にあるヴォルスモーセ文化センターがプロジェクトの中心となった。展覧会

のオープニングでは、シリア人参加者とボランティアが運営するカフェの協力により、アラビア音楽の演奏とシリア料理の提供があった。写真展のストーリー作成に関するライティング・ワークショップ、食事会、図書館のツアーなどの交流イベント、対話当事者である難民とデンマーク人とのマッチングミーティングが開催された。ヘアニング図書館は、難民センター、語学学校、バイリンガルボランティアのグループ、デンマーク難民評議会と連携し、IT カフェ、多文化デー、難民評議会のボランティア活動の発表会などを行った。

　同プロジェクトは他の図書館でも応用可能であり、こうしたプロジェクトが難民だけに留まらず図書館の未利用者が図書館と接触する機会を生み出すことを実証した。

4.3　2016年プロジェクト

　2016年の脆弱層を対象としたプロジェクトは、ヘアリウ図書館のプロジェクト[48]である。

表6　2016年プロジェクトの概要1

実施図書館	ヘアリウ図書館
脆弱住居地域	ヘアリウ・ノーア（Herlev Nord, リスト未記載）
実施期間	2016年1月1日から2017年3月31日
対象	若者
分野（テーマ）	物理的な図書館（利用者参画、コミュニティ）
プロジェクト名	Creatown：自分自身の街を作る
予算	2016年：640,000 デンマーク・クローネ 2017年：265,000 デンマーク・クローネ

プロジェクトの概要と成果[49]

　Creatown（Create your own creative town）は、60名の青少年を対象にコミュニティ図書館を開発するための新たな理論と方法を検証するプロジェクトである。プロジェクトはヘアリウ図書館、キレゴー学校、バラロプ・ヘアリウ創作

学校、ロサン・ボッシュ・スタジオ、コペンハーゲン・ゲーム・コレクティブとの連携による。

　同プロジェクトはヘアリウ・コムーネとヘアリウ図書館が設定したミッションに基づき、キレゴー学校の地下室に地域の若者のための学習スペースや集会室を設置するものである。プロジェクトの対象となったヘアリウ・ノーアは失業率が高い居住区であり、図書館が集会の場として機能することが求められていた。

　司書、教師、建築家、デザイナーが全体の計画を立てると共に、63名の若者がCrealabと呼ばれる集会室と学習スペースの設計と設置に携わった。Crealabはキレン図書館の地下に2016年11月に完成し、音楽スタジオ、ゲームラボ、ビデオ制作用のルームが設けられた。Creatownのプロジェクトを通じて、教育、学習、コミュニティ参加への機会が不足している脆弱住居地域の若者が映画制作、インタラクティブ・メディアやゲームの開発、設計と建設のプロセスについて学習し、一つの空間を共同で作り上げる経験を得た。

4.4　2017年プロジェクト

　2017年の脆弱層を対象としたプロジェクトは ヒレレズ図書館のプロジェクトである[50]。

表7　2017年プロジェクトの概要

実施図書館	ヒレレズ図書館
実施期間	2017年1月1日から2018年1月1日
対象	幼児、子ども、成人、司書
分野 (テーマ)	子どもと若者 (イベント、媒介、コミュニティ、読書、言語刺激)
プロジェクト名	伝説文学の朗読：ヒレレズに新しく到着した難民家族の未就学児への言語刺激
予算	101,500デンマーク・クローネ

プロジェクト概要と成果[51]

　同プロジェクトは、就学時における非西洋的背景を持つ子どもと西洋的背景を持つ子どもの間の格差を縮めるために、ヒレレズに来た難民家族の未就学児に言語刺激を与える新しいコンセプトの開発を目指した。具体的にはヒレレズ図書館で読書を目的とした集会活動を行うことで、難民の母親に読書と早期に読み書きができるようになることの重要性を理解させるとともに、子どもの言語発達を支援した。プロジェクトグループは、言語コンサルタント（sprogkonsulenten）1名、難民受入教育者（modtagepædagoger）2名、図書館員8名の11名で構成された。

　難民家族を図書館に招待し、家族のデンマーク文化への理解を深めることを目指し、言語刺激と読書に関するプレゼンテーションやリーフレットの頒布などを行った。

　自治体職業センターの家族コンサルタント（統合チーム）、言語コンサルタントが候補となる家族のリストを作成した。参加者との最初の面談が家族の自宅で行われた後、合計4回のプログラムが実施された。プログラムには食事の提供、講義、図書館ツアー、アラビア語図書やリーフレットの配付、言語に関わるアラビア語の映画を上映、歌やゲームなどが含まれていた。アンケートの結果、参加家族の読書活動がプロジェクト実施前と比較して活発になったことが明らかになった。

　同プロジェクトには児童図書館司書が全員参加し難民利用者に関わるスキルを身につけるとともに、自治体内の言語コンサルタントおよび難民受け入れ教育者と協力関係が構築された。プロジェクトを通して、ヒレレズ図書館は多言語話者である難民の子どもが通うすべての教育機関と連携を取り図書館の役割を確認した。

4.5　2018年プロジェクト

　2018年の脆弱層を対象としたプロジェクトは王立図書館のプロジェクトである[52]。

表8　2018年プロジェクトの概要

実施図書館	王立図書館
実施期間	2018年4月9日から2019年5月31日
対象	成人、文化施設
参加図書館	ヘアニング図書館、ホーセンス・コムーネ図書館、ヴィズオウア図書館、イスホイ図書館、オーゼンセ図書館、ヴァーデ図書館、ヴァイレ図書館
分野（テーマ）	図書館におけるデジタル情報源の提供（図書館におけるデジタル資源の普及（利用者参画、DX、電子書籍・オーディオブック、媒介、コミュニティ、統合、シティズンシップ））
プロジェクト名	ローカルなデジタル：世界図書館
予算	1,013,595デンマーク・クローネ

プロジェクト概要と成果[53]

　同プロジェクトは、王立図書館のデジタル戦略である「接続された図書館」（Det sammenhængende bibliotek）のビジョンに基づき、「ワールドライブラリ」（Verdensbiblioteket）を拠点にデジタル情報伝達の新しい概念と方法を開発した。移民の統合を視野に入れ教育を通じて社会変革をリードする人材を生み出すことを目的に、プロジェクトで開発されたシステムをデンマーク全国の図書館に提供することを計画した。

　プロジェクトでは図書館の利用者であっても電子図書館を使用していない移民・難民を対象に、各図書館で女性クラブや語学学校との連携、館内での多言語の資料配付、保護者へのPR、子どもへの娯楽プログラムの提供等を通じて普及を推進した。プロジェクトを通じて、電子的な情報源の大規模な未利用者層である移民グループを発見するとともに、利用者への転換を図ることとなった。

4.6　2019年プロジェクト

　2019年の脆弱層を対象としたプロジェクトは、ナアアブロ図書館のプロジェクトである[54]。

表9　2019年プロジェクトの概要

実施図書館	ナアアブロ図書館
脆弱住居地区	該当（リスト未記載）
実施期間	2019年2月1日から2021年1月31日
対象	幼児、成人
分野（テーマ）	地域の文化拠点としての図書館（コミュニティ、言語刺激）
プロジェクト名	新しいコミュニティにおける言語と運動：図書館による架橋
予算	445,000デンマーク・クローネ

プロジェクト概要と成果[55]

　ナアアブロ図書館において、図書と無縁の状況にある生後6か月から12か月までの乳児に身振りやダンスを通じて、言語刺激を与える試みが行われた。同プロジェクトの新規性は、言語刺激への新しいアプローチの使用にあり、発達心理学、身体学習、身体現象学、子どもの感覚運動発達の理解、早期読み書きの知識に基づき、図書館が子どもの身体と言語の間に架け橋を築くことにあった。

　プロジェクトでは乳幼児の言語発達、感覚、運動能力をダンス、動き、音楽を通じて強化し、図書館の非利用者集団である母親に図書館への帰属意識を確実に与えることにより利用者集団に転化することを目指した。同プロジェクトは図書館とダンス施設の協働によって実施され、ソーシャルワーカーがプログラムに関与し地域の母親間のネットワークを強化した。

4.7　2020年プロジェクト

　2020年の脆弱層を対象としたプロジェクトは、ホーセンス・コムーネ図書館のプロジェクト[56]およびヒレレズ図書館のプロジェクト[57]である。

表10　2020年プロジェクトの概要1

実施図書館	ホーセンス・コムーネ図書館
分野（テーマ）	読書への欲求とすべての人のための読書コミュニティ
プロジェクト名	物語への関心：生きた文学と弱い立場にある若者の読書欲求
予算	271,107デンマーク・クローネ

プロジェクト概要[58]

　スュウストユランの「準備基礎教育」（Forberedende Grunduddannelse: FGU）教育プログラム[59]と連携し、準備基礎教育課程の青少年を対象に読書プログラムを実施した。準備基礎教育を受けている若者の多くは学力に問題を抱えており、プロジェクト参加者には、ディスレクシアや読書活動に関してネガティブな経験を持つ若者も含まれていた。同プロジェクトは、対象となる若者に音読を取り入れた読書経験を提供することを目的とし、準備基礎教育を受けている学生を対象とした読書グループの立ち上げや、読書だけでなくラップミュージックに関するドキュメンタリー映画の鑑賞会や作家との交流を通した新たな文学体験の提供を通じて、リテラシーの向上が図られた。また若年脆弱層を対象とする読書グループ組織化のためのマニュアルの作成が進められた。

表11　2020年プロジェクトの概要2

実施図書館	ヒレレズ図書館
分野	読書への欲求とすべての人のための読書コミュニティ
プロジェクト名	脆弱層のための健康的な読書コミュニティ
予算	1,336,000デンマーク・クローネ

プロジェクト概要[60]

　デンマークではすでに「読書のための時間」（Tid til Læsning）「処方箋として

の文化」（Kultur på Recept）等、ガイド付き共有読書プログラムが実施され、これらのプログラムが生活の質、人生の満足度を向上させ、孤独、不安、うつ病、社会的孤立の予防に役立ち、自己理解、倫理的反省、セルフケアの向上に貢献することが示されてきた。同プロジェクトでは、脆弱層のために自治体が実施している心身の健康増進への取り組みを踏まえ、図書館での読書会の継続と定着を目指した。

　プロジェクトはオーフース・コムーネ、ホルステブロー・コムーネ、ヴィボー・コムーネ、ホルベク・コムーネ、グルボソン・コムーネ、ルーザスデール・コムーネ、ヒレレズ・コムーネの7つの自治体の合同プロジェクトであった。

　プロジェクトでは期間中に参加7自治体で28名の読書ガイドボランティアの育成を目標とし、図書館やボランティアセンターは、読書会の継続を希望する市民のために、ボランティアの読書ガイドが活動を継続できるよう、共有読書に関わる能力開発のための全国プラットフォームの構築にも着手した。さらに図書館専門職の基本的なスキルとしてガイド付き共有読書を組み込む可能性についても検討が行われた。

4.8　2022年プロジェクト

　2022年の脆弱層と脆弱住居地域を対象としたプロジェクトは、ブラナスリウ図書館のプロジェクト[61]、レントメストラヴァイ図書館のプロジェクト[62]と テーインスボー学校のプロジェクト[63]である。

表12　2022年プロジェクトの概要1

実施図書館	ブラナスリウ図書館
分野	力強く持続可能な地域社会の推進力
プロジェクト名	男性グループが育む：コミュニティのストーリーテリング・カフェ
予算	99,858デンマーク・クローネ

プロジェクト概要[64]

同プロジェクトではドロニングロンに居住する高齢の独居男性をストーリーテリング・カフェに招待し、孤独を克服する対処法として人生を語りあうセッションを通じて、精神的・身体的問題に対し、文化活動を通じた解決を目指した。プロジェクトでは地域志向手法（fællesskabende metode）により、セクターを超えた活動が実施された。図書館は2014年から60歳以上の男性を対象としたプログラムを提供してきたが、同プログラムはそれを拡大し高齢男性の多くが高い関心を持つ歴史を中心とする読書コミュニティを構築した。図書館は語りを中心として、コミュニティ発展に戦略的に取り組む方法について、新たな洞察を導出した。

表13　2022年プロジェクトの概要2

実施図書館	レントメストラヴァイ図書館
分野	知識への自由で平等なアクセスの推進
プロジェクト名	こんにちは、お父さん・お母さん
予算	70,000デンマーク・クローネ

プロジェクト概要

同プロジェクトは子どもの読書の重要性を保護者に伝えることに焦点を当てた図書館と「ノアヴェスト居住者プロジェクト」（Beboerprojekt Nordvest）[65]の連携プロジェクトである。デンマークとは異なる文化的・言語的背景を持つ保護者とのコミュニケーションの方法を同定するために、対象グループと協働しつつ対象グループへのコミュニケーションの取り方や、有効な伝達チャネルを探っている。

表14　2022年プロジェクトの概要3

実施図書館	テーインスボー学校
分野	知識への自由で平等なアクセスの推進
プロジェクト名	テーインスボー学校のオープンライブラリー
予算	334,277デンマーク・クローネ

プロジェクトの概要

　テーインスボー学校、レントメストラヴァイ図書館、ノアヴェスト居住者プロジェクトの連携プロジェクトであり、言語や読解に問題を持つ就学前教育期から3年生の子どもを持つ保護者を対象とする。家庭における良好な読書文化を育むための具体的な方法を提供することに焦点を当て「オープン・ライブラリー」と称するプログラムを開発した。自由時間を読書活動に充てる住民を増やすことも射程に入れ、学校を読書強化のためのプラットフォームとして利用した。そして保護者が物理的な図書館とデジタルライブラリーを積極的に利用できるように図書館が介入し、学校を通して子どもと親の読書活動の活性化を働きかけた。

5　考察・結論

5.1　プロジェクトの総括

　2014年から2022年までの「公共図書館・教育学習センター開発補助金」による助成プロジェクト280件を分析した結果、脆弱層・脆弱住居地域を明示的に対象としたプロジェクトは全部で12件であった。これらのプロジェクトの概要を表15にまとめた。

　12件の内訳であるが、移民・難民を明示的に対象としたプロジェクトが7件と最も多くなっている。また脆弱住居地域を明示的に対象としたプロジェクトは4件であった。

　3件の採択があった「ガイド付き共有読書」は、読書を通じて精神的健康を増進するためのイギリス発祥の読書活動であり、4名から8名の参加者でフィクションの読書体験を共有する。ガイド付き共有読書が通常の読書会と異なる

表15　脆弱層・脆弱住居地域を対象としたプロジェクト

年	テーマ	サービス対象	脆弱住居地域
2014	ガイド付き共有読書	脆弱住居地域の失業者	該当
2015	討論グループの形成	移民・難民	
	展覧会	脆弱住居地域のシリア出身の難民	該当
2016	図書館整備	脆弱住居地域の若者	該当
2017	難民を対象とする文化プログラム	難民の母親と未就学児	
2018	電子図書館利用促進	デジタルライブラリー未利用の移民・難民	
2019	難民を対象とする文化プログラム	難民の母親と乳幼児	該当
2020	ガイド付き共有読書	準備基礎教育課程の若者	
	ガイド付き共有読書	脆弱層（対象を特定せず）	
2022	文化サークル	高齢の独居男性	
	難民を対象とする文化プログラム	難民児童の保護者	
2022	読書推進プログラム	就学前教育期から3年生の難民児童の保護者	

　のは、事前に取得したフィクションの知識ではなく参加者個人の体験を中心にセッションが進められる点である[66]。デンマークには2010年代に導入され、デンマーク読書協会が普及を推進してきた[67]。共有読書に参加することで批判的思考が養なわれ、社会問題について理解が深まることで、コミュニティの結束を強化することが報告されている[68]。

　2020年に採用されたヒレレズ図書館の「読書への欲求とすべての人のための読書コミュニティ」は、共有読書活動を定着・発展させるためのプロジェクトであり、7自治体の共同プロジェクトとして実施された。対象となる図書館はすでに「ガイド付き共有読書」についての経験を持っており、各自治体に「ガイド付き共有読書」を浸透させるためのプロジェクトとして計画された。図書

館での読書プログラムを通じて住民の精神的健康を維持し向上させることは、自治体における図書館のアイデンティティやプレゼンスの強化につながるが、ここではとりわけ脆弱層を対象とした文化福祉政策として読書プログラムが展開された点に、特徴が認められる[69]。

難民児童の保護者を対象としたプロジェクトは4件あった。これらのプロジェクトはいずれも難民が持つルーツ文化を尊重しつつ、デンマークで定住するために必要な言語・文化スキルを図書館で提供する方法が取られていた。難民の保護者にとって、公共図書館はインフォーマル教育を受けられる最も身近な施設であるが、それだけでなく図書館はコミュニティに参加していくための起点ともなっている。

北欧諸国の公共図書館は、資料・情報の提供機関から、コミュニティの紐帯となり住民の地域社会への参加を促す機関へと変化している。この変換を反映し、「公共図書館・教育学習センター開発補助金」の対象が申請の権利を有するのは、公共図書館、学校図書館だけでなく、地方自治体、および公共図書館と教育学習センターを支援・開発する機関となっている。

5.2　脆弱層を対象としたプロジェクト

宮殿・文化庁は2019年から2022年までに「脆弱住居地域の芸術と文化」（Kunst og kultur i udsatte boligområder）を対象に15のプロジェクトを助成した。これは脆弱住居地域において、地域に根ざした芸術や文化活動を通じて住民の能動的な社会参加を支援するために、大学、図書館、美術館、地方自治体、教育・レジャー機関、アーティストと住宅協会、地域団体、デイケアセンター、学校、クラブ等が、連携してイベントを実施するために発案された。このプロジェクトには各年につき500万デンマーククローネが計上された[70]。

15のプロジェクトのうち、図書館が関わったプロジェクトは5件あった。1件目は、2019年から2022年にかけて脆弱住居地区フィンランドパルケンで実施された「文化のメリーゴーランド」（Kultur Karrusellen）プロジェクトで、助成総額は1,020,600デンマーク・クローネであった。同プロジェクトは女子児童が、音楽、芸術、演劇、映画などの芸術を通して、周囲の社会と交流しなが

らコミュニティへの帰属意識を高めていくことを目的としていた。COVID-19のパンデミック期間であったため、ポッドキャストの制作などオンラインでの異文化活動の開発も行われた。ヴァイレ図書館は音楽学校やレジャー機関、スポーツクラブ等と共に連携機関となっている[71]。

2件目は、2020年から2023年にかけて脆弱住居地区リンホルム（Lindholm）で実施された「私たちが住んでいる場所はここ：ニュークービング緑地における地元の都市開発に携わる子供たちと若者の声」（Her, hvor vi bor: Børn Og Unges Stemme I Lokal Byudvikling I Nykøbings Grønne Hjørne）プロジェクトで、助成総額は632,500デンマーク・クローネであった。同プロジェクトは、地域在住の俳優やアーティストと連携して実施される文化フェスティバルやワークショップを通じて、子どもと若者の地域参加を促進するものである。グルボソン図書館は、グルボソン中学校、文化センター（Kulturfabrikken）等と共に連携機関となっている[72]。

3件目は、2021年から2024年にかけて脆弱住居地区イエナムパルケンとグラールビャウで実施される「世界のすべての芸術」（Al Verdens Kunst）プロジェクトで、助成総額は1,193,000デンマーク・クローネである。同プロジェクトは若者と成人のシティズンシップを強化するために、住民とアーティストが共同でランドアートの製作を行なった。ラナス図書館は、公営住宅事業、レジャーセンター等と共に連携機関となっている[73]。

4件目は、2021年から2025年にかけて脆弱住居地区ティンビャウで実施される「ティンビャウのテキスタイル―手芸を通じたシティズンシップの獲得」（Tekstil i Tingbjerg - aktivt medborgerskab gennem håndarbejde）プロジェクトで、助成総額は1,969,920デンマーク・クローネである。同プロジェクトはティンビャウ在住の女性を対象として、手工芸や針仕事、さらに参加者の人生経験を女性のシティズンシップの獲得への入口として活用している。参加者はアーティストや職人との交流、ワークショップ、教育・文化機関のイベントへの参加を通じて作品を創作し、共同関係を構築することで多様性のあるコミュニティを目指している。ティンビャウ図書館・文化センターは、ティンビャウ教会、グレーヴェ博物館、地域の手芸協会「イーネ・オヤ」、コペンハーゲンビジネ

ススクール、コペンハーゲン大学等と共に連携機関となっている[74]。

　5件目は、2021年から2024年にかけて脆弱住居地区ミョルナーパルケンで実施される「アイデンティティを創造するアート：若者の物語が社会イノベーションを生み出すとき」（Identitetsskabende Kunst: Når Unges Fortælling Skaber Social Innovation）プロジェクトで、助成総額は524,206デンマーク・クローネである。同プロジェクトは地元の若者がライフヒストリーを踏まえ、自らのアイデンティティを生み出すアートを創作することで、民主的な対話や社会参加、結束力、連帯感を育み地域に変化を生み出すことを目的としている。ナアアブロ図書館は、地域団体であるビーフリー・ナアアブロ、ターニング・クラブ、ミョルナーパルケン自治会、グロブ劇場等と共に連携機関となっている[75]。

　プロジェクト「脆弱住居地域の芸術と文化」は脆弱地域における犯罪の抑止、安全維持だけでなく、参加型の文化・アートプログラムを通じて、住民が地域に対するコミットメントを深め、社会的・文化的・経済格差を克服すること、さらにシティズンシップや民主主義への意識を高めることを目標としていた[76]。このプロジェクトに対し、すべての図書館が関わっていたわけではない。しかしながら地域の総合文化施設として機能し、すでに脆弱層へのサービスの蓄積がある図書館が、脆弱住居地域の芸術・文化プログラムに関して、連携先の最優先候補の1つであったことは疑いえない。

おわりに

　デンマークにおいて、全住民を対象とする生活保障制度として社会福祉の理念が体現化されていく過程で、1960年代以後、図書館は文化保障制度の中に位置付けられ発展していった歴史的経緯を持つ。社会保障、福祉、教育など生活にかかわる問題を政策に基づく公的制度として実現する仕組みは「北欧モデル」と呼ばれてきたが、公共図書館はこのモデルの中に、文化保障のための制度として組み入れられてきた。さらにデンマークでは1990年代以降、公共図書館は生活に関わる多様な情報の提供を通じて社会福祉に関わる公的機関として、住民の生活支援に関わってきた[77]。2000年代からは、文化・教育面にお

いてとりわけ弱い立場にある移民・難民を対象としたサービスを強化しつつ、公共図書館が住民のエンパワーメントと社会の発展を両立させる可能性を模索してきた[78]。2023年に「シンクタンク未来の図書館」が刊行した報告書『図書館利用　今日・明日：ターゲットグループに基づくマッピング』では、身体的・精神的障害があったり、デンマーク語スキルや読解スキル、デジタルスキル等に問題がある脆弱層を対象に図書館利用状況を調査した結果、脆弱の性質による差異はあるものの、脆弱層が非脆弱層と同程度に図書館を利用していること、その事実は図書館が住民の多様なニーズに応えることができる社会施設であることを示していると分析している[79]。

　本稿の分析を通じて、「公共図書館・教育学習センター開発補助金」のターゲットの1つが脆弱層への割り当てであることが明らかになった。そして開発補助金における脆弱層を対象としたプロジェクトは、デンマークの国家地域開発目標と自治体地域政策戦略の下に展開されていること、公共図書館がプロジェクト実施を通じて担う役割は、パブリックライブラリアンシップが内包する社会的公正の観点に合致していることが明らかになった。公共図書館における社会的公正は、全住民への平等・公平なサービスの提供を基調とする図書館の包摂に関わる基本的性格に基づくものである[80]。文化受容に関わるマジョリティとマイノリティの格差の解消は、公共図書館の運営原理の最優先事項である。脆弱層を包摂し集中的にリソースを投入することは、デンマーク公共図書館における社会的公正の具現化への中心戦略となっている。

注

1）"Bekendtgørelse af lov om biblioteksvirksomhed," https://www.retsinformation.dk/eli/lta/2013/100.
2）教育学習センター（pædagogiske læringscentre）は日本の小学校と中学校の学校図書館に該当する機関である。
3）Lisbet Vestergaard, *Kortlægning af Læselystprojekter 2014-2019*, s.l., Slots- og Kulturstyrelsen, 2021, 75p, https://slks.dk/fileadmin/user_upload/SLKS/Omraader/Kulturinstitutioner/Biblioteker/I_fokus/Laeselyst/Kortlaegning_af_laeselystprojekter.pdf.
4）Gitte Balling and Lisbet Vestergaard, "Børns Læselyst: En Analyse af de Seneste 20 Års

Kulturpolitiske Argumenter og Strategier i Danmark," *Nordisk Kulturpolitisk Tidsskrift*, vol. 25, no. 3, November 2022, p. 272-292.

5）Bibliotekernes Projektbankはデンマーク宮殿・文化庁、デンマークデジタル図書館（Danskernes Digitale Bibliotek）、およびデンマーク電子科学研究図書館（Danmarks Elektroniske Fag- og Forskningsbibliotek）による、デンマーク図書館の開発および共同プロジェクトのための知識共有プラットフォームである。Slots- og Kulturstyrelsen, Danskernes Digitale Bibliotek (DDB) og Danmarks Elektroniske Fag- og Forskningsbibliotek (DEFF), "Bibliotekernes Projektbank," http://projektbank.dk/.

6）M. ElenaLopez,BharatMehra & MargaretCapse, "An Exploratory Social Justice Framework to Develop Public Library Services with Underserved Families," *Public Library Quarterly*, vol. 42, no. 6, March 2023, p. 576-601.

7）文化民主主義と公共図書館の関係については以下の文献を参照のこと。吉田右子「デンマークにおける文芸振興政策」『図書館界』vol. 74, no. 6, March 2023, p. 309.

8）Slots- og Kulturstyrelsen, "Udviklingspuljen for folkebiblioteker og pædagogiske læringscentre," https://slks.dk/omraader/kulturinstitutioner/biblioteker/udviklingspuljen.

9）宮殿・文化庁は文化省の下部組織であり、文化分野全般における政策の実施を担う。

10）Udvalget om Folkebibliotekerne i Vidensamfundet, *Folkebibliotekerne i Vidensamfundet: Rapport fra Udvalget om Folkebibliotekerne i Vidensamfundetp*, København, Styrelsen for Bibliotek og Medier, 2010, p. 71. https://slks.dk/fileadmin/publikationer/rapporter_oevrige/folkebib_i_vidensamfundet/pdf/Folkebib__i_videnssamf.pdf. ナンナ・カン＝クリステンセンは、政府による図書館振興のための財政支援モデルについて、デンマークとスウェーデンの国家機関が用いる戦略を比較した。その結果、両国とも開発助成金による支援を実施しているが、対象の採択基準には差異があることが明らかになった。特にデンマークでは、規模が大きく経験豊富な公共図書館が採択されやすいことを指摘している。Nanna Kann-Christensen, "National Strategies for Public Library Development: Comparing Danish and Swedish Models for Project Funding," *Nordisk Kulturpolitisk Tidskrift*, vol. 14, no. 1/2, 2011, p. 33-50.

11）デンマークで開始され、北欧諸国、オランダに普及している。吉田右子『オランダ公共図書館の挑戦』新評論, 2018, p. 207-209.

12）Slots- og Kulturstyrelsen, "Oversigt over Støttede Projekter," https://slks.dk/omraader/kulturinstitutioner/biblioteker/udviklingspuljen/oversigt-over-stoettede-projekter.

13）日本銀行報告省令レート（2023年11月分）では、1デンマーク・クローネは約21.2円である。

14）Finansministeriet, "Finanslov for Finansåret 2014," https://fm.dk/udgivelser/2014/februar/finanslov-for-finansaaret-2014/; Finansministeriet, "Finanslov for Finansåret

2015," https://fm.dk/udgivelser/2015/februar/finanslov-for-finansaaret-2015/;
Finansministeriet, "Finanslov for Finansåret 2016," https://fm.dk/udgivelser/2016/februar/
finanslov-for-finansaaret-2016/; Finansministeriet, "Finanslov for Finansåret 2017,"
https://fm.dk/udgivelser/2017/februar/finanslov-for-2017/; Finansministeriet, "Finanslov
for Finansåret 2018," https://fm.dk/udgivelser/2018/februar/finanslov-for-2018/.;
Finansministeriet, "Finanslov for Finansåret 2019," https://fm.dk/udgivelser/2019/
februar/finansloven-for-2019/; Finansministeriet, "Finanslov for Finansåret 2020," https://
fm.dk/udgivelser/2020/februar/finansloven-for-2020/.; Finansministeriet, "Finanslov
for Finansåret 2021," https://fm.dk/udgivelser/2021/februar/finansloven-for-2021/;
Finansministeriet, "Finanslov for Finansåret 2022,"https://fm.dk/udgivelser/2022/februar/
finansloven-for-2022/.

15）内務・住宅省は2022年12月に内務・保健省（Indenrigs- og Sundhedsministeriet）に
名称変更した。

16）Vibeke Jakobsen, Tobias Heide-Jørgensen, and Morten Holm Enemark, *Udsatte
boligområder i Danmark 1985-2015*, København, Det Nationale Forsknings- og
Analysecenter for Velfærd, 2020, p. 5, https://pure.vive.dk/ws/files/3807260/100724_
Udsatte_boligomr_der_Danmark_1985_2015_A_sikret.pdf.

17）加藤らはデンマークの社会住宅地区におけるゲットーゼーションについてその歴
史や形成過程を分析している。加藤壮一郎，水島治郎，嶋内健「デンマーク・社会
住宅地区におけるゲットーゼーション：社会住宅地区への複合的な政策アプロー
チの変遷と現状」『住総研研究論文集・実践研究報告集』vol. 45, 2019, p. 165-176

18）Regeringen, *Ghettoen Tilbage til Samfundet: Et Opgør med Parallelsamfund i Danmark*,
s.l., Regeringen, October 2010, p. 37, https://www.regeringen.dk/media/1215/ghettoen_
tilbage_til_samfundet.pdf.

19）Ministeriet for By Bolig og Landdistrikter, "Liste over Særligt Udsatte Boligområder pr.
1. Oktober 2013," https://sbst.dk/Media/638255278523775484/Ghettolisten%202013%20
10.pdf.

20）Ministeriet for By Bolig og Landdistrikter, "Liste over Særligt Udsatte boligområder pr.
1. December 2014," https://www.ft.dk/samling/20141/almdel/byb/bilag/21/1428168.pdf.

21）Udlændinge-, Integrations- og Boligministeriet, "Liste over Ghettoområder pr.
1. December 2015," https://bitfinder.kb.dk/kuana-dab/e1946aa3-bf9b-4fc4-ab4a-
765b4a620e43.

22）Transport, Bygnings- of boligministeriet, "Liste over Ghettoområder pr. 1. December
2016," https://sm.dk/media/25000/liste-over-ghettoomraader-1-december-2016nyerepdf.
pdf.

23）Transport, Bygnings- of boligministeriet, "Liste over Ghettoområder pr. 1. December

2017," https://im.dk/Media/638040275072242397/ghettolisten-2017-rettetpdf.pdf.

24）Transport-, Bygnings- og Boligministeren, "Liste over udsatte boligområder pr. 1. december 2018," https://im.dk/Media/638040277455250511/ghettolisten-2018-final-a. pdf.

25）Transport- og Boligministeren, "Liste over Ghettoområder pr. 1. december 2019," https:// www.regeringen.dk/media/7698/ghettolisten-2019-007.pdf.

26）Transport- og Boligministeren, "Liste over Ghettoområder pr. 1. december 2020," https:// sm.dk/media/25016/ghettolisten-2020ny-final-a.pdf.

27）BL - Danmarks Almene Boliger, "Hvem er på Listen over Udsatte Boligområder (Den Tidligere 'Ghettolisten') 2022?," https://bl.dk/politik-og-analyser/temaer/her-er-listen-over-parallelsamfund/.

28）Indenrigs og boligministeriet, "Liste over Udsatte Boligområder pr. 1. December 2021," https://im.dk/Media/637738688462240795/Udsatte%20boligomr%C3%A5der%202021. pdf.

29）Indenrigs og Boligministeriet, "Liste over Udsatte Boligområder pr. 1. December 2022," https://sbst.dk/Media/638255262549912402/Liste%20over%20udsatte%20 boligomr%c3%a5der%20pr.%201.%20december%202022.pdf.

30）BL (Danmarks Almene Boliger), "Oversigt – lovgivningsmæssige forskelle på boligområder," https://bl.dk/media/18392/21973-skema-over-retsvirkninger-opdateret-1-juni-2022-314981_222265_0.docx.

31）脆弱地域の改革については、全国建設基金（Landsbyggefonden）のウェブサイトで成果公表されている。Landsbyggefonden, "Evaluering af Udsatte Boligområder," https://udsatteomraader.dk/

32）Center for Kunst og Biblioteker, Litteratur og Biblioteker and Slots- og Kulturstyrelsen, *Kortlægning af Læselystprojekter 2014-2019*. s.l., Slots- og Kulturstyrelsen, p.11-13, https://slks.dk/fileadmin/user_upload/SLKS/Omraader/Kulturinstitutioner/Biblioteker/ I_fokus/Laeselyst/Kortlaegning_af_laeselystprojekter.pdf; Slots- og Kulturstyrelsen, "Bogstart," https://slks.dk/omraader/kulturinstitutioner/biblioteker/i-fokus/boern/bogstart; Helle Hygum Espersen, *Evaluering af samarbejdet i Projekt Bogstart En Opsøgende Biblioteksindsats over for Familier med Førskolebørn i Udsatte Boligområder*, s.l., Det Nationale Institut for Kommuners og Regioners Analyse og Forskning, 2016, 55p, https:// slks.dk/fileadmin/user_upload/Biblioteker/Bogstart/Evaluering_af_Bogstart_KORA.pdf.

33）本稿におけるデンマーク語のカタカナ読みについては、原則として以下の辞典に従っている。新谷俊裕、大辺理恵、間瀬英夫編『デンマーク語固有名詞カナ表記小辞典』大阪大学 世界言語研究センターデンマーク語・スウェーデン語研究室, 2009, 232p.

34）Slots- og Kulturstyrelsen, "Udviklingspuljen for Folkebiblioteker og Pædagogiske Læringscentre Ekstraordinær Ansøgningsrunde 2014: Folkebibliotekerne og Danmark Læse," https://slks.dk/fileadmin/user_upload/0_SLKS/Dokumenter/Biblioteker/ Udviklingspuljen/Liste_over_tilskudsmodtagere_2014.pdf.

35）Bibliotekernes Projektbank, "Afslutningsrapport," http://projektbank.dk/sites/default/ files/documents/Slip%2520ledigheden%2520-%2520afslutningsrapport.docx.

36）コムーネはデンマークの基礎自治体の単位。

37）「ガイド付き共有読書」は、読書を通じて精神的健康を増進するためのイギリス発祥の読書活動である。Læseforeningen, "Guidet Fælleslæsning," https://www. laeseforeningen.dk/guidet-faelleslaesning.

38）デンマークにおける電子書籍へのアクセスのためのポータルサイト Det Digitale Folkebibliotek, "eReolen," https://ereolen.dk/.

39）Bibliotekernes Projektbank, "Interview med Deltager i Slip Ledigheden," http:// projektbank.dk/sites/default/files/documents/Interview%2520med%2520deltager%2520i %2520Slip%2520Ledigheden.docx.

40）Bibliotekernes Projektbank, "Interview med Tove Bertelsen, Formand for Aktivitetshusets Brugere," http://projektbank.dk/sites/default/files/documents/Interview% 2520med%2520Tove%2520Bertelsen.docx.

41）Slots- og Kulturstyrelsen, "Udviklingspuljen for Folkebiblioteker og Pædagogiske Læringscentre," https://slks.dk/fileadmin/user_upload/0_SLKS/Dokumenter/Biblioteker/ Udviklingspuljen/Liste_over_tilskudsmodtagere_2015.pdf.

42）*Ibid.*

43）Bibliotekernes Projektbank, "Debatgrupper for Flygtninge og Indvandrere," http:// projektbank.dk/debatgrupper-flygtninge-og-indvandrere.

44）Bibliotekernes Projektbank, "Projektplan," http://projektbank.dk/sites/default/files/ documents/Projektplan_2.docx.

45）Bibliotekernes Projektbank, "Samarbejdspartnere–Debatgrupper for flygtninge og indvandrere," http://projektbank.dk/sites/default/files/documents/Samarbejdspartnere. docx.

46）Bibliotekernes Projektbank, "Flyer til Rekruttering af Deltagere," http://projektbank.dk/ sites/default/files/documents/Flyer_debate%2520club%25202016_uden%2520dato.pdf.

47）Bibliotekernes Projektbank, "Syriske Flygtninge Møder Danske Borgere," http://www. projektbank.dk/syriske-flygtninge-moder-danske-borgere; Bibliotekernes Projektbank, "Deltag i Samtalen Afslutningsrapport: Flygtninge Møder Danske Borgere − Udstilling og Dialogmøder Projektnr.: BUP.2015-0013," http://www.projektbank.dk/sites/ default/files/2017-05/Evalueringsrapport%20BUP%202015-0013.pdf; Bibliotekernes

Projektbank, "Kvantitativ rapport, Roskilde," http://www.projektbank.dk/sites/default/ files/2017-05/Bilag%20Kvantitativ%20rapport.pdf.

48) Slots- og Kulturstyrelsen, "Udviklingspuljen for Folkebiblioteker og Pædagogiske Læringscentre 2016," https://slks.dk/fileadmin/user_upload/0_SLKS/Dokumenter/ Biblioteker/Udviklingspuljen/Liste_over_tilskudsmodtagere_2016.pdf.

49) Bibliotekernes Projektbank, "Creatown: Create Your Own Creative Town," http://www. projektbank.dk/creatown-create-your-own-creative-town; BibliotekernesProjektbank, "CreaTown Afslutningsrapport," http://www.projektbank.dk/sites/default/files/2017-06/ CreaTown%20afslutningsrapport.pdf.

50) Slots- og Kulturstyrelsen, "Tilsagn Bevilget til Udviklingspuljen for Folkebiblioteker og Pædagogiske Læringscentre 2017," https://slks.dk/fileadmin/user_upload/0_SLKS/ Dokumenter/Biblioteker/Udviklingspuljen/Liste_over_tilskudsmodtagere_2017.pdf.

51) BibliotekernesProjektbank, "Legende Læsning: Sprogstimulering af Førskolebørn i Nytilkomne Flygtningefamilier i Hillerød Kommune," http://www.projektbank.dk/ legende-laesning-sprogstimulering-af-forskoleborn-i-nytilkomne-flygtningefamilier-i-hillerod; BibliotekernesProjektbank, "Se Afslutningsrapport (Legende Læsning: Sprogstimulering af Førskolebørn i Nytilkomne Flygtningefamilier i Hillerød Kommune)," http://www.projektbank.dk/sites/default/files/2018-01/Afsluttende%20 rapport.pdf.

52) Slots- og Kulturstyrelsen, "Det Digitale i det Lokale: Verdensbiblioteket," http:// projektbank.dk/det-digitale-i-det-lokale-verdensbiblioteket.

53) ibid.; Det Kongelige Bibliotek, "Slutrapport fra Projekt Verdensbiblioteket: Det Digitale i det Lokale," http://projektbank.dk/sites/default/files/2019-07/Slutrapport%20fra%20 Verdensbiblioteket%20-%20det%20digitale%20i%20det%20lokale%20final.pdf.

54) Slots- og Kulturstyrelsen, "Udviklingspuljen for Folkebiblioteker og Pædagogiske Læringscentre Oversigt over Tilskudsmodtagere 2019," https://slks.dk/fileadmin/ user_upload/SLKS/Omraader/Kulturinstitutioner/Biblioteker/Udviklingspuljen/ Udviklingspuljen._Oversigt_over_projekter.pdf.

55) Bibliotekernes Projektbank, "Sprog og Bevægelse i Nye Fællesskaber: Biblioteket Bygger Bro," http://projektbank.dk/sprog-og-bevaegelse-i-nye-faellesskaber-biblioteket-bygger-bro.

56) Slots-og Kulturstyrelsen, "Tilskud til Projekter under Udviklingspuljen for Folkebiblioteker og Pædagogiske Læringscentre 2020," https://slks.dk/fileadmin/user_ upload/SLKS/Omraader/Kulturinstitutioner/Biblioteker/Udviklingspuljen/Tilskud_ til_projekter_under_Udviklingspuljen_for_folkebiblioteker_og_paedagogiske_ laeringscentre_2020.pdf.

57） *ibid.*

58） Østbirk Avis Østjydsk Avis, "Biblioteket Vil Vække Læselysten Hos Sårbare Unge," https://www.oestbirk-avis.dk/biblioteket-vil-vaekke-laeselysten-hos-saarbare-unge.

59）「準備基礎教育（Forberedende grunduddannelse: FGU）」とは25歳未満の青少年を対象とした準備教育プログラムである。一般教育や基礎職業訓練を通じて、その後の進路となる職業教育、中等教育、就業に結びつける役割を持つ。 Undervisningsministeriet, "UddannelsesGuiden," https://www.ug.dk/uddannelser/andreungdomsuddannelser/forberedende-grunduddannelse-fgu.

60） Hillerød Bibliotekerne, "Projekt Sunde Læsefællesskaber," https://hilbib.dk/section/projekt-sunde-laesefaellesskaber.

61） Slots- og Kulturstyrelsen, "Tilskud til Projekter under Udviklingspuljen for Folkebiblioteker og Pædagogiske Læringscentre 2022," https://slks.dk/fileadmin/user_upload/0_SLKS/Dokumenter/Biblioteker/Udviklingspuljen/Tildelingsliste_Udviklingspuljen_for_folkebiblioteker_og_paedagogiske_laeringscentre_2022.pdf.

62） *ibid.*

63） *ibid.*

64） VORES Brønderslev, "Brønderslev Bibliotek Starter Nyt Mandefællesskab i Dronninglund," https://vores-bronderslev.dk/a/broenderslev-bibliotek-starter-nyt-mandefaellesskab-i-dronninglund/483477c0-ebe8-41e7-be49-92a025b4d887.

65）ノアヴェスト居住者プロジェクトは、ビスペビェア（Bispebjerg）の14戸の公共住宅を対象とする住宅計画である。居住者への良好な生活環境を提供すること、近隣との関係を強化すること、自治体やボランティア団体からの雇用機会を増やすことを目的としている。Beboerprojekt Nordvest, https://www.beboerprojektnordvest.dk/.

66） Læseforeningen, "Guidet Fælleslæsning," *op.cit.*

67） *ibid.*

68） Masanori Koizumi, Håkon Larsen, "Democratic Librarianship in the Nordic Model," *Journal of Librarianship and Information Science*, vol. 55, no. 1, March 2023, p. 211-212.

69） Aarhus Kommunes Biblioteker, "Sunde Læsefællesskaber for Udsatte Borgere (SLUB)," https://www.aakb.dk/nyheder/kort-nyt/sunde-laesefaellesskaber-for-udsatte-borgere-slub; Holstebro Bibliotek, "Sunde Læsefællesskaber for Udsatte Borgere (SLUB)," https://www.holstebrobibliotek.dk/node/94/sunde-laesefaellesskaber-udsatte-borgere-slub#:~:text=Projektet%20%E2%80%9DSunde%20l%C3%A6sef%C3%A6llesskaber%20for%20udsatte,med%20Hiller%C3%B8d%20Bibliotek%20som%20projektejere.

70) Slots- og Kulturstyrelsen, "Nye Projekter Skal Fremme Deltagelse i Kultur i Udsatte Boligområder," https://slks.dk/nye-projekter-skal-fremme-deltagelse-i-kultur-i-udsatte-boligomraader; Slots- og Kulturstyrelsen, "Puljen Kunst og Kultur i Udsatte Boligområder.," https://slks.dk/omraader/puljen-kunst-og-kultur-i-udsatte-boligomraader.

71) Amalie Søgaard Aarup Iversen and Ida Brændholt Lundgaard, *Samskabelse: Kunst Og Kultur I Udsatte Boligområder*, København, *Slots- og Kulturstyrelsen, Museer og Folkeoplysning*, 2021, p. 28-29, https://slks.dk/fileadmin/user_upload/SLKS/Omraader/Kultursamarbejde/Kultur_i_udsatte_boligomraader/SoKS_Samskabelse_.pdf; Slots- og Kulturstyrelsen, "Puljen Kunst og Kultur i Udsatte Boligområder," *op.cit.*

72) Amalie Søgaard Aarup Iversen and Ida Brændholt Lundgaard, *Samskabelse: Kunst Og Kultur I Udsatte Boligområder, op.cit.*, p. 32-33; Slots- og Kulturstyrelsen, "Puljen Kunst og Kultur i Udsatte Boligområder," *op.cit.*

73) Amalie Søgaard Aarup Iversen and Ida Brændholt Lundgaard, *Samskabelse: Kunst Og Kultur I Udsatte Boligområder, op.cit.*, p. 38; Slots- og Kulturstyrelsen, "Puljen Kunst og Kultur i Udsatte Boligområder," *op.cit.*

74) Amalie Søgaard Aarup Iversen and Ida Brændholt Lundgaard, *Samskabelse: Kunst Og Kultur I Udsatte Boligområder, op.cit.*, p. 40-41; Slots- og Kulturstyrelsen, "Puljen Kunst og Kultur i Udsatte Boligområder," *op.cit.*

75) Amalie Søgaard Aarup Iversen and Ida Brændholt Lundgaard, *Samskabelse: Kunst Og Kultur I Udsatte Boligområder, op.cit.*, p. 42.; Slots- og Kulturstyrelsen, "Puljen Kunst og Kultur i Udsatte Boligområder," *op.cit.*

76) Amalie Søgaard Aarup Iversen and Ida Brændholt Lundgaard, *Samskabelse: Kunst Og Kultur I Udsatte Boligområder, op.cit.*, p. 44-45.

77) Dorte Skot-Hansen, "The Local Library – Its Profile and Anchorage," *Scandinavian Public Library Quarterly*, vol. 29, no. 1, 1996, p. 4-5.

78) Udvalget om Folkebibliotekerne i Vidensamfundet, *Folkebibliotekerne i Vidensamfundet: Rapport fra Udvalget om Folkebibliotekerne i Vidensamfundetp*, København, Styrelsen for Bibliotek og Medier, p. 10, https://slks.dk/fileadmin/publikationer/rapporter_oevrige/folkebib_i_vidensamfundet/pdf/Folkebib__i_videnssamf.pdf.

79) *Tænketanken Fremtidens Biblioteker, Biblioteksbrug i Dag og i Morgen: En Målgruppe-Baseret Kortlægning*, København, Tænketanken Fremtidens Biblioteker, 11, 2023, p. 41-43, https://www.fremtidensbiblioteker.dk/upl/website/undersgelse/TaenketankensSegment eringsundersoegelse2023.pdf.

80) 吉田右子「公平・包摂・多様性と図書館」川崎良孝・吉田右子編著『テーマで読むアメリカ公立図書館事典：図書館思想の展開と実践の歴史』京都, 松籟社, 2023, p. 230-231.

Communication Media for International Cultural Exchange in the Public Libraries of China:
A Case Study on the "Window of Shanghai" Project of the Shanghai Library

金晶（Jing JIN）　王凌（Ling WANG）

Introduction

In 1988, Budd R. W. and Ruben B. D. expressed the possibility to expand media research to the domain of library in their book *Beyond Media, New Approaches to Mass Communication* [1]. Since then, the concept that library owns some functions of mass media has been established. The actual development of modern public library has proved this concept and researches focusing on library and new media construction have progressed swiftly in recent years. The emergence of internet and new media forms have provided the opportunities for the non-main stream opinions to be expressed. In this way, the freedom of speech can be realized. Meanwhile, nations have to supervise and manage these different opinions to ensure the status of main stream ideologies.

Making research with the key words "library" and "media", 4223 essays are found on the CNKI link [2]. It's found out that most essays concern the resource management and education media in public libraries. They either discuss the media function for inner management of a public library or the new media facing local readers. Concerning the function of modern media, scholars have recognized

---

[1] Richard W. Budd and Brent D. Ruben, *Beyond Media: New Approaches to Mass Communication*, Transaction Publishers, 1988.

[2] CNKI refers to China National Knowledge Infrastructure, one of the most important and famous databases of academic resource collection in China.

media's function in social communication and supervision. Through media, public opinions are expressed and organization is coordinated [3]. Meanwhile, it is generally recognized that a modern public library bears the responsibility of cultural exchange, the communication with non-local readers and the foundation of international cultural exchange division of the Shanghai Library makes international cultural exchange an independent task of a public library. It is a new approach to study the communication media for international cultural exchange in a public library. The "Window of Shanghai" project of the Shanghai Library and its media option and development can give a brief reference to the future media construction for public library's cultural exchange.

1   Communication Media Development and New Requirements for Public Library

Media is an idea that comes from Latin word Medius. As a comprehensive idea, in modern society, media refers to the tool through which people obtain information and the bridge through which communication is done. In such a sense, media can be an object, a platform or even a person who serves the role of spreading information to the other side. However, most of time, speaking of media, it usually refers to communication media, some kind of tool to make communication possible. The arrival of digitalized era and development of new media has brought new requirements for the public library in the cultural exchange affairs.

1.1   Development of Social Communication Media in Current China

Globalized digitalization has brought great changes to the communication media. We witness a trend of some traditional media forms being surpassed or even replaced by new media. In current China, one of the most popular social communication media is Wechat, which is widely used in communication between individuals. Since its launch, the number of active users has grown to 1.3 billion in 2022. Taking the total number of population of 1.4 billion in China, more than 90% of Chinese are using Wechat for

---

[3]   王雪娟：图书馆与大众传媒社会功能对比探究, 中国报业, 2012 (06): 69-70.

communication [4]. Apart from individuals, corporations and enterprises have applied Wechat in communication with clients, employees and partners. Since 2020, Wecom, the Wechat in enterprise form, also a growth in active users, reaching 102,929,300 in April, 2023 [5].

Together with the growth in Wechat users, the new media forms for conference and lectures have also been developed partly for the necessity of on-line communication during pandemic. These media forms such as Tencent Meeting and Dingtalk are now widely applied by corporations. According to the statistics from developers, the number of Tencent Meeting users has grown from 766,900 in January 2020 to 79,263,200 in January 2023, while the number of Dingtalk users has grown from 74,428,400 in January 2020 to 227,609,700 in January 2023 [6].

Apparently, the new era has brought new anticipation for social communication media forms. Through listing some media functions owned by the popular communication media forms in China, the public expectation on the media function side is reflected. The following table, which is concluded from the observations on the media functions of popular media applications in current China, shows these functions.

Table 1: Public expectation for functions in communication media

Function	Forms
Sending and receiving	documents, pictures, videos, audios
Talking	words, voices, emojis
Payment	QR code, link with credit (debit) card
Public services	taxi, hotel reservation, train & plane ticket, utility payment
Meeting	group meetings
Presentation	moments, dynamics

---

[4] 通信那些事. 真国民APP：微信月活高达13.09亿 [EB/OL]. [2022-11-18]. https://m.sohu.com/a/607530173_120466555/.

[5] 环球科技网. 钉钉最新月活跃用户数1.99亿协同办公迎商业化挑战 [EB/OL]. [2023-05-25]. https://baijiahao.baidu.com/s?id=1766859297259551532

[6] 环球科技网. 钉钉最新月活跃用户数1.99亿协同办公迎商业化挑战 [EB/OL]. [2023-05-25]. https://baijiahao.baidu.com/s?id=1766859297259551532

The new expectation from the public, together with the new reading habits in this era has caused some traditional means of communication lose popularity. Compared with the significant growth in Wechat and some other interactive media forms, e-mail, which is thought to be the first generation of on-line media is not seeing much growth in its users and to some extent, the use frequency of e-mail in individual communication is seeing a decline. Among the active account numbers for the existing mail box brands in China, the largest number (24.3million) occurs in QQ mail, the mail box linking with QQ, an instant communication media developed by Tencent [7]. To some extent, the fact that QQ mail box wins its clients is indispensable with the instant messaging media it links.

These signs of communication media development in China have provided inspirations for media construction in a public library. In such a place where readers gather to obtain information, media should at least to some extent be compatible with the public desire.

1.2 Media Development and Its Reflection in Cultural Exchange

The UNESCO has defined new media as some media form based on digital technology and spread information on the Internet as a carrier. New media promotes globalized communication and is critical tool in cultural exchange activities. With the arrival of new media and our entering this era, media forms in cultural exchange activities are undergoing transform and renovation in China. New media is emerging in the field of public affairs and international exchange. In 2015, the *People's Daily* raised the concept of "Two Micro Ends", referring to the new media forms of Weibo (Micro blog), Wechat and News Client. Since then, the three forms of new media have been widely introduced in most industries. Even the official news press in China has begun to adopt these media forms in communication. Unlike the traditional media forms, new media can realize high efficiency in spreading information and produce instant effect

---

[7] 艾媒咨询. 个人邮箱行业数据分析 [EB/OL]. [2020-12-16].
https://k.sina.cn/article_1850460740_6e4bca4402000qosc.html?wm=13500_0055&vt=4

in communication. Library is also participating in this trend actively. In 2016, more than 600 libraries in China have started Sina Weibo for press release and reception of inquiries [8].

Media development is permeating in diplomacy as well. Media diplomacy has become a new concept in which Wechat diplomacy, Weibo diplomacy are included. The Ministry of Foreign Affairs in China has formed cooperation with Wechat developers and set up official Wechat account. In 2019 Forum of Diplomacy in China, the theme of promoting cultural exchange through Chinese stories on the basis of new media was put forward. The role of new media in cultural exchange is being strengthened with the trend. As some scholars have pointed out that media in this era has gone beyond the role of being a passive tool and has taken an active role in guiding and even in leading the trend of cultural communication. Media option's influence in communication is of great significance for governmental and non-governmental organizations.

Thus, if a public library is carrying out some task of cultural exchange, it should consider its media options based on the background of overall updating trend in media.

1.3 New Requirements for the Public Library under the Background of Media Development

In the book *Beyond Media, New Approaches to Mass Communication*, Buddand Ruben said that library would follow the trend of social media development [9]. It has been proved true that media development is raising new requirements for the public library.

IFLA (International Federation of Library Associations and Institutions) has been showing consistent concerns for library's technology and media development. As the global voice of library and information profession, IFLA presents its trend report in 2013, 2016, and 2018~2022. Scholars from economics, education, library science and other fields form the reports to share information and expectation for

---

[8] 李璐. "两微一端" 视角下的图书馆营销创新策略研究 [J]. 卷宗, 2019 (8): 129.

[9] Richard W. Budd and Brent D. Ruben, *Beyond Media: New Approaches to Mass Communication*, Transaction Publishers, 1988.

future trends in library. In 2013, IFLA recognized the possibilities brought by the emergence of new technology and listed five macro trends library would face. Among them, the two-sided effects of technology and the globalized information were mentioned. In 2016, globalized information and digitization were listed as the strategic plan by IFLA. In 2018, IFLA's trend report focused on the crisis and possible danger brought by globalized information and preservation of cultural heritage were concerned. In 2019, IFLA called our attention to the scope of library's cross-broader services. In 2021, IFLA held a survey among world librarians and concluded 20 trends of future libraries, among which openness, diversification, mobility and globalized collection are significant features. Cyber-space and data were regarded as controlling factors for library development. The 2022 report further strengthened the importance of link between libraries and sustainability in library development [10]. Sustainable development of library depends on global link and cultural exchange, but the uncertainties also emerge with lack of understanding. As early as 2010, IFLA put emphasis on bridging language gap. Chinese speaking volunteers were enrolled to enhance the cooperation with libraries in China. Now IFLA has turned its focus to the gaps brought by digitization. IFLA encourages the participation of world libraries for further discussion on issues of new environment and future challenges, and an unignorable factor is how to participate, through which channel and which media.

The media trends, together with the call from IFLA, further proves the necessity of a public library to turn its concern to media development.

2　The "Window of Shanghai": Communication Media Option and Its Historical Development

Starting from 2002, the "Window of Shanghai" is a project subsidiary to the International Cooperation Division, the Shanghai Library. As a project in charge of affairs concerning international communication, the media applied by the "Window of Shanghai" reflects the communication media development of the Shanghai Library and

---

[10] International Federation of Library Associations and Institutions (IFLA), *Trend Report 2022*. [2023-02-13]. https://respitory.ifla.org/handle/123456789/2456.

its sense of media progress in cultural exchange.

2.1 Donating Books Overseas: A Traditional Type of International Communication

At the initial stage, book donation to overseas partners has been regarded as a main task of international cultural exchange by the "Window of Shanghai." As before 2013, most of the books donated are in paper made form, international express services have been used to make the books reach the destination. Among international express corporations, FedEx, UPS, DHL and EMS have been picked out as the carrier for different regions and books are delivered to the address designated by the receiver. Posting can be seen as an early form of communication adopted by the "Window of Shanghai". Depending on the regional distances and the service quality of international express, the time it takes from the donated books to overseas partners differs. As books still remain a key element in library, book exchange is still an important task for the "Window of Shanghai". Thus, posting still remains as an important communication form in book donation activities of the project. A recent case took place in February 2023. The "Window of Shanghai" received the request from Milan Public Libraries in Italy for the additional book requirements. The request was based on the list provided to them for the books available this year. Milan Public Libraries picked out 92 titles of books, altogether 120 volumes, in their request. The Acquisitions and Cataloging Center of the Shanghai Library was responsible for the preparation of these books and they were sent to Italy in March.

In 2013, the "Window of Shanghai" project started the donation of digital books as the parallel existence of physical books. Currently, the "Window of Shanghai" is providing about 300,000 titles of electronic resources for overseas partners, including books, newspapers and periodicals. Readers can get access to these resources either through IP login or password login. Most of the resources cover the topic of traditional Chinese culture or some other themes interested by overseas readers. Compared with traditional paper-made books, digital books can be received more efficiently and can save the time and cost for delivery.

The introduction of electronic resources and progress in book donation has reflected the sense of the "Window of Shanghai" to meet the requirements from the public in media option and create a reading atmosphere more compatible with the current reading habits of the public.

2.2 Digitalized Communication Media Applied by the "Window of Shanghai"

Since its foundation in 2002, on-line communication between the "Window of Shanghai" and overseas partners are mainly conducted with enterprise mailbox. This channel was set up in 1997 by the Shanghai Library and assigned to every full-time employee. The mail address of enterprise mail box is made up of the Pinyin from the employee's Chinese name and @libnet.sh.cn. It is the formal channel for employees to communicate with partners and colleagues. Compared with most private e-mail boxes in China, enterprise mail box can make it easier for mails to reach overseas address. Through the confirmations received from the partners, the project sees the majorities of the mails successfully received by overseas partners only with a few exceptions in delay and net failure.

The website of the "Window of Shanghai" also serves as the information output channel for library's cultural exchange. Its development has gone through three stages. The initial construction stage started in 2006 when the contents and form of the webpage was designed. The whole webpage consisted of the name list of overseas partners and the dynamics of the project. In 2013, to meet the demand of digitalization, the whole webpage was updated and reconstructed. Through optimizing locking-in style, readers from home and abroad will get easier access to the website. Since then, digitalized resources have been included into the website module and donation of digitalized books has been made possible. Since its update in 2018, the website of the "Window of Shanghai" can be visited directly on the mobile phone as well as on the personal computer. That is to say, the website has become compatible with the mobile interface. This is an important measure to face the challenges from multiple scanning devices and systems. The webpage layer construction has also been optimized to increase reading comfortability.

E-mail and the website serve different functions for the communication of the "Window of Shanghai" with cooperative partners overseas. They have been developed stably these years. Compared with the swift media development on the social side, it is worth seeing the media development space of this project.

2.3 New Media Trends of the Shanghai Library and Concerns of the "Window of Shanghai"

As a project subsidiary to the Shanghai Library, the media option of the "Window of Shanghai", to some extent, has reflected the media construction and development of a public library. On the other hand, the trials of media made by the Shanghai Library are showing a larger variety.

First, media for meetings and conferences has been developed swiftly in the Shanghai Library for cultural exchange. Today, face-to-face communication still serves as a channel for cultural exchange. Conferences and forums are held for overseas readers to gather in the Shanghai Library. SILF (Shanghai International Library Forum) [11] is an important occasion for the Shanghai Library to communicate with libraries overseas on library's developing ideology. Before 2020, the forums would welcome visitors from different parts in the world to the Shanghai Library. Face-to-face communication was the main form. In 2020, due to the influence from pandemic, the forum was held on line. Wechat video and CNKI were the media platform to present the lectures given by participants all over the world. In 2022, the 11th SILF was also held on line. The Shanghai Library used live broadcasting platforms for the participants to gather. Pushed by the pandemic and the desire for technological reform, the Shanghai Library has also tried Tencent Meeting and Bilibili for holding some international conferences [12]. All the two forms of media have won the recognition both locally and abroad.

Second, there's a more plentiful media implantation on the website of the Shanghai Library. The website of the "Window of Shanghai" is a part of the website construction of the Shanghai Library. Compared with the project website, the website

---

[11] Shanghai International Library Forum (SILF), organized by the Shanghai Library, is held every two years since its establishment in 2002, and has gone through eleven sessions.

[12] Tencent Meeting is an application to hold live conferences on line and Bilibili is a short video platform that can be used for playing the recorded conferences.

of the Shanghai Library was constructed earlier and has a longer developing history. Apart from the traditional means of contact, the links to its Weibo and Wechat - new media forms in digitalized society - can be found on the webpage of the Shanghai Library. Meanwhile, on-line inquiry is equipped with the robot "图小二", pronounced as "Tuxiaoer" which means librarian assistant, giving answers to some popular questions about the library. Getting access to the Wechat Official Account Platform of the "Shanghai Library", you will find "Tuxiaoer" ready to answer your inquiries. Besides, new media forms such as the "Shanghai Library" accounts in Wechat Applet, Tiktok, and Bilibili are posting messages and short videos to co-exist with the traditional media forms like telephone, website and physical mail. All these forms are now popular with most local Chinese readers and it still waits to see how they can serve overseas readers.

These signs of development have shown the sense of a public library to adapt to the current social trends in media development. However, it also shows that the "Window of Shanghai", cultural exchange project of the Shanghai Library is going more slowly in media construction. This is due to several concerns.

First, the concern for the communication object is what makes the project delay in some media options. Some forms of media can be long-lasting when they are both accepted by our communication object and familiarized by us. The adoption and preservation of a certain media form sometimes is a matter of experience and two-sided familiarization. All these must also rely on some macro factors such as media infrastructure and global development. Thus imbalance and inequality might occur when we decide on the media form for international communication. It is always the originator of communication, the "Window of Shanghai" who makes a try and sees whether a type of communication media can be accepted by the object and the judgment from the originator usually determines the initial form of communication media. Sometimes if condition permits, two sides will meet and negotiate on the type of media for further communication. The mutually accepted form will be fixed and communication can continue. In the international exchange, this usually takes a longer time than that with local readers.

Second, the concern for the cultural difference also matters in media options. The option of local communication media is easier than that of international communication because of a unified cultural back ground. In a fixed region, the media infrastructure construction is synchronized and agreement is easier to reach between two sides from the same cultural background. On the contrary, in the case of international communication, meeting the difference in infrastructure, two sides may have different preferences for communication media. These factors lead to the comparatively slow pace in media progress for the "Window of Shanghai".

3　Looking Forward to the Days to Come: Media Construction for Cultural Exchange in Future Library

To meet the demands of cultural exchange in the future, the "Window of Shanghai" must consider the media construction to optimize media options based on the challenges it confronts in this era.

3.1　Challenges Confronted by the "Window of Shanghai" for Media Construction

As an international cultural exchange project, the "Window of Shanghai" is faced with some challenges in media construction. The challenges also reflect what the project is in lack of.

Investigation on the communication objective: During its development, the "Window of Shanghai" has carried out some surveys on the demands of books from the communication objective side. These surveys are mainly conducted through e-mails. The questionnaires are designed by the staff of the "Window of Shanghai" and sent to the mail boxes of cooperative partners. The feedback is collected by receiving the photos of the filled questionnaires from the partner side. Through the surveys, the "Window of Shanghai" has optimized book choices for overseas donation. However, with the arrival of digitalized era, the ways to investigate need updating. First, feedback collected through e-mail is in lack of accurate statistics due to some ambiguous expression and unrecognizable hand writing included. Second, since the donation turned to the electronic forms, the demands for digitalized material and how the partner side hopes to obtain the material need to be further investigated.

Independent interactive platform for cultural exchange: The App developed by the Shanghai Library has provided a module for the public library to suit to the current digitalization trend. However, it now mainly serves the local readers and whether it can play a role in serving overseas readers is still a question that needs to be answered. With the revival of cultural exchange in the post pandemic era, the "Window of Shanghai" also needs such a platform to interact more directly with overseas partners and readers.

Effectiveness and efficiency of communication: During its development, the communication media options adopted by the "Window of Shanghai" generally move towards higher effectiveness and efficiency. Donating books overseas, which usually took a month to accomplish through posting, can take only a few seconds with the adoption of electronic books. However, social development is calling for a higher efficiency in message and information transmission. Mails, where sometimes errors will occur, are seeing the challenges from some more effective social network.

3.2 Optimizing Media Option for International Cultural Exchange: Proposals for the "Window of Shanghai"

SILF 2022 raised the question on how the library faces the future. One part of the answer comprises how the library will meet the demands of cultural exchange in the future. Media, serving as the platform for cultural exchange, is a very important issue and hence the following two points should be taken into consideration.

Developing sustainable communication media: Digitalized society sees media forms being replaced frequently by newly emerged ones. Whether a certain form of communication media can be sustainable depends on the persistence and wisdom of its developer and its global acceptance. China, with the largest number of netizens in the world has been striving to develop media platforms that can cater to the interest of most people, but when it comes to library's cultural exchange, we are still on the way of broadening our channels. It is undeniable that some sustainable media forms are needed to keep long-term relationships with overseas partners. However, the pace of media development differs from country to country. In some parts of the world, traditional communication media is still the first choice for the people there. Thus, sustainable media also distinct from place to place and the task of finding sustainable media will be a long-term task requiring librarian's great care. While balancing the necessity to preserve some traditional media forms and trying to adopt some new ones, setting up a sustainable development plan for media construction is also very important.

Aiming at a mega platform by fostering community construction: An intelligent library needs a mega platform in data transmission and preservation as well as a mega platform for international cultural exchange. The Shanghai Library has put great efforts to the construction of FOLIO [13] and its Chinese version called Yun-han, a platform for digitization of library's collection. The success of FOLIO proves the necessity of cooperation from local and international communities. Through community discussion, FOLIO has undergone several rounds of trial and error until it becomes the main tool for resource preservation. Such an ideology should be extended to the application of international cultural exchange. Local community and international community should be gathered for further discussion of the media options and we shall aim at constructing a mega platform compatible with the background of an intelligent library and big data era.

To realize these general goals, an integration of physical media and virtual media is necessary. Just as the library will promote the integration of physical space and cyber space, its communication media choice will also combine the two. Physical media includes exchange visits and forums held in real physical spaces, which we believe are still the core part of human communication. We expect to enhance these visits in post-pandemic era when the influence from COVID fades and mutual face-to-face contact returns to the normal. We hope to get in touch with the overseas partners of the "Window of Shanghai" and know how the project is being operated there through the exchange visits and on-the-spot survey. On the other hand, digitalization has propelled us to put greater concern on the construction of on-line media, increasing our fitness to new media forms. The following are the strategic proposals raised for further media development of the "Window of Shanghai".

---

[13] FOLIO is acronym for the "The Future of Libraries is Open". It is a collaboration of libraries, developers and vendors building an open-source library services platform.

Strengthening the functions of website: Compared with new media forms, website as an on-line media form is more mature in development and more accessible in the world. Commonly recognized as the means of publishing information, website is more compatible with different kinds of network formats. The website of the "Window of Shanghai", in English and Chinese is comprehensible by readers from most areas in the world. For the readers outside English and Chinese language circle, we think about adding pages in other languages in the future. Besides, the experiences from other international platforms have inspired us that on-line inquiry system is an important channel for international communication. Overseas readers can find answers to some popular questions in the Q & A part and if they can get in touch with on-line service for customized questions, communication will be easier and more efficient.

Making more trials on Wecom: Different from communication between individuals, library's international cultural exchange is mainly with organizations. Wecom, the organization form of Wechat, is gaining its popularity among the corporations for business issues. It has the privilege of cutting irrelative functions of Wechat and stronger in record keeping. The account of Wecom follows not the individual but the post. The job state of a certain employee is shown vividly on the Wecom account page and this can avoid mis-sending of the information. Library's Wecom should not be confined to internal management, but be extended to external communication.

Looking for more professional supplementary mail-boxes for occasions of mail failure: As mentioned, the "Window of Shanghai" has suffered from some failures in sending and receiving in its cultural exchange activities. Previously, we turned to QQ mail box belonging to a certain employee to solve this problem. However, as an individual mailbox, risk will occur when there is the post change of the employee. Another world existing problem is that e-mail is still finding difficulty in blocking junk mails. Either it will shut down many addresses (including some necessary for communication) or accepting a lot of junk mail. This is a technological problem but also a rooted problem of the media. Nowadays, QQ mail box and Netease all have professional version for corporations and enterprises. These versions are more updated in blocking junk mails and can represent the corporation. Thus, we will suggest adding them as the supplementary mail box for correspondence.

Encouraging the participation from the cooperative partner side on media co-construction: As what has been mentioned above, what kind of media is preferred by the partner side is a main concern for future media construction. One-sided construction may lead to blind strategies. On the other hand, cultural exchange is a two-way communication that includes both contents to output and contents to input. Participation from the partner side can be in various forms such as exchange visits and discussions on media construction. Through in-depth participation, mutual comprehension can be formed and media construction can approach maximum in reasonability.

Conclusion

The case of the "Window of Shanghai" can to a large extent reflect the media options of the public library for international cultural exchange. The problems confronted by the "Window of Shanghai" show the commonality of the similar cases in public libraries in China. Chinese public libraries are relatively conservative when adopting media forms for cultural exchange. When the general trends of media development is progressing, libraries take slower paces, especially concerning international cultural exchange. The prudence of public libraries and their conservative attitude can be partly attributed to libraries' positioning to preserve the tradition and maintain the original functions of a library. However, with the progressing in international cultural exchange, problems will arise. Libraries, while not changing its original positioning, have the obligation to equip themselves with more updated media forms and blend into the international media development.

At the 2nd CMG Forum [14] opening in Shanghai in July 2023, scholars from the world described the blueprint of future media development. Global media will

---

[14] CMG Forum is initiated in 2022 by the China Media Group (CMG), and its 2nd one is co-hosted by the China Media Group and the Shanghai Municipal People's Government, with a theme of "Opening up, Inclusiveness, Mutual Benefit: Join Hands on the Path Towards Modernization", aiming at encouraging global discussions on media innovation.

be a world trend. In this forum, it's pointed out that media plays the role of sharing the experience in modernization and presenting the achievements in modernization. The progress of civilization and modernization will not go smoothly without the involvement of media. Thus, for a library's cultural exchange, media construction is an important task to be engaged in.

Bibliography

王娜. 数字图书馆与新媒体资源整合策略 [J]. 图书馆学刊, 2015 (4): 36-38.

孙慧娥. 图书馆对外交流工作初探 -- 以上海图书馆为例 [J]. 上海高校图书情报工作研究, 2002 (2): 47-49.

陈旭炎, 沈丽云. 向世界打开的一扇窗 -- 上海图书馆全球推广合作计划 "上海之窗" [G]. 第三届上海国际图书论坛论文集, 2007 (11): 145-157.

张晓林, 许旭. 让数字图书馆驱动图书馆服务创新发展 - 读【国际图联数字图书馆宣言】有感 [J]. 中国图书馆学报, 2010 (36): 73-74.

IFLA Manifesto for Digital Libraries [EB/OL], [2011-12-13]. https://www.ifla.org/news/unesco-endorses-the-ifla-manifesto-for-digital-libraries.

深圳大学图书馆: 国际图联发布趋势报告　2022 更新版 [EB/OL]. [2023-02-16]. https://mp.weixin.qq.com/s/N-zxYlCDfG_14DQfSUecCw.

李璐. "两微一端" 视角下的图书馆营销创新策略研究 [J]. 卷宗, 2019 (8): 129-130.

祁林. 论大众传播媒介发展的叠加与干涉 [J]. 江苏社会科学, 2000 (1): 181-185.

探究を世界知につなげる
教育学と図書館情報学のあいだ

根本　彰

はじめに

　日本の図書館の歴史的位置付けについて考えてきた。そして図書館という知的装置がなかなか制度化されにくかった事情として、日本の旧来の書物観や教育観が西洋的な図書館の思想と相容れない部分が大きかったと考えるようになった[1]。この課題については今後とも検討を進めなければならない点が多々あるのだが、ここでは、相容れない部分の核にあたるものが知の枠組みにあるという仮説の下に、それを図書館情報学の視点からアプローチする方法について考察してみたい[2]。その際に、米国の影響で20世紀後半に政策化された学校図書館を例にとって考えてみる。

　筆者はウェイン・ウィーガンドの『アメリカ公立学校図書館史』の書評を執筆したときに、ウィーガンドがアメリカの教育行政や教育課程にあまり注意を向けずに、専門職団体の自律的運動史として描いていることに意外な感をもつとともに、これがあちらの（アメリカ図書館協会を中心とする）ライブラリアンシップの強みだとも感じた[3]。つまり、教育課程に直接関与しなくとも読書支援や読書資料提供を前面に出すことで職として成立するということである。実際には州政府、連邦政府の教育政策との関係で専門職化が進展したことは確かなのだが、彼はそういう見方をとっていない。日本でこうした通史を書こうとしたら、結局のところ、国の教育課程行政とそこに働き掛ける図書館関係者の運動が中心になる。政府が必要とした少数の職が専門職の扱いを受けて国

家的庇護の下にあったことについてはこの後述べるが、ともかく、日本では職に関する民間の運動が官や業界、そして政治家への働き掛け抜きにうまくいくことはないから、アメリカの運動は日本の関係者にとってのモデルとなりにくい。

そのギャップは、戦後新教育における学校図書館史の位置付けを検討することで見えてきた。文部省は、アメリカの進歩主義教育運動の成果が反映されたカリキュラムの考え方を導入した。そうしてできた「学習指導要領一般編（試案）」(1947)をベースにして、文部省は実務レベルで定着させるために実験学校を委嘱した。コア・カリキュラムも学校図書館もそのなかに位置付けられている。この場合の学校図書館は単に学校にある読書施設ではなくて、教育課程そのものに学校図書館を活かすことが含まれているものである。コア・カリキュラムは教員による民間運動（コア・カリキュラム連盟）として盛り上がりを見せた。同様に『学校図書館の手引』(1948)以降の学校図書館運動のなかで現れた図書館教育は、文部省も地方教育委員会も学校現場も積極的に取り入れようとした。しかしながら1949年の朝鮮戦争をきっかけにして占領政策が変更されると、新教育を疑問視する政治家や研究者の声が上がり、教育政策は転換した。コア・カリキュラム連盟は生活教育連盟と名前を変え方針転換を迫られた。図書館教育的要素も教育課程の一部には残されたが、主流にはなりえなかった。

問題はその後である。学校現場では系統主義に戻しながらも、授業研究や教材研究を行い、コア・カリキュラムで着手された教授法の工夫を行っていった。新教育の理念は個々の教員の実践に一定程度は活かされた。ところが、図書館教育は読書指導と図書館利用教育に分離し、多くの場合、読書指導のみが継続した。それは担い手として司書教諭を想定していたにもかかわらず、学校図書館法(1953)が成立しても制度的に曖昧にされたために、学校図書館は専門職員なしの読書施設として形骸化されたかたちで残された[4]。

そのように対応が分かれたもっとも基本的な理由に、日本の教育関係者や教育学を支える教育課程の議論に外部的な世界知をどのように取り込むかについての理解が十分でなかったことがある。ここで、世界知とは学習指導要領や検

定教科書という教育内容を規定する知の枠組みの外側にある知のことである。新教育は従来の知の枠組みを取り払い、学習者が自ら学ぶことを推進した。だから参照すべき知は外部に開かれている。これになぜ世界知という言葉を使うのかについては、第1章で議論を加える。

　佐藤学は、『学びの快楽』で戦後新教育の指導者たちは学校外の日常生活の体験を重視して、探究が学校外の知をも参照する必要があるのにその意義を理解できなかったと言う[5]。しかしながら、それは戦後の教育学者が推進した教育課程や教育方法の議論において、その時点ごとに学校に与えられた知の枠組みのなかで教員が工夫して授業研究や教材研究をもって解決すべきとしたことの限界でもあった。新教育においては、教員免許の開放制が占領軍から指示されて、新制大学では教職課程の設置によって教員養成を行うことが可能になった。これによって、大学研究者が教科教育に関与することになり、研究的観点から教育課程や教育方法、教育評価が議論された。だから、この場合に依るべき知識の枠組みは研究者が教科教育の指導要領作成や教科書執筆を行うことで導入される学術的なものが基礎になった。そのカリキュラム論的な理論は後付けで外国の教育課程論を参照したりすることでつくられたが、系統主義における教科知の枠組みは大学教育のための準備教育としての中等教育、そしてそのための初等教育というかたちで上から降りてくるものとなった。

　今期の学習指導要領において、探究学習は学習指導要領の重要な課題になっている。学習指導要領が前提とする教科教育の枠組みだけで考えられてよいはずはない。教育学者がしばしば参照するジョン・デューイは当然のように学習者の経験主義や探究の議論において学校外の知の導入に言及していた。学校図書館や図書館教育を本来の意味で教育課程に活かそうとするなら、この考え方の有効性を検討する必要がある。これから述べることは、図書館教育の歴史的位置づけを検討した前著[6]の執筆過程で書き切れなかったものであり、知の囲い込みから子どもたちも教員も含めた大人も解放し、主体的、対話的で深い学びを本当の意味で実現させるための予備的作業である。

1 デューイから始める学校図書館

1.1 『学校と社会』の学校図書館

　ここでは日本の学校図書館政策の前提としてアメリカの進歩主義教育が日本の戦後教育に影響したことで、そこからどのように戦後教育において学校図書館思想につながるのかについて検討してみたい。その際に手がかりになるのは「探究」（inquiry）という用語である。

　ジョン・デューイは19世紀後半から20世紀前半に活躍した哲学者・教育学者であるが、その後も一貫して哲学、教育学において言及されてきた。とくに、20世紀後半に20年ほどかけて彼の全著作集全38巻が南イリノイ大学出版局より刊行されたことにより、彼の著作活動の全容が明らかになった[7]。リチャード・ローティなどネオプラグマティズムの思想家によってデューイの再評価が行われ、デューイ・ルネサンスなどと呼ばれることもある[8]。日本でも近年、教育学者を中心とした編集体制のもとに著作集の新訳が出たり[9]、彼の思想を新しい文脈で評価したりする論文が書かれている。最近でも数冊の研究書が刊行されており、その隆盛ぶりには驚かされる[10]。

　デューイの教育学は大正新教育以降の日本の教育に影響し続けてきたが、なかでも彼が若い頃にシカゴ大学の実験学校の責任者となって行った一連の実践報告のまとめである『学校と社会』（1900）はずっと読まれ続け、とくに戦後教育改革においての指針とされた[11]。教育が子どもの経験から始まり、学校が家庭や近隣社会に包摂された小社会を形成しているなかで、子どもと学校、子どもどうしの関係、社会の相互関係を意識した活動主義をとるという彼の考え方は、教育学において一貫して支持されてきた。

　その著作のなかで学校の概念を図として示している部分がある。社会と学校の相互関係がコンパクトに示された図である。実際には別々に示されたものを次のように1つの図にまとめた（図1「『学校と社会』の学校モデル」）[12]。19世紀末の学校でも当然に英語（国語）や算数・数学、歴史などの教科を学ぶ場はあったはずだが、ここでは彼が強調する経験的な学習を実施する場をモデル化して示していると理解すべきである。1階が家庭、地域社会、実社会という環境のなかに学校があることを前提とし、そのための手作業や生活の場が置かれ

る。2階は科学と芸術の経験をするための実験や実技を行う場になっている。このなかで、日本の教育学の議論ではそのような直接経験の場が学校外と連関して展開されていることが強調される傾向があった。

　しかしながらこの図で無視できないのは、試験場、専門学校、研究施設、大学、図書館、博物館のような外部の知的機関との関係である。これらは日本の教育学では学校後に関わりをもつ領域と理解されていたが、決してそうではない。なぜなら、1階の中心に図書室（library）があり、2階の中心に博物室（museum）が置かれているからである。これらの配置は、西洋の知的学術的世界が近代において知識人が相互に関わり合いながら、学術や科学を発展させてきた方法を踏まえていると考えるべきである。

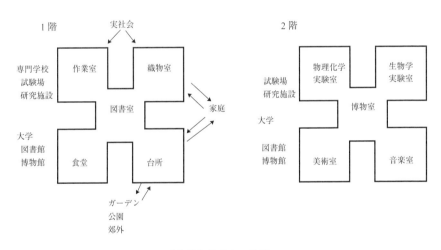

図1　『学校と社会』の学校モデル

　ルネサンスは古代ギリシアやローマの文化的遺産の再生という意味であるが、残された遺産を再発見して、そこから古典期の思想、倫理、美学を再構築しようとする運動でもあった。その際に、遺品や遺跡・遺構とともに、あるいはそれ以上に文献資料の蓄積が重要視された。遺産のなかでも知的遺産はヨーロッパの教会や修道院に蓄積されていたものと、イスラムを経由して中世末期

に導入されたものとがあったことが知られている。それらをもとに古典を復興する古典学（文献学bibliology）が興り、当時の知識人は古代の文献を研究しながらそれを同時代に復興することを行い、それについては共通語であるラテン語で手紙や書物を書いて交流した。西洋近代において書かれたものを重視し、また、それを蓄積することが重視されたのは、そうした学術や知的営為の発展と密接な関係をもっている[13]。学校の外部に知的機関が配置されているのはそうした人文知を重視する歴史的経緯を踏まえているからであり、とくに図書館は都市や大学において必ず設置すべき知のアーカイブ機関であった[14]。デューイの学校モデルの中心に図書室があるのはそういう書き言葉によるコミュニケーションの伝統を踏まえていると考えられる。

　ちなみに、博物室（ミュージアム）が先の図の2階の中心に置かれたこともまた西洋の知的な伝統を継承している。ミュージアムが古代アレクサンドリアのムセイオンから来ていて、アレクサンドリアでは学びの場であるムセイオンと書物を蓄積した図書館が一対のものであった。近代以降も貴族やブルジョア、知識人が自らの邸宅に驚異の部屋（Wunderkammer, cabinet de curiosités）や書斎（Bibliotek, library）をつくったのはそれを忠実に模したものであるし、都市や大学、国家にもまた博物館と図書館は設置された。学校において博物室は実物教育の場であり、本来的にミューズの館であるミュージアムは音楽や演劇、舞踊の場でもあるから、デューイの図では音楽室や美術室も配置されている。図書室は書物という知のパッケージを置く学術知の拡張の場であった。こうした知的伝統があったから、上記の図が書かれたわけである。だから、この図はデューイらの独創であったわけではなくて、中上流階級の子弟が通う学校でこうした施設が設置されるのも一般的であった。世紀の変わり目において大衆教育のさきがけとしての学校にこうした知的装置をつくることの意味は重かったと捉えることができる。

1.2　図書室が学習の場とされる理由

　デューイが構想する教育においては、一人一人の学び手が他者の経験を共有しながら自ら経験することで学ぶことが重要になる。この場合の他者は同じク

ラスにおける他者とは限らない。クラスを超えたところにある教材がうまく提示されることによってそこに含まれる経験が共有される。ここで教材と呼ぶものの原語は"subject matter"で、学ぶ主体が認識対象とし経験するものすべてが含まれる広義の概念である。アメリカ教育学では"educational materials"とこの言葉を区別しながらも、場合によっては同じ意味で使ってきた[15]。そこでは学校内にあるものだけでなく、学校外における知的機関が提供するものがそうであるし、とくに図書室がここにあることの意義が強調される。彼は、「中央の部分には、図書室があるが、それはすべてが図書室に集まってくる、すなわち実際的な作業の進展に光明を投じ、それに意味と自由な教養的な価値を与えてくれるために、必要とされるあらゆる種類の知的資料を収集している図書室に、すべてのものが集まってくるような方式を表現しているのである」と述べた[16]。

　また、デューイは図書室をめぐる学習の場の重要性について次のように述べている[17]。

　　[図書室は] 子どもたちのさまざまな経験、さまざまな問題、さまざまな疑問、子どもたちが発見してきたいろいろな具体的な事実をもち込んでくる場所になるだろう。そこでは…［中略］…とりわけ他者の経験からくる新しい光、集結された世界の叡知──それは図書室に象徴されているものであるが──というものからの新しい光が、投げかけられる場所である。ここには理論と実践との有機的な関連がある。子どもは、たんに物事を為すというだけではなく、子どもが為していることについての観念もまた、獲得するのである。すなわち、子どもの実践にはいり込み、その実例を豊かなものにしてくれる、ある種の知的概念を当初から獲得してかかるのである。他方、あらゆる観念は、直接的であれ間接的であれ、経験のなかでなんらかの応用を見つけ出し、生活のうえになんらかの影響を与えるものである。いうまでもないことだが、このことが教育における「書物」あるいは読書の地位を決めることになるのである。書物は経験の代用物としては有害なものであるが、経験を解釈したり拡充したりするうえでは、このうえなく貴重なものである。

本稿でこれから論じようとすることの要点はここに尽きている。書物は経験の代理物ではなく、経験を拡張するための道具であるという考え方である。彼の時代に学校図書館は制度的に未発達ではあったが、ルネサンス以降の学びの場には理念的に必ず必要とされたものである。それは、知というものが基本的なテキストを繰り返して学ぶ中世のレシテーションの時期から、近代のテキストを解釈して取り入れる批判的な読みの時代に移行する過程にあったからであり、そのための素材としての書物を集めた場である図書館が重要であったからである。「集結された世界の叡知」の原語は "the accumulated wisdom of the world" である。このことを本稿では縮めて「世界知」と呼ぶことにしよう。図書館こそが世界知を媒介するものである。

　先の図は学校図書館がもつ学習者の探究を支える拠点としての機能を示すものとして、日本でも多くの教育学者や哲学者が注目して言及していた。たとえば、かつて教育哲学の杉浦美朗は、「実践と理論を統一する場所としての図書室、探究を飛躍させる場所としての図書室という図書室の基本性格は、高度技術社会にして高度情報社会としての現代社会においても代わる（ママ）ことはないであろう。……このあらゆる種類の学習媒体を備えた学習拠点、高性能の情報処理システムを備えた情報拠点となることにおいて、図書室は文字言語情報の低温貯蔵施設であることを止めて1人1人の子供が自ら探究を展開すると共に集団としての子供が共同活動としての探究を展開する場所となることができるであろう」と述べた[18]。最近でもアメリカ哲学の谷川嘉浩は、やはりこの図を掲げて、「中心に図書館があったことからもわかる通り、デューイにとって哲学することは、折に触れて「図書館」に頼ることを前提とする。先人が積み上げた知的遺産から学び、自分なりの「地図」をもつことで、手ぶらで知らない街を歩く心許なさを退け、状況の何に注目すればよく、どの刺戟に敏感であればいいのかを知ることができる」と述べている[19]。いずれも、学校図書館がもつ知を反省的に媒介する役割が学習者、あるいは知的探究者にとっての道しるべになり、また、協同的な探究を可能にもすることを説いている。

2 学習者と世界知をつなぐ

2.1 探究と世界知

　このあとは、再度、デューイがなぜ学校の中心に図書室を置いたのかの議論に立ち戻って、彼の言う探究（inquiry）の概念が解く鍵になることについて述べる。その際に、アメリカと日本の教育制度や図書館制度の違いを超えて、今後、学校図書館のもつ理論的な可能性を示す研究を行うにあたって参考となる知見を、図書館情報学の議論に探ることに注力したい。

　探究はチャールズ・パース以来のプラグマティズムの用語であった[20]。プラグマティズムは行動を意味するギリシャ語πρᾶγμα（プラグマ）からイマヌエル・カントの実践哲学を経由してアメリカで生まれたもので、知識や価値の問題を行動の場面でとらえ、有用性または有効性を基準として考える立場である。探究にどのような行動との結びつきがあるのかを考えてみる。in-quiryには踏み込んで明らかにするという意味がある。これが類義語のresearch（研究：仮訳以下同様）、exploration（探索）、examination（検査）、interrogation（尋問）、investigation（捜査）などとどう違うのか、語源を明らかにすれば理解しやすい。語頭のre-, ex-, inter-, in-が動作の方向を示している。re-searchは探す行為を繰り返すこと、ex-plorationは狩猟者が大声を上げること、ex-aminationは結果を外に示すこと、inter-rogationは手を差しのばすこと、in-vestigationは痕跡を執拗に辿ることの意である。in-quiryのquiryは質問（queryクエリは日本語にもなっている）の意味でこれにinがついて内側に踏み込むという意味になる。探究学習は以前に日本の教育現場でよく言われたアクティブラーニングとは異なり、個々の学習者の心的態度と密接に関わることが分かる。

　デューイの探究の概念が20世紀の教育哲学の焦点の1つであったことは確かである。デューイが探究について明示的に論じたのは1938年の *Logic: the Theory of Inquiry*（論理学：探究の理論）であった[21]。このなかで、彼は探究を「不確定な状況を確定した状況に、すなわち、状況を構成している区別や関係が確定した状況に統制され方向付けられたように転化させることで、もとの状況の諸要素をひとつの統一された全体に変えることである」と定義している[22]。彼にとって探究とは、問題解決をめざして展開される知的活動のことで

あるが、観察、推理、推論という思考の過程で経験から得られた状況についての観念がすでに得られている概念と突き合わされながら修正されていくものである。その際に、思考活動の結果である思想（idea）ないし思惟（thought）は思考によって連続的に変化する。そして、思考と思惟とを常に突き合わせをする過程で得られた反省的思惟（reflective thought）が、先の定義にあった統制され方向付けられた仕方で転化させることで得られる結果である。デューイは探究のパタンとして、探究の先行条件として不確定な状況を認め、問題を設定し、仮説を形成することにより問題解決法を決定し、そこで観察されたものに基づき推論を行い、観察事実と推論から得られた意味とを対照させることを行うという一連の操作について述べている[23]。

このようにデューイの探究概念は、一見するとあくまでも思考活動を行う人が直接経験する認知の過程を中心とするものであるが、学校図書館をめぐる状況にこれを適用するためにはさらに外部の知的機関や図書館などが提供する外的な情報源について考察しておく必要がある。デューイの意味体系は探究ないしは生活する個人のものであることが前提だったが、先の『学校と社会』からの引用で、「とりわけ他者の経験からくる新しい光、集結された世界の叡知」が「図書室の象徴」としているところに注目してみたい。これは、図書室にある書物が他者によって書かれたものだが、それが「集結された世界の叡智」（the accumulated wisdom of the world）として働き、学習者にとっては「他者の経験からくる新しい光」（new light from the experience of others）として学びの手がかりになるというものだった。すでにここには学校が置かれている経験の場が単に学習者の直接経験だけでなく、世界の叡智（知恵）と結ばれる契機となるとしていることに注意すべきである。デューイは明示的には論じなかったが、探究という行為には自らの意味体系とともに客体化された外部の知識のストックをも同時に参照することが含まれる。

教育哲学者早川操は『デューイの探究教育哲学』において、デューイの探究概念が「反省的思考」や「問題解決学習」という名称でアメリカの進歩主義教育運動の哲学的基盤を形成してきたと述べた。そして、デューイが1916年の *Essays in Experimental Logic*（「実験論理学論考」未訳）のなかで、探究の過程に

おいて、直接の観察と、過去の経験を通じて「蓄積された意味体系」（a system of funded meanings）から回憶（recollection）されたものとの双方が働いていると述べたことに触れて、それらの関係が反省的思考を生み出すとする。早川は、その理論的展開をリチャード・ローティのネオプラグマティズムやアルフレート・シュッツの現象学的社会学、ユルゲン・ハーバーマスの批判的社会学、ドナルド・ショーンの反省的実践、パウロ・フレイレらの批判的教育学などの諸理論に照らしながら総合的に考察している[24]。そのなかでは、デューイの反省的思考を生み出す過程とするものと、シュッツが、日常生活世界を当然視する自然的態度から反省的態度に変換されるときに知識のストックが参照される際の有意性（relevancy）が重要だと述べているのと類似していることを指摘する[25]。この有意性こそ、個人の探究と外部にある知識のストック（世界知）とを結びつけるキーワードである。現在の現象学的社会学において、シュッツの"relevance"は「レリヴァンス」と訳すのが普通であり、以下この用語を用いる。

　念のために付け加えておくと、知識のストックとか世界知と呼ぶものは必ずしも学術や科学のようなものだけを指すのではない。そうした言葉の論理操作によって得られるものだけでなく、倫理や価値もそうだし審美的なものも含めている。また、言語だけでなく視聴覚や皮膚、身体器官を通じて媒介されるものが含まれる。デューイが世界と呼び、シュッツが生活世界と呼ぶのはそうして媒介されたものである。

2.2　系統主義の教育学

　図書館情報学の議論を検討する前に、教育学で教育課程や教育方法がどのように扱われてきたのか、そして探究学習の位置付けがどうであるのかについても簡単にレビューしておきたい。教育課程論の水原克敏『現代日本の教育課程改革』や『学習指導要領は国民形成の設計書』のような著作[26]に明らかなように、教育課程は学習指導要領が10年に一度改訂されるのに合わせて少しずつ見直しがされてきた。そのなかでも大きな変化は1958年に占領政策を払拭して経験主義から系統主義に切り替えたときと、1977年に高度経済成長を前提に「ゆとり」を前面に出して教育課程の規制緩和をはかったときである。ゆと

り路線はその後「新学力観」、「生きる力」、「コンピテンシー重視」といった用語で継続されて、探究学習の導入へと進んできた。

　しかしながらその過程で教育評価の在り方や高大接続などの課題が掲げられても、教科別のペーパーテストによる大学入試を前提とした詰め込み暗記による系統主義が、基盤的なカリキュラムとして存在し続けてきたことは否定できない。21世紀になってから、一方では総合的な学習の時間や探究学習の導入などが進められながら、他方でOECD生徒の学習到達度調査（PISA）の導入により、相変わらず数値評価が行われている。PISAは読解力、数学、科学の3つのリテラシー能力を評価するとしていて、これが教科的な内容知の習得度合いを測定するものではないとしているのにも関わらず、テストによる教育評価と選抜に対する信頼は厚い。これが日本の近代化の過程で公平な条件に基づく能力評価を重視することがあったからだともされている[27]。教科教育カリキュラムを柱に据えた系統主義のもとでは、正解の存在を前提とした教授過程が存在するから、学習者が自ら知を構築する探究学習が実施しにくいのは当然であるだろう。

　筆者は近著で、教科教育による系統主義が重視されたのは、戦後教育改革においても教員がすべての学校における意思決定者であり実践者であるという「教権」を忠実に実践した結果であることに言及した[28]。授業という場において教員は、真善美の価値を媒介する絶対的な権威であるとする「教権」の考え方が強く、教員が国家的に定められた学習指導要領と検定教科書に基づいて教え込むという知の囲い込みが行われてきたというとらえ方である。「教権」は政治学者徳久恭子が『日本型教育システムの誕生』[29]で用いた概念である。戦前に師範学校において「師表」として養成され教育勅語に基づく国家教育に従事した教員（訓導と呼ばれた）の在り方は、戦後、国民の教育権を主張する占領軍によって一旦は否定されながらも、政治的な駆け引きのなかで占領後も生き延びた。そして、教員がそうした権限を国民から負託されて教育を行うという考え方は、日教組や革新派の教育学者も含めて児童生徒を導く際の根拠として機能してきたという。徳久は、「教権を制度理念とする日本型教育システムは、1950年代に確立し、60年代に財政的裏付けを得ながら維持強化されたといえ

る」としている[30]。つまり冷戦体制下、教育内容やそこで教えるべき価値自体は争点になっても、教権自体の考え方は制度的に残ったのである。

　あえてそのように述べたのは、学校教育の知が狭められたのは大学教員も含めた教員の教権が学校の知を狭い範囲にとどめたと考えるからである。授業研究や教材研究に積極的な教員はその枠組みで可能な最善の教育課程を実現しようとした。日本の戦後系統主義において教科教育がどのように現れたのかは、今後追求すべき大きな問題である。これは学術研究と教科の知がどのような関係にあるのかについての議論に関わる。日本では教科教育ごとの議論はあっても、それらを総合して教育課程が学術知とどのような関係にあるかを議論する観点はきわめて弱い[31]。

　以上のことを、系統主義に切り替わった後の1960年代、1970年代の教育課程論の議論をみて確認しておきたい。この時期は1957年のスプートニクショックでアメリカでも日本でも教育課程の「現代化」が言われ、飛躍的に発展する技術社会に対応するために教育方法と教科内容を刷新することが目標になった。いずれにおいても学問に基づくカリキュラムが強調される。アメリカの19世紀末からの進歩主義教育（プログレッシヴィズム）は、19世紀以来の学問に基づいたカリキュラム（後にエッセンシャリズム（本質主義）と呼ばれるようになる）に対するアンチテーゼであった[32]。だが「現代化」は単にエッセンシャリズムに戻ることを意味してはいなかった。スプートニクショック以降の教育内容の現代化のバイブルとなったジェローム・ブルーナーの『教育の過程』（原著1960）は、学術研究と結びついたカリキュラムの考え方を推進した。当時の連邦政府が推進した科学技術教育において創造性を導くためには、教科や単元に通底する基本的な考え方・観念を教えるべきだとして、これを構造と言い、構造を把握することで細かい知識よりも自ら進んで教室の外の現象にその構造を当てはめることが可能になる。ブルーナーはこれを発見学習と呼んだ。だから、ブルーナーは探究のプロセスは学術研究でも学習過程でも共通することを述べていて、むしろ主題（subject matter）の心理学化を主張したデューイの考え方を継承したという見方もある[33]。

　他方、田中耕治編の『戦後日本教育方法論史』[34]によると、この時期に教育

学者や教科教育の研究グループが教育課程の本質を、知識構造や体系性を重視する上からの学問的発想と、学び手の意欲や主体性、態度を重視する下からの現場的発想をめぐってさまざまな「理論」が提示された。広岡亮蔵や柴田義松はブルーナーやレフ・ヴィゴツキーのような外国の教育学理論を取り入れながら2つの立場を調整するような考え方を述べたのに対して、遠山啓を中心とする数学教育協議会が数学という学問を構造化し「水道方式」のような数や量に対する新しい指導法を提案することで学問と教育の結合を主張した。この時期の教育課程論に特徴的な概念として、教育内容を導くための材料（事実、文章、直観教具など）を「教材」として、その創出が教育者としての重要な課題であるとしていたことがある。

　このことが意味するのは、まず学術的な知の体系なり構造があるがそれをいきなり教育課程に結びつけるのではなくて、学習者とのあいだに教材というクッションをおいて両者をつなごうとするということである。ここであくまでも前提になっているのは、教科とか学問という大枠がまずあり、そこに教科の専門家が作成する学習指導要領が知の内容と学ぶ方法を明示する。そしてこれを学習者に媒介するために、教科書、解説書、問題集、その他の教材教具類がつくられる。先ほどの「教権」はこのような教科や教材準備を行う教員の仕事の根拠として示されたということができる。系統主義学習指導要領の枠のなかで、教員が行う授業研究や教材研究は、教員が行う自主的な研修としても重視された。20世紀末になると、日本の初等中等教育のレベルの高さが教員の質の高さからくるものであるとの国際的な指摘があり、教員は授業研究（lesson study）を相互研修としておこなっていることが外国に紹介されたりもした[35]。

　一方、アメリカでは教育課程について教権のような考え方は弱いから、現代化の流れのなかで学習の過程をより柔軟にとらえようとした。subject matterは学術研究の研究対象で研究資料であり、これを教育者から見れば教材・教具であり学習者から見ると学ぶための題材・素材である。この考え方が展開して1960年代以降、J.J.シュワブの科学における探究学習論とかリー・シャルマンの教育学的内容知識（PCK）のように、学知とカリキュラムをつなぐような理論研究が盛んになっていく[36]。そうしたものの1つ、1980年代初頭から数学

教育についてフランスの数学者イブ・シュバラールらが中心になってきた教授学的転置（didactic transposition）の理論は、図2「研究コミュニティにおける教授のための知識過程」のように、数学者によって生産された学術的知識と教授すべき知識（ヌースフェール noosphere. 図ではノースフェールとなっているが、英語読みだとノースフィアで人間の思考の圏域を指す）を選別し、実際に教室で教えられた知識があり、さらには学習者によって学ばれた利用可能な知識へと「転置」される過程を描く。そして、数学コミュニティ、教育システム（カリキュラムや教科書、教材、教員養成システムなど）、教室という3つの対応する制度から得られる実証データから作り上げられる「基本認識論モデル」と呼ばれる理論的モデルによってこれに働き掛けるというものである[37]。

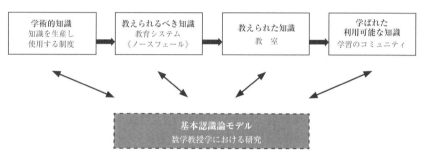

図2　研究コミュニティにおける教授のための知識過程

　また、このモデルは数学教育に限らずどの教科でも当てはまることは言うまでもない。だが英国の教育研究者トン・ソンイーはこうした学術知と教科カリキュラムを密接に結びつける考え方は「強力な知識論」（powerful knowledge）だとして批判している。彼は、学術コミュニティを重視するだけでなく、ドイツのビルドゥンクから学習者の認知的な学習行動の観点を重視する内部的な観点を導入するとともに、カリキュラムが広範な社会的、文化的、制度的文脈に組み込まれていることも考慮して外部的な観点を入れることも提案している[38]。これは、この後に述べるデンマークの情報学者ヨーランドのドメイン分析に近いものがあると考えられる（3.5「客観的知識とドメイン分析」を参照）。図書

館情報学での学術情報流通論は学術知が論文として承認され、それが研究者に
よって教科書や解説書として普及するというものだから、こうしたモデルを当
てはめやすい[39]。

2.3　21世紀の教育課程の課題

　日本の教育課程論やカリキュラム論ではこうしたものは外国から入ってきた
概念や理論という扱いが中心になってきた。日本カリキュラム学会の『現代カ
リキュラム研究の動向と展望』は、大正自由主義から始まり現在にいたるまで
のカリキュラム編成の歴史を明らかにしながら、1960年代以降、教科教育に
おける系統主義が中心になってきたこと、しかしながら20世紀末から新しい
能力についての考え方が導入されて、認知科学や学習科学のような理論の検討
が始まっていることを描きだす[40]。外国の理論は『学習科学ハンドブック』の
翻訳書[41]や教育方法学会ほかの関連学会での紹介などを通じて豊富に入って
きているが、日本の教育現場にとってはこれらに目を奪われすぎると現象を
とらえにくくなるだろう。なぜなら、20世紀末に学習指導要領の大綱化・弾
力化が課題になったが、文部科学省はまもなくその基準性の明確化を再確認し
て、学校では知が教育指導要領や検定教科書によって形式化され授業を通じて
伝えられるという基本原則に変化がないからである。また、教員免許状をもた
ない専門性の高い人に特別免許状を出しての指導の機会が増えていることや、
「チーム学校」のように学校に教員以外の専門家を配置する考え方の導入もあ
るが、教育課程を掌るのが教員であるという「教権」の考え方は依然として根
強い。日本カリキュラム学会の総合レビューはそうした原則を崩していない。
つまり、日本的な学びの核を残したまま新しい要素を接ぎ木しているように見
える。

　21世紀の日本において、探究学習という言葉が多用され定着しようとして
いる。文部科学省が2010年以来、学習指導要領の総合的学習の時間や総合的
探究の時間の解説書に、「探究の過程」として「課題の設定」、「情報の収集」、
「整理・分析」、「まとめ・表現」という一連の過程が何重もの螺旋形で示され
た図がある[42]。しかしながらこれは、先に述べたデューイの探究のパタンとは

表面的に似ているだけで、プラグマティズムの本質が理解されて採用されたわけではなかった。とくに、これが学習者にとってどのような行動（プラグマ）につながるのか、また課題、情報、分析といった過程がどのような認知作用を前提にして成り立っているのかの理論的説明が不足している。ただ、探究を打ち出した背景には、OECDが一連の教育政策のなかで打ち出してきたキーコンピテンシーという概念に合わせていることは確かである。コンピテンシーは外的な行動のための能力基準という意味であるから、プラグマティズムとも密接な関連をもっている。総合的学習や探究学習を選択したということは、教育の場で学習指導要領や検定教科書の外側にある世界知へのアプローチが取り入れられていると考えられる。

　その点で、新しい能力に焦点を当てた研究書『＜新しい能力＞は教育を変えるか』は、教育政策の場で用いられてきた「生きる力」、「人間力」、「リテラシー」、「キーコンピテンシー」などの言葉がポスト近代型能力として選択されてきたことを論じようという趣旨で編集されている[43]。これを検討する際の枠組みや参照軸は基本的には外国の教育理論であったり、外国の教育政策であったりするが、一部の論者において日本の教育課程の歴史や教育学の議論を踏まえた議論が見られる。たとえば、杉原真晃は、大学の教養教育はかつての学問のための基礎教育だったり深い洞察や文化的知見を求めたりしたものから、コンピテンシー型で汎用的なスキルトレーニングを目指す初年時教育に移っていると述べる。しかしながら、今必要なのは学問の基盤にある汎用性を自覚的に見いだすような「プロト・ディシプリナリー」な方向付けだという[44]。また、石井英真は、戦後の5期にわたる学力モデルを検討した上で、現在の「新しい能力」論が単にOECDのキーコンピテンシーやコアコンピテンスを導入するのではなくて、日本の2000年以降の学力論を批判的に検討して展開しようとする[45]。新しい能力を強調するほどそれが家庭や地域ごとの社会関係資本に規定され格差を大きくする方向に作用する可能性があることが指摘されることがある。石井は中内敏夫の学力モデルを積極的に評価して、そうした心理学的な能力概念を学習者、教員、地域社会による参加論的学習論と自律した学習者が自ら「教科」する方向へと進むことを説く。ここで教科という言葉を用いるのは、

生得的だったり生育環境に依存したりする「能力」に対置するためとしている。

　教育学でも知を獲得するプロセスにおいては、デューイの探究の考え方に近づきつつあるように思われるが、未だ試論の段階でしかない。他方ではデューイについての研究が進められていることもあり、デューイの探究論とカリキュラムの考え方が教育学において再度出会うことが必要だと思われる。そのときに、カリキュラム論は、これまで教育学関係者がほとんど無視していた戦後まもない時期のコア・カリキュラムや図書館教育のような教育実験を再評価することで新しい展望が開けてくるだろう。当時、新教育の可能性に目を開かれた教育関係者の真摯な取り組みがあったし、探究学習という新しい課題の多くは当時すでに議論されていたことだったからである[46]。とくに図書館教育が重要なのは、学校図書館が世界知へのアクセス機会を保証する場であるからであり、戦後新教育においてはアメリカでも十分に検討されていなかった教育課程と学校図書館との関係について実践的な検討が行われたからである。

　本論では以下、探究と世界知との関係について図書館情報学がどのようにアプローチしているのかを検討する。図書館情報学とは、教材（subject matter）のなかでも資料的な形態をとったドキュメント（3.3「ドキュメント」で詳述）を、二次的に媒介する方法を検討する分野である。これはデューイの学校モデル図の外部機関が関わる部分である。図書館情報学では媒介の際に、収集、組織化、提示というアーカイブの手法をとる。知の二次的な媒介には、他にも学会、出版、新聞、雑誌、放送、インターネット検索エンジン、SNSなどさまざまな機関があるし、大学他の教育機関も研究機関も媒介を行っていると言えよう。そうしたエージェントや機関に対して、図書館情報学は世界知にオープンな方針でつなぐことで世界を再提示する（represent）。これによって、もうひとつの知の媒介方法を示すことが可能になる。

　図書館が媒介する知はそれがたとえローカルな場で発生するものであっても、世界知の部分あるいはサンプルを提示していることが仮定されている。それぞれの図書館はそれを設置する組織・機関がどのような世界との関係をもとうとしているのかを表現しているのだと考えられる。これが図書館（ないし図書館的なシステム）とそれを支える図書館情報学の本質的役割と考えられる。

それは国家であっても大学であっても都市であっても、学校であっても同様であり、それに対応する図書館が置かれる。それは学校図書館の必要性を言い当てるものであって、教育の場は常に世界知に向けて開かれる必要がある。

3 図書館情報学のアプローチ

3.1 方法的概念としてのレリヴァンス

シュッツが没後残したノートを元にトーマス・ルックマンがまとめ直した『生活世界の構造』（原著1975）は、現象学的方法によって個人が自らの生活において世界を認識する過程と、それを累積し、他者と関わり、社会的に累積される間主観的なものになる過程とを緻密に考察した著作である[47]。このなかで個人がもつレリヴァンス構造によって知識が集積され、それらが他者のレリヴァンスと相互作用することで社会的なレリヴァンス構造が生まれ、さらにはそれが社会的配分や歴史的な蓄積を通して「客体化された」知識になる過程を論じている。ただし気を付けなければならないのは、シュッツはあくまでも現象学から出発しているから、彼自身はあくまでも個人を中心に置いて論じているという点である。彼の著作集にある「見識ある市民」という論文で、レリヴァンスについて個人が直接観察できる範囲の段階から個人が関心をもたずまた影響も感じないような段階まで4段階を区別しているのも、知識の配分を問題にしているのではなくて、生活世界がそうしたレリヴァンス構造をもつ個人の集まりから成り立つことを言っている[48]。

シュッツのレリヴァンスの概念は図書館情報学では適合性（relevance）として長らく議論されてきたものである。この場合の適合性は図書館をはじめとした情報システム（シュッツの用語では知識のストック）を評価する際の指標の1つであって、システムが提示する情報が求めるものなのかにどうかについて論じるための概念枠組みである。適合性はシステムの機能や特性だけでなく、情報探索者の目的、社会的条件、心理的特性なども含め多義的に定義できるものであり、1960年代以降の多様な情報システム評価のために議論されてきた。つまり、当初、実験システムにおいて検索者の要求に「適合する」文献がどの程度検索できているのかを評価する指標として、精度（precision rate）とか再現

率（recall rate）とかが用いられたが、そもそも、実験を離れて一般的な状況の
なかで「適合する」のがどのような状態なのかは一意に規定することが困難で
あることが分かってきた。relevance（以下、図書館情報学の文脈でもレリヴァ
ンスと表記する）はそのような場合の検索者と得られた（得られうる）文献群
との関係を示す用語として拡張してもとらえられた。

　それは検索者をある分野の研究者でも学習者でも一般の市民でも情報を求め
ようとする人に置き換え、文献群を何らかのデータベースあるいはどこかの図
書館、インターネットのコンテンツに置き換えても同じことである。テフコ・
サラセヴィックは1970年代にすでにこのことに気づき、レリヴァンス概念を
総合的に考察したレビュー論文を書いた[49]。そこではシュッツが生活世界の現
象学的な関係を指して用いた用語であることにも言及している。その後も情報
技術的な領域での評価問題としてこの用語は常に言及されてきたが、同時にこ
れが図書館情報学（あるいはその発展形である情報学 information science）にお
ける基本的概念の1つであるとする議論も現れてきた[50]。そうした論者の1人
であったマイケル・バックランドは2017年の著書で次のように述べて、レリ
ヴァンス概念をシステム評価に用いることの困難性について述べている[51]。な
お、ドキュメントという言葉については後ほど述べる。

　　　ドキュメントがレリヴァントであるためには、実際にある人の精神活動
　　にとって有用とされなくてはならない。そのためにレリヴァンスは主観
　　的で、特定個人に特有の現れ方をする、予測困難で不安的なものである。
　　そのために通常はあるドキュメントがある時点でレリヴァントかどうか
　　を推測するしかない。

　2000年代になってレリヴァンスが人文社会科学の複数の分野を結びつける
重要な概念としてクローズアップされることが増えてきた。それらの議論をま
とめたものとして、社会学者ヤン・シュトラスハイムは、レリヴァンスが現象
学的社会学、知覚や認知、言語、そして（図書館）情報学、記号論、認識論と
論理学などの領域で互いに少しずつの関わり方をもちながらも独自の発展を
してきたと述べている[52]。社会学と図書館情報学についてはすでに述べた通り
で、他のものについて少し触れておくと、たとえば日本でも『関連性理論：伝

達と認知』という標題で翻訳が出ているダン・スペルベルとディアドレ・ウィルソンの著作（原題*Relevance: Communication and Cognition,* 2nd ed.）は、言語学の語用論（pragmatics）において、話し手と聞き手を想定した場合、発話がどのような意味のものとして受け取られるのかを中心にする理論である[53]。ある言語表現が多義的で文脈や関係でさまざまな意味になることは知られているが、この議論は言語表現の論理関係から導かれる推論的過程を重視する。その際に共有するルールがどの程度あるのかだけでなく、それが動的に変化する関係の場合も含めて論じられる。こうしたことも含めてレリヴァンスの概念が、周囲の世界をどのように認識するかに関する研究領域で、背景や文脈、知識や偏見があるなかで、ある特定の理解がなされる理由を説明しようとした。

　図書館情報学においては、メディアおよびメディアを媒介するデータベースや図書館コレクションのようなものに対してレリヴァンスが用いられることが多いが、研究者や市民の情報行動を研究する場合などは心理学や社会学的な方法が使われることもある。サラセビックは先の論文から30年後にその続篇を発表して、その間のことをレビューしている[54]。この間にICT技術は各段の進歩を遂げ、インターネットが情報基盤となる社会が出現した。その状況を見た上で彼は、レリヴァンスについて次のように述べる。

　　　経済学の父とみなされるアダム・スミスは、1776年の著書『諸国民の富（国富論）』の中で、経済社会の運営原理を説明しようとした。とりわけ、彼は市場の決定がしばしば「見えざる手」によって支配されていると説明した。同じように、レリヴァンスは目に見えない手によって支配されている。場所も理由も問わず、レリヴァンスの見えざる手は、それをレリヴァンスと呼ぼうが呼ぶまいがすべての情報活動とすべての情報システムに関与している。人間に関わるものである限り、レリヴァンスは暗黙のうちに存在しており、避けることはできない。人々が情報活動にITを使用するのはそれにレリヴァンスがあるからだ。他方、何よりも情報システムは、潜在的にレリヴァントな情報や情報オブジェクトを人々に提供するように設計されている。ここにレリヴァンスの重要性がある。

経済学において物々交換や貨幣による取引が行われる場を市場と呼んでこれ

を分析しようとするように、情報学におけるレリヴァンスもまた人と人が直接に、あるいは何らかのシステムを通じて互いに関係をもつような場面を記述する語であるとしている。彼は、この間、シュッツとルックマンと並んでレリヴァンスが人文学の発展形である情報学における新しい地平を切り開く概念であることを宣言し、その普及に貢献した人だということができるだろう。彼は次のようにレリヴァンスを説明する[55]。

　　　レリヴァンスとはオブジェクトP（または複数のPs）と オブジェクトQ（または 複数のQs）の関係として示される何らかのプロパティ R（または複数のRs）のことである。 P および Q は、無形オブジェクト（アイデア、概念、情報など）、有形オブジェクト（ドキュメント、機械、プロセスなど）、あるいは無形オブジェクトと有形オブジェクトの両方の組み合わせ（タスク、状況、責任など）のいずれかである。 プロパティ R（主題性、有用性など）は、PとQの関係を確立するためのベースとコンテキストを提供する。つまり、P と Q の間の関係は、プロパティ R で示されるレリヴァンスとして捉えられる。そのプロパティは、明示的または暗黙的な場合も、よく定式化されたものも直感的であるものも、合理的なものも合理的でないものもあり、それらの対立軸の連続体で示すことができる。

〜〜〜〜〜

　　　レリヴァンスは、関係性を示す尺度としてもとらえられる。 コミュニケーションについて考えてみると、レリヴァンスもコミュニケーションの有効性と関係があることが直感的に理解できる。 したがって、特性 Rs に伴うオブジェクト Ps と Qs の間の関係は、何らかの尺度 S（または 複数のSs）によって示すことができる。ここで、S は、強度、程度、またはその他の量や質など、さまざまな大きさのものとして表現できるものである。尺度 S は、明示的または暗黙的な場合も、よく定式化されたものも直感的であるものも、合理的なものも合理的でないものもあり、それらの対立軸の連続体で示すことができる。

最初の定義は、レリヴァンスが複数のオブジェクト（考察対象としての現象）間の関係を示す概念であるという宣言であり、それぞれのオブジェクトはさま

ざまなプロパティ（属性）をもつ。そしてその属性は有形なものも無形なものもある。また、レリヴァンスは主題とか有用性とかなどの関係概念で示すことができるとしているが、その関係概念も多様な軸のどこかに示されるようなものということである。これは、ここまで見てきたような他分野のレリヴァンス概念を包括可能な定義とすることを意図して考察されている。サラセヴィックは続けて、情報学においては、情報または情報オブジェクト（P）と、認知的および情緒的な状態や状況（情報の必要性、意図、主題、問題、タスク）（Q）を含むコンテキストとの間の関係としてレリヴァンスをとらえ、その（R）は、話題性、実用性、認知的一致度といった特性に基づくものであるとしている。

　次の尺度としてのレリヴァンスは図書館情報学特有のものである。つまりこの場合には、オブジェクトの1つは何らかの評価対象となるようなシステムであることが想定されている。それは、情報検索システムかもしれないし、インターネットのサイトかもしれないし、図書館コレクションかもしれない。サラセビックが他の論文で言うように、図書館情報学にルーツをもつ情報学においては主たる関心が「人類の知識の世界を記録された形式で伝達すること」であるから、記録物という物的なオブジェクトを介することが重要な特徴である[56]。

　サラセヴィックはレリヴァンスの研究動向の全体像を把握した上で図書館情報学の位置づけをそこで示そうとした。彼が取り上げた研究動向は、シュトラスハイムが挙げたものとほぼ重なっていて、レリヴァンスの議論が領域横断的に進められつつあることが示唆されている。レリヴァンスという用語は、このように用いる論者や属する領域によって多様に定義されるのだが、共通点としては、知識領域で認識主体と外部世界をつなぐための用語であること、外部世界についても認識主体によって認識された世界であり、両者が相互に関連することを前提としていることを挙げることができる。社会学では認識された外部世界としているものを、図書館情報学では利用者がアクセスしうるデータとしての情報とか文献資料のような客観的な存在が伝えるものとしている。

　サラセヴィックは、情報検索におけるレリヴァンスのインタラクションの全体像を階層化モデルとして図式化することを試みている。それは、一方でコン

テンツ、そのソフトウェア的処理とハードウェアと通信によるエンジニアリングを置き、他方に社会的文化的コンテクストに置かれた人がある状況のなかで、情緒的認知的な問いを発して質問をつくり出すところを想定して、両者が出会うインタフェースを含んだ情報利用全体の構図である[57]。そして過去に行われた多数のレリヴァンス評価研究をレビューした上で、先のバックランドと同様に、レリヴァンスを向上させるための実験プログラムはうまくいっていないと結論づけている。その基本的な理由は、レリヴァンス・インタラクションの前半のエンジニアリングと文化的社会的コンテクストから始まる人間の質問入力とが二元論的に分離されたままであるからである。これは、他分野でのレリヴァンス研究の成果と切り離されたところでシステム開発や実験が行われていることを意味する。

3.2　データ、情報、知識、知恵

　デューイの問題提起は、領域を超えて探究を行う際の知的学際的研究の可能性を形成してきた。それを前提にして、筆者は学校図書館を学校の中心におく意義とそれをさらに日本の教育というかなり異質な場に導入しようとする試みについて述べた。先に述べたように、探究においては外部世界にある知識のストック、すなわち世界知もまたレリヴァンスを構成するもののはずなのに、そのあたりがうまく反映されなかった。こうしたことを図書館情報学でどのように扱うのかについて、まず、データ（Data）、情報（Information）、知識（Knowledge）、知恵（Wisdom）とは何かと、それを階層構造で捉える考え方の問題点について述べる。

　ルチアーノ・フロリディは「情報は多くの形態をとるため、また多くの意味を持つため扱いにくい。いいかえれば情報は、ある観点、ある要件や必要な事柄に応じて異なる説明付けができてしまう」と述べた上で、多様なレベルと観点をまとめて整理している[58]。図3「フロリディのデータ、情報、知識」は彼が『情報の哲学のために』で示したデータ、情報、知識の関係を説明した複数の図のうち、図書館情報学に関係する部分（①から⑤）を統合して示したものである。

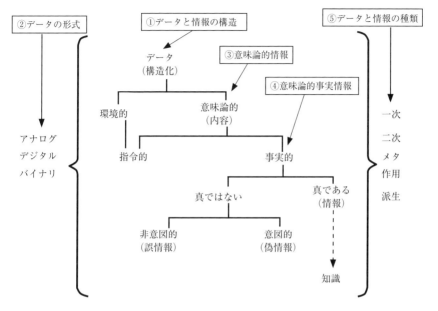

図3　フロリディのデータ、情報、知識

　フロリディは情報が「データ＋意味」から構成されるとして、複数の論理的形式に則り、かつ、そのデータが有意味である時に意味的内容のある情報となるとした[59]。図で言えば③の「意味的情報」の部分である。ではデータとは何かだが、現実世界を反映する信号であり、均一性が欠如したもののことだという。この均一性の欠如も現実世界そのものがもつ特性である場合、データを示す信号の物理的状態の特性である場合、そして、その物理状態と対応させた信号や記号の場合がある。つまり、均一性が欠如しているというのは差異が生じているということであるが、その差異が世界、物理的信号、反映した記号の3つにおいて生じている状態を図3の①で「構造化」としている。そこから何らかの統語論的な意味内容が付与されている場合が③の意味論的情報ということになる。②のデータ形式がアナログ、デジタル、バイナリというのはデータ構造を表現する形式のことである。⑤はデータ・情報が5種類あることを示して

いる。図書館情報学で使われるメタデータはここで定義されている。

　意味論的な情報はそれが事実的な情報と指令的な情報に分けられる。指令的情報を先に見ておくと、先ほどの意味をもったデータの差異が何らかの状態の変化をもたらすものである。温度の変化によってサーモスタットが電気回路を切るような場合を考えればよい。また、環境的情報は生体において遺伝子や神経細胞が指令的な働きをすることを指している。こうして、データと情報の関係を整理することができた。次に④の意味論的事実情報であるが、有意味で、事実と一致するデータにより構成されているものを指す[60]。ここで事実と一致するというのは、現実世界と表現されたデータが対応することを意味する。データの表現は自然言語の論理形式に則った文字列や数式の場合があれば、地図、図表、映像など何でもよいし、先ほどのデータ形式においてもどれでもよい。図で「真ではない」に分岐した情報がさらに「非意図的（誤情報）」と「意図的（偽情報）」に分かれているが、これらは事実と一致していない情報である。そして、「真である」ものが情報である。

　最後に、情報から知識に点線の矢印で結びつけられているが、これについてフロリディは知識と情報は同じ概念体系に属しているが、知識の場合は情報が関係性のネットワークを構築・再構築していくことで個々の情報を認識可能な世界像をもたらすものとしている[61]。以上の説明において、データと情報は厳密に分けられてはいないし、情報と知識も分離できないものとして扱われている。データ、情報、知識はどういう領域でどのような目的のために用いるのかで同じものが異なる呼び方をしているものであって、常識的な理解とも重なる。

　そのことは、図4「DIKWピラミッド」というよく使われるモデル図をどのように理解するのかにかかわる。これは、もともと経営情報論の領域で用いられていた概念である。組織において、収集された単純なデータが分析されて情報になり、情報が評価されて洗練されたものが知識とされ、知識が広く適用可能なものが知恵であるというように、上に行くほど一般化されて多くの場合に適用可能になる。図書館情報学でもDIKWという明示的な概念を用いなくとも、図書館や情報システムが情報やデータ、知識を多数提示することによっ

て、利用者がこのピラミッドを上るための条件づくりに貢献しているという暗黙の前提がある。確かにこれは特定の組織や領域においては使いやすい概念かもしれないが、組織や領域を超えて普遍的に適用可能な知識や知恵が成立しうるかとか、それぞれの階梯を上るための条件が曖昧であるといった問題を抱えていることはすでに指摘されている。

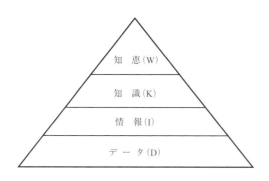

図4　DIKWピラミッド

　経営情報論やオペレーションズリサーチ分野の権威だったラッセル・L・エイコフは1989年の論文で、「データはオブジェクト、イベント、およびそれらの環境のプロパティを表すシンボルである。それらは観察の産物である。観察とは感覚にとらえることである。もちろん、センシングや計測の技術は高度に発達している」と述べて、コンピュータ処理可能なデータから情報が生み出される過程について述べた。たとえば「情報はレリヴァントなデータであり、場合によってはそのレリヴァント・データからの推論の結果も含まれる。したがって、情報はデータのサブセット、またはそのサブセットから推論または計算または洗練された追加項目によって拡張されたデータのサブセットである」とする[62]。エイコフはさらに知識、知恵までを述べている。

　この議論を念頭においてマーティン・フリッケは、図書館情報学においてDIKWピラミッドは放棄すべきものだと批判した[63]。すでにエイコフの議論でレリヴァンスの概念が使われていたことからもわかるように、何をもってレリ

ヴァントと判断するのかには困難な問題がつきまとう。フリッケの批判点は多岐にわたるが、もっとも基本的なものとしてはデータが情報となるための過程のとらえ方に論理的な問題があるからだという。これを煎じ詰めて言えば、データのみからはそれを関連付けたり選別したりするための基準は得られず、基準は情報や知識（場合によっては知恵）に照らし合わせなければ設定し得ないということを意味する。個々の測定値や入力値は正確であっても（真であっても）、そしてその数値を多数集積しても、そこから得られる判断は誤っている可能性がある。機器が未発達で測定し得ないデータがあって、これが別の結論を導くことがありうる。これを論理学の用語を使えば、帰納的な推論には限界があるということである。そして、ピラミッドが堅固なデータという基礎を組んでも上に載る情報は危ういものになる。

　フリッケは次のように指摘する。エイコフの情報システムにおいて「誰が」、「何を」、「どこで」、「いつ」、または「いくつ」はあっても、「なぜ」という質問がない。これについて、「DIKW スキーマの特性上十分な理由がある。『なぜ』という質問に答えるには、『データ』の界面を超えて他に入り込む必要がある。そしてそれはまさにヒエラルキーアプローチが禁じていることなのである」と述べる[64]。

　　　（コペルニクス、ガリレオなどから学んだように）地球は太陽の周りを回る。地球が太陽の周りを回っているというのは情報である。しかし、地球が太陽の周りを回っているというデータは存在しないし、データから推測することもできない。それは DIKW 情報ではないし、DIKW 情報であるはずがない。さらに、なぜ地球が太陽の周りを回るのかという疑問は、「なぜ」という疑問を求める完全に合理的な情報である。そして、初期条件、重力などの観点からのその答えは、それ自体が情報である。また、その答えも DIKW 情報とみなされない。

　そして、下部が危ういピラミッドの上部はさらに危ういと述べている。この議論は、データの集積が情報、知識、知恵に至り人工知能が人間の知能を上回るシンギュラリティ（技術的特異点）の議論に対する理論的批判でもある。これが経営情報論や組織論として言われている場合には個別組織の問題である

が、それが一般化して扱えるかどうかは結局のところ AI 問題になるからである[65]。

　フリッケは DIKW ピラミッドを厳密に情報システム構築の枠組みに当てはめて考えるべきでないと述べたが、図書館情報学においてデータ、情報、知識、知恵という概念に分けて考察することそのものを否定したのではない。論の後半はデータ、情報、知識、知恵のそれぞれの概念の関係がピラミッドを離れて相互に関係し合いながらこの分野で展開されてきたことについて述べている。彼によれば、意味論的に理解可能なステートメントでかつ、語用論的には単純で弱い（特定の局面にのみ適用できるもの）ステートメントで記録されたデータが望ましい。また、情報や知識についてもそれぞれが特定の場面でのステートメントや弱い個人的知識や特定のコミュニティで選択された真とされる知識が望ましい。知恵に関してはエイコフが目指したノウハウの知識は実践的な知識をどのように選択されるべきかという問題に関わり、本来知恵とされるべきものである。

　以上のように、ピラミッドがデータを基層として上に積み上げることを前提にしているのに対して、これらの概念間の関係はそれほど単純ではないことが主張されている。生成されるコンテクストが明らかで、できるだけ特定化されることでデータ、情報、知識はそれぞれが情報システムや図書館で扱いやすくなる。このことはこれから述べる各概念の関係を考える上で重要な前提である。

3.3　ドキュメント

　次に書物とドキュメントの関係について考えてみる。情報ないし知識のメディアである書物（book）、ドキュメント（document）との関係、そしてそもそもの人間の認知行動との関係についての理論的研究を見てみたい。この辺りについて、ボーデン＆ロビンソンの『図書館情報学概論』[66] が基本的な議論を行っており、より哲学的な検討としてはジョン・M. バッド[67] やロナルド・E. デイ[68] がある。デューイの探究概念の理解において参照されるべきなのは、蓄積された意味体系と有意な関係をもって図書館の資料や外部の知的機関が提供

する知が存在していることである。ドキュメントはラテン語のdocere（「教示する」の意）を語源とする語で、知識を授けるあるいは伝えるものという意味合いである。日本語では「文書」とか「文献」という訳語を用いることが一般的で文字で表現されたものというニュアンスがあるが、これは原義に遡ると必ずしもそうではない。バックランドはdocumentが図書館情報学においても、博物館資料なども含めた広義の「資料」あるいは教育学の文脈では教材の意味にまで拡張されて用いられるようになったのは、19世紀末のベルギーの社会活動家ポール・オトレが自ら書誌編纂、図書館コレクションや博物館コレクションを含めたドキュメンテーション（documentation）活動として定位したからだと述べている[69]。

　バックランドはこの論文で、ドキュメントはもともと書かれた記録物を意味したが、ヨーロッパで彼らの活動がドキュメンテーションとして図書館の活動と密接な結びつきをつくり出し、それがアメリカで図書館学（librarianship）から図書館情報学（library and information science）への変容を促したと述べた。そしてヨーロッパ・ドキュメンテーションの議論で重要なのは、たとえばアンテロープ（ガゼルやインパラのようなウシ科偶蹄類の動物）がドキュメントとなるのは、それが博物館で剥製になって展示されていたり、動物園で飼育されたりしている場合である。つまり、それらは知を媒介するための資料となった状態にある。コンピュータ技術が文字情報も画像や映像、音声情報もすべて処理しうる見通しがついたときに、図書館情報学は情報学（information science）に移行しつつあった。紙、パッケージ、フィルム、フィッシュ、模型、剥製ほかのモノであったドキュメントは、ここでデジタル・ドキュメントとなった。ドキュメンテーションという立場からは管理する上で扱いやすいデジタル・ドキュメントへの移行が自然である。しかしながら、ドキュメンテーションにはそうした機能主義的な立場では解決できない問題も残されている[70]。

　バックランドは、20世紀中葉のライブラリアンシップの理論家ジェシー・シェラやルイス・ショアーズらがこうしたドキュメントやドキュメンテーション概念の拡張に批判的な態度を示したと述べている。これは、彼らが伝統的な人文主義の影響の下で、書物を扱う図書館の価値を最大限に重視していたから

である。書物は書き言葉を連ねてひとまとまりのコンテンツを形成するメディアであるが、これが重要なのは、近代において西洋の知識人が書簡と書物によってコミュニケーションをとっていたことと関わり、今でも人文系の学術領域では書物を知の最終生産物と考えることが多い。それに対して学術雑誌は18世紀の科学革命の時代になって学会とともに現れたメディアであり、領域毎の学術雑誌にピアレビューによる査読論文を掲載するものである。近年は学術評価の指標として引用分析が用いられることも多くなり、人文社会系でも査読論文を重視する動きも顕著になっている。

　書物のメディアとしての特性については別稿で述べたのでここでは詳細は省略するが[71]、ともかく編集者の仲介によって原稿をチェックし校閲校正を経た上で製本された印刷物として出版し、書店を通じて流通するという仕組みはすでに数百年の歴史があり、これが今デジタル化という形式上の大きな変化の最中にある。だが、メディアがメッセージであるとするマーシャル・マクルーハンの立場からすれば、デジタル書物とその元になった紙の書物が内容的に同じように見えても同じもののはずはない。

　この議論は、ドキュメントとは要するに管理されているメディアであり、情報検索やコレクションや図書館はそれを管理するシステムということになる。科学哲学者の戸田山和久は科学的に認識論を論じた後で、生命科学系の論文を例にとってそこに書かれた文字列は科学者個人の信念内容であることを超えていると述べ、学術論文、データベース、図書館のように、誰の信念としても実現しようもない知識に満ちた集団的知識の領域があると主張している[72]。これらについては、図書館情報学では学術情報流通論として長らく研究対象にしてきたところである。また、個人の認識を超えて知が社会的に構成される過程を対象とする社会認識論（social epistemology）の領域があって、哲学者や社会学者が参加していたりする[73]。哲学領域においてもシュッツの現象学的社会学以外にも、批判的合理主義の立場に立ったオーストリア出身の科学哲学者カール・ポパーが客観的知識の議論を行い、知の領域の実在性を「世界3」（World 3）と名付けて論じている[74]。これらについては項を改めて述べる。

3.4 読者反応理論と知のメタファー

　ドキュメントがもつ知を媒介する作用については文学批評や思想研究における位置付けがある。たとえば、ドイツの美学者ヴォルフガング・イーザーは、それ以前の文学論において、作者がテキストを生み出す創作者であることを重視する立場から作家論や文体論が書かれてきたが、文学のテキストはそのテキストが読まれるという行為において初めて効果を発揮するから、作者やテキストよりも読者が重視されるものだと述べた[75]。イーザーは、コンスタンツ大学の同僚ハンス・R. ヤウスとともに受容美学（Rezeptionsästhetik）と呼ばれる文学批評の潮流を形成し、英米でもスタンリー・フィッシュやノーマン・ホーランドのように文学における読者の役割を重視する批評に結びついた。

　この議論をデューイの探究理論と結びつけた教育理論として提示したのがアメリカの教育学者ルイーズ・ローゼンブラットの読者反応理論（reader-response theory）である。ローゼンブラットの主著 *Literature as Exploration*（1938/1996）と *The Reader, The Text, The Poem*（1978）[76] は未訳であるが、国語教育の研究者が紹介しているのでそれらも参照しながらみておきたい[77]。彼女は、文学を読む行為には読者とテキストの間の取引（deal）が含まれると主張する。書かれた作品（彼女の文章では「詩」（poem）と呼ばれることが多い）は、読者それぞれが読書行為に個人の背景知識、信念、文脈を持ち込むため、誰にとっても同じ意味を持つわけではない。

　彼女は「取引」の議論において、2 種類の読書の「スタンス」を区別し、一方で遠心的な読書（efferent reading）、他方で審美的な読書（aesthetic reading）を置いて実際の読書は両者間の連続体と見なした。遠心的な読書とはテキストから情報を引き出そうとするもので、読者は要点、メッセージ、情報に関心をもち、それを「持ち去る」ことができるというのが、「遠心」の意味である。対照的に、読者がテキストのリズム、言葉の選択、イメージ、含意など、そこに含まれる要素を楽しもうとテキストにアプローチする場合、その人は「美的」に読んでいることになる。それが審美的な読書である。次に、ローゼンブラットの交流（transaction）は、デューイの晩年の著作 *Knowing and the Known* から取られたもので、インタラクションと区別されて論じられている[78]。インタラク

ションには二元論的な含みがあり、別のものが互いに作用することを示唆しているのに対し、トランザクションは、一方が形作られ、他方によって再度形作られる双方向的に作用し合う関係を示す。そしてローゼンブラットのトランザクション理論は、遠心的なものから審美的なものまで、読者の反応の連続性を説明し、「読む」（経験）という行為には読者（人）とテキスト（ドキュメント）との間の取引が含まれると述べる。それぞれのトランザクションは、読者とテキストが連続的に作用し合い、相互に作用し合うという、ユニークな体験ということになる。

　この理論は、審美的な読みの場に適用しやすいことが容易に推測できる。先に見たようにドキュメントは書かれたものに限られないから、美術館に展示された美術品の「読解」を試みた論文を見てみよう。キルステン・レイサムは美術館の特別展を鑑賞した5人の来館者にインタビューを試み、ローゼンブラットの読者反応理論とデューイの経験概念を適用して質的な分析を行った[79]。そこで得られた結論として次のものを報告している。

　　(1) 統合された瞬間：美術館のオブジェクトによる体験は、感情、知性、
　　　　経験、対象が融合した全体的（ホーリスティック）なものである。
　　(2) オブジェクトリンク：オブジェクト（展示物）は、体験者を具体的な
　　　　意味と象徴的な意味の両方を通して自らの過去と結びつける体験のき
　　　　っかけとなる。
　　(3) トランスポート：体験はまるで別の時間や場所に運ばれているかのよ
　　　　うに感じられ、体験者に時間的、空間的、身体的な影響を与える。
　　(4) 自己よりも大きなつながり：過去、自分、精神と深く感じられるひら
　　　　めきをもたらすような結びつきが得られる。

　これは、審美性の強いドキュメントにおける効果の調査例であるが、「遠心的な」ドキュメントであればまた異なった効果と影響をもつはずである[80]。

　文学や学術において著者よりもその読み手が果たす役割が大きいという考え方は、20世紀の思想においても重要な位置づけとなる。それは人間の進歩を前提とした科学主義や啓蒙主義の限界が見定められたときに、過去から蓄積されてきた知とは何であるのかと問い直す考え方が現れたからである。たとえ

ば、読解の対象となるドキュメントは知の代用品として扱われ、図書館が知の牙城あるいは知の秩序のメタファーのように表現されることがある。このテーマは現在に至るまでさまざまな文学作品において登場する[81]。

　さらには、フランス系の思想家ロラン・バルト、ジャック・デリダ、ミシェル・フーコー、ポール・リクールのように、テクスト、ディスクール（ディスコース）、エクリチュール、アルシーヴのような用語を、その社会や時代の知の在り方を示す思想や文学批評のための方法的概念として用いることもある[82]。さらに歴史学や社会学では、記憶の社会学あるいは記憶研究（メモリースタディーズ）と呼ばれる研究領域がある。歴史が、史料解釈の輻輳した流れによるだけではなく、遺跡、遺物、記念行事、儀式、象徴、マスメディア、口承などの多様な媒介者による相互作用や制度化を通じて集合的記憶や想起文化が構成されたものととらえる見方である[83]。以上のような人文学の諸領域の議論についてここでは言及するにとどめるが、これらをドキュメントないしドキュメントを読解した結果の作用ないし効果と見なせば、ドキュメントや図書館もまた思想や歴史、そして集合的記憶や想起文化を形成するものとしてとらえられることになる。

3.5　客観的知識とドメイン分析

　遠心的（知的）なドキュメントと審美的なドキュメントのいずれにもかかわらず、ドキュメントの効果に自覚的な議論がヨーロッパの図書館情報学関係者のあいだで盛んになっている。ドキュメントの存在論的な議論と認識論的な議論とに分けてもう少し踏み込んでみる。先に触れたようにポパーは、『客観的な知識』（原著1972年刊）において、存在論としてわれわれの世界を次の3つに区別することができると述べた[84]。「その第一は、物理的世界つまり物理的状態の世界。第二は心的世界または心的状態の世界、第三は知性によって把握しうるものの世界、または客観的意味における観念の世界である。それは思考の可能的対象の世界である。つまり、諸理論そのものとそれらの論理的諸関係の、論証そのものの、そして問題状況そのものの、世界である」[85]。彼の科学哲学の骨子は、暫定的な理論や仮説検証を行い、それを常に批判に晒すことに

よって少しずつ真理に向かって進むというものである。この考え方は、批判的合理主義と呼ばれる。そして科学的推論であるためには反証可能でなければならないということ（反証可能性）と、反証可能である限りの推測が科学と非科学の境界を設定するということ（境界設定問題）が重要である。こうした議論をするためには、科学が対象とする物質的世界（世界1）と科学者が認識した心的世界（世界2）と別に、そして認識された世界が科学者の心的世界と分離して独自の運動をする世界（世界3）を想定することを選んだ。ポパーは科学的発見を生み出す科学者の営為とそれが理論として認識される過程は、それ以前の論理学に言う演繹法と帰納法、とりわけ帰納法に基づくとする考え方に批判的だった。帰納法は世界1と科学者の主観的世界2の間の関係で説明できるが、彼の言う推論は世界3を想定し世界1と世界2の間の複雑な関係によって導かれると捉えた方が説明しやすかった。

　ポパーは晩年の著作『果てしなき探求：知的自伝』で「さまざまな書物や雑誌は典型的な世界3の対象と見なせる。特にそれらのものが理論を展開したり議論したりしている場合はそうである。もちろん、書物の物的な形状は関係がない。また、物理的に存在しないものでも世界3の存在から除かれない……重要なのは、論理的意味または世界3的意味での内容である（強調原著者）」（p. 261）と述べている[86]。また、世界3の立論に対して、「物的世界は、理論それ自体によってではなく、それらの理論についてのわれわれの理解によって、つまり心的過程によって、世界2的対象によって、変えられた」という予想される反論に対して、「世界1と世界3とが相互作用できるのは、世界1と世界3の媒介者としての世界2を通じてだけであるということを私は認めてさえいるのだ（強調原著者）」（p. 263）と述べている。

　この客観的知識論はドキュメントに含まれる知識を扱う図書館情報学関係者にとって魅力的であり、たとえば、B.C.ブルックスは彼の情報学論で何度もこれを取り上げて、その重要性を語っている[87]。それは、哲学や心理学などの知識を得るための基盤となる学問では説明できない科学者間や専門家間でのコミュニケーション行動が存在するというものである。日本でも村主朋英や岡部晋典がポパーの知識論をテーマに論文を発表した[88]。

その後、ヨーロッパの情報学関係者のなかで知識組織論（Knowledge Organization: KO）を展開する人たちのなかから、この客観的知識論に参与する人たちが現れた。それはイタリアの情報学者クラウディオ・ニョーリを中心とする分類研究グループ（CRG）の議論である。分類論は世界を分類する原理と具体的な分類法の提案によって展開される。図書館で用いられる分類表はその1つの表れである。この研究をするための存在論的基礎として、対象である世界と分類されたドキュメントがどのような関係にあるのかをめぐった論争も行われた。ニョーリは知識組織論（KO）には認知的アプローチでは個々の利用者の個人的知識が重視される認知的アプローチと、知識の社会的生産と利用を重視する社会学的アプローチがあると述べる[89]。そして、特にポパーの3世界論や人類学の文献で提案されたアーティファクト（artefact）とメンティファクト（mentefact）の概念を区別する論が有効であるという。

　このうちアーティファクトとメンティファクトというのは、20世紀前半に社会学や人類学において使われ始めた用語で、人類文化の世代的な伝承について用い、さらにソシオファクトを含めた3つの組み概念とする場合もある。アーティファクトは物質文化、ソシオファクト（sociofact）は対人関係や社会構造であり、メンティファクト（またはサイコファクト）はその文化で共有されているアイデア、価値観、信念で、宗教、言語、思想のような存在であるとされる。生物学者ジュリアン・ハクスレーが引用して使ったことで知られている。メンティファクトとポパーの世界3は文化論と科学論という背景の違いはあるが、どちらも物質世界と区別した客観的知識の世界があることを前提にしていることで、知識組織論の基盤的理論として使われることになった。ドキュメントに含まれる物語や知識が物理的世界とは異なるものを構成するという考え方である。

　ただしこれには批判もある。それはデンマークの情報学者ビルギャー・ヨーランドが世界を物質世界、認知者の心理世界、そして集合的な知識世界の3つのレベルに分けてとらえる考え方を否定し、もう少し実証主義的で社会学的な文脈の知識論を展開したからである[90]。彼はアーティファクトとメンティファクトの概念を用いるとしても、すでに図書館情報学にはドキュメント、著作、

オブジェクトなどの用語が定着しつつあって、存在論のレベルにまで遡って再定義することは不要であると述べる。これは、国際図書館協会連盟（IFLA）がドキュメントからメタデータを抽出するための基本的な考え方を示した「書誌レコードの機能要件」（FRBR）にあるとらえ方である。ヨーランドは、バックランドが言うような世界にあるオブジェクトを管理する概念としてのドキュメントを記述する方法であるFRBRに、物質世界と知識世界をつなぐための仕掛けがあることを強調し、敢えてそれらを別に措定する必要はないと述べている。

ヨーランドが存在論的に一元論的立場を選択できるのは、ドキュメントやFRBRに見られる知に対するアプローチが物質的世界と精神的世界、社会的世界を結びつけて一定のプラグマティックな行動につながることを前提としているからだと思われる。そしてそれがさらに明確に現れるのが、ヨーランドがドメイン（domain）という概念を用いて、図書館情報学が対象とする情報活動の特性を明確化し活動を評価するためのメタ分析的な方法的視点を提唱していることである[91]。

先のサラセヴィックの情報検索におけるレリヴァンス・インタラクションの階層化モデルが機械検索を前提としたものであったのに対して、こちらの情報ドメイン（information domain）は、共通の用語を用い共通の関心や観点をもつ利用者集団とそれに関わる情報システム、情報資源、情報サービス、情報処理の過程を指している。方法的概念として、ドメインは特定の主題領域（例：医学、経済学）、専門機関（例：気象台、美術館）、職業集団（例：新聞記者、保育士）、組織・事業所（例：NPO法人、石油掘削会社、宗教団体）など多様にありうる。そして、ヨーランドがドメイン分析（domain analysis）と呼ぶ概念的な手法は、こうしたドメインにおいて構成員が用いる用語、もっている関心や観点とそこで生じている情報行動を把握するために11の観点を挙げている。それは、①資料案内とサブジェクトゲートウェイ、②分類とシソーラス、③索引・検索の諸機能、④利用者研究、⑤計量書誌学、⑥歴史研究、⑦ドキュメントとジャンル研究、⑧認識論的・批判的研究、⑨ターミノロジー、特殊言語、ディスコース分析、⑩情報コミュニケーションの構造と制度、⑪認知、知識表現、人工知能、である[92]。これらはいずれも図書館情報学で一般的に用いられ

てきた観点であり分析の手法でもある。ヨーランドはドメイン分析の考え方は専門図書館のサービス評価が元になっていると述べている。専門図書館は特定の利用者コミュニティを対象にサービス提供をする機関であるから、コミュニティ毎に扱う主題もツールも専門用語もコミュニケーションの仕方も異なっている。このようにコミュニティの特性分析という実証的な方法が情報サービスを展開するのに有効であることが主張されている。

ドメイン分析を美術史に適用したアンデルス・オルムの論文では、美術展、美術史関連ドキュメント、分類システム、参考文献、シソーラスの分析を通して、美術史の3つのパラダイム（図像的、文体的、唯物論的）が LCC、DDC、UDC、ソビエト LBC 分類システムの分類にどのような方法でどの程度統合されているかを分析している。そして、分析を基にして多層化シソーラスのプランを提示した。こうした組織化手法が当該ドメインの知の構造を反映しており、分析することで新しい組織化手法が生み出されるということである[93]。

3.6　社会認識論の可能性

20世紀後半のアメリカ図書館情報学を導いた指導者の1人にジェシー・シェラがいた。彼は公共図書館史に残る研究成果である『パブリック・ライブラリーの成立』（1949）を執筆し公刊した直後に、専門図書館や情報検索、ドキュメンテーションなどへの強い関心を示した。これは戦時下に戦時情報局でインテリジェンス業務についたことがきっかけとされる。戦後は先の論文を書いて職を得たシカゴ大学が人文系のピアス・バトラーや社会調査論のダグラス・ウェイプルズのような多彩な研究者を抱えており、それらの方法をベースにしながら新しい時代のライブラリアンシップ理論の必要性を考えていた。その頃のシカゴ大学の同僚にマーガレット・イーガンがいた。2人はこのときに共著で書誌の理論として2本の論文を書き、この領域にとって重要な理論的貢献をした。それは1つには書誌コントロール（bibliographic control）[94]、もう1つは社会認識論（social epistemology）である[95]。

どちらの論文のタイトルにも書誌（bibliography）の用語が入っているが、これが意味するのは書物を典型的なメディアとする書かれたものを記録すること

が知を組織化したり取り出したりすることだという主張である。彼らが最初の論文で言っているのは、ヨーロッパのドキュメンテーションに相当するものがこの書誌コントロールという概念であり、広範囲で網羅的な書誌作成や目録作成を行うことで必要な知をとりだすための基盤がつくられるとする。ちょうど成立したばかりのユネスコと米国議会図書館が共同で国際的な書誌サービス調査を実施しその担当者になった2人であり、書誌の理論的な意義を示したものである。

　第2論文では、社会認識論を「社会が全体として物質的、心理的、知的な全環境との関係について把握あるいは理解にいたるプロセスの研究」と定義し、外部からの知識が人にどのような作用をもたらすのかに関心をもつ分野とし、そこに図書館が果たす役割を位置付ける。それは、人はみずからの環境で認識の関係をつくりあげ、そしてコミュニケーションメディアを通じて、自ら体験できないことについても含んだ知識を得ることができる。そして、個人の認識を相互に媒介する二次的なコミュニケーション手段として、グラフィック・コミュニケーションを挙げる。この場合のグラフィックとは文字や図象、写真で記録するという意味でオーラル・コミュニケーションと対になった言葉である。シェラは終生、グラフィック・レコーズ（graphic records）の用語を使い続けた。彼は20世紀後半には書き言葉による書物や雑誌、新聞などがさまざまな知を運んでくれるから、それを効果的に入手する手段として、図書館があり、書誌コントロールはそれを可能にする装置だという理論を提唱した。

　ここでは2つの論文の第1著者がイーガンであることに注意したい。シェラが人文系のトレーニングを受けた人であったのに対して、イーガンは政治学や社会学に対する造詣が深いライブラリアンだった。2人の共著論文の貢献度について調査したジョナサン・ファーナーは、これらの論文は基本的にはイーガンのアイディアから始まって書かれたものだったが、彼女が1959年に53歳で亡くなったのに対して、シェラはその後1983年に亡くなるまで長いことこの分野の代表的研究者とされたこと、また、1960年代のシェラの個人論文集[96]に上記の2本の論文が（共著である旨の注記があるとは言え）自らの名義で掲載されたことの2つの理由で、これらの業績がシェラのものとの誤解を生んだ

と述べている[97]。シェラはイーガンのアイディアから始められたことを隠していたわけではなかったが、イーガンが亡くなった後は生涯にわたりその考え方を発展させ図書館の社会的役割について啓発活動を続けたということもできる[98]。

　1950年前後にイーガンとシェラが主張した社会認識論の考え方であるが、ケネス・ボールディングの『イメージ』（1956, 邦訳名『ザ・イメージ』）とかフリッツ・マハラップの『合衆国における知識の生産と流通』（1962, 邦訳名『知識産業』）といった著作との類似性もあり一緒に議論されたこともあった[99]。だがまもなく忘れられていった。それが再度注目されることになるのは、社会学者や哲学者が知の流通をテーマにした新しい研究領域として「社会認識論」の用語を使い始め、彼らがすでにこの用語が使われていたことに気がついたからである。

　1980年代に科学社会学者スティーブ・フラーおよび分析哲学者アルヴィン・ゴールドマンらが使い始めた社会認識論の概念は、人文系アカデミズムのなかで定着することになった[100]。それは、個人の認識から始まって知識が共有され社会的に真であるとして正当化されるための条件を探るものであり、認識論や倫理学、歴史学、科学哲学、科学社会学などにまたがる学際的な領域である。1987年から季刊誌 *Social Epistemology* の刊行が始まり、翌年にフラーの同名の概説書の刊行があり、その改訂版は2002年に出ている[101]。1999年にゴールドマンの *Knowledge in a Social World* が出て[102]、2004年にはゴールドマンらが中心になった季刊誌 *Episteme: A Journal of Social Epistemology*（現誌名 *Episteme: A Journal of Individual and Social Epistemology*）の刊行が始まり、社会認識論の新しいパラダイムが明らかになった。フラーが知識の社会学的なアプローチから、知識が政治的社会的なコンテクストで生成されることを前提にどのようにして真理が担保されるのかを明らかにしようとするのに対し、ゴールドマンは真なる知がいかに獲得できるのかという規範的な性格を強調する立場を主張しているというアプローチの違いがある。日本ではフラーが社会認識論を論じた著作の翻訳書[103]があるのと、ゴールドマン他の規範的議論を紹介した伊勢田哲治『認識論を社会化する』がある[104]。

イーガン、シェラの社会認識論がこうした新しく成立した社会認識論の関係者によって認知されるようになった背景にはいくつかの要因がある。すでに述べたように20世紀末にバックランドらがヨーロッパのドキュメンテーションを再評価して、ドキュメントやドキュメンテーションの原理的意義を示したことが、図書館情報学を情報学として再定位することにつながった。そうした情報学を背景にして、そもそも1950年代に社会認識論を広い意味で用いた論者がいたことについて複数の論者が指摘した。たとえば、ドン・ファリスは *Social Epistemology* 誌でゴールドマンの真理論的社会認識論に対して図書館情報学がいくつかの点で貢献することが可能であることを論じ、また、ゴールドマンもこれに応じて好意的メッセージを寄せた[105]。これをきっかけにして、2002年に *Social Epistemology* 誌に社会認識論と情報学の関係についての特集号が組まれて、ここにはフラーがシェラらの論が最初に社会認識論を主張したものであることを認めた上で、こうした図書館情報学の論が社会認識論の応用領域として有効であることを述べている。他にも、ルチアーノ・フロリディが彼の情報哲学の有効性とそれに図書館情報学が寄与することについて述べているように、他分野と図書館情報学の横断的特性が示されている[106]。その後は図書館情報学事典でフラーが社会認識論の項目を書いたり[107]、社会認識論のハンドブック等で図書館情報学についての言及があったりして、相互の交流がある[108]。

　それに対して、図書館情報学内部においてこうした動きに対応する議論はかなり限定されていた。イーガンやシェラは大きなビジョンを示し、それは確かに社会認識論と言えるものだったが、もちろん図書館情報学だけでそれを解決できない。それはジョン・M.バッドが指摘するように、彼らの議論、とくにシェラに認識論的批判の要素がほとんど見られず、実証主義を前面に出していることから来る限界でもあった[109]。

　だが、インターネットが情報インフラとなり、誰もがSNSやブログで情報発信することが容易になったときに、ポストトゥルースが言われ、真理とは何かを改めて問うことが必要になっている。さらに、2019年からのCOVID-19はそのことの現実的な問題をすべての人に突きつけた。このように情報基盤その

ものが揺らぎ、それに応じてそこでやりとりされる情報に怪しい状況があることが分かっていながら、人びとはスマートフォンやタブレットを離すことができないという新しい情報環境が生まれている。社会認識論はそうしたときの真理公準を獲得する仕方自体を研究テーマとする学術領域であり、そのことに自覚的である。それに対してゴールドマンやフロリディも指摘しているように、図書館情報学が科学者のコミュニケーション行動を測定・評価するための引用索引をはじめとするツールの開発やデータベース開発、そしてそれらを使った研究者や学術機関の機能や影響度の実証的研究が社会認識論を論じるときの補助的な要素として貢献してきたことは確かである。

　フラーは、図書館情報学が社会認識論に対して果たした貢献として、初期のシェラら人文学的普遍主義の思想が新自由主義市場経済における情報消費に対して1つのアンチテーゼになりうることを主張している。とくに情報が消費され急速に陳腐化していく状況のなかで、アクセスされずにあった情報が次の知の源泉になる可能性を保持するという論理は、そうした知の普遍主義のなかから生み出されるのではないかとして、1970年代にシカゴ大学図書館大学院のドン・スワンソンが発表した「未発見の公共的知識」という論文[110]を高く評価した[111]。引用索引をはじめとして図書館情報学の領域で開発されたツールはそうした消費を拡大する作用をもたらした面もあったが、もともとは知の源泉が先人の業績の中長期的な再評価にあることを前提として組み込まれていたものである。図書館情報学が、外部から権威を付与された書物や論文というパッケージを取りはずしたときに現れる、生のテキストやコンテンツと直接向き合うことにより、真理と倫理、あるいは美を伴った知の本質が見えてくるだろう[112]。

4　探究を解明するための知識組織論

　本論は、日本の学校教育において教育課程を支える要素として学校図書館を想定するには、世界知についての理論構築が必要であるとし、そのために図書館情報学及びその関連領域で進められている理論的な議論を紹介した。まず、デューイの探究概念を基本的な出発点とした。19世紀末にアメリカでプラグ

マティズムが開始された頃は人文知が基盤にあったから、世界知は探究の前提であり、とくに言及されることはなかった。その後、学校教育のために学問に基づいたカリキュラムを構築する考え方が現れた。デューイらの進歩主義教育は、19世紀までの人文知や学術知をベースとしたカリキュラムを批判し、学習者の視点に立つ学びが必要であることを説いた。そのために探究の過程を重視し、みずからの思考を反省的にとらえ返すことで、そのための契機として経験があるとした。経験も自らの直接的経験と他者の経験を間接的に受け入れる間接的経験とがある。

　本論では、図書館が媒介する知がレリヴァンス、データ、情報、知識の関係、ドキュメント、読者反応理論、客観的知識とドメイン分析、社会認識論などの理論装置を通じて検討可能であることを示した。ここまで検討してきた諸理論のうち、シュッツの現象学的社会学やゴールドマンの真理論的社会認識論、ポパーの存在論的議論以外は、プラグマティズム哲学の影響を受けたものということができるだろう。プラグマティズムの創始者チャールズ・パースは観念（ideas）の意味は行為を抜きに考えられないとし、その思想的影響のもと、デューイは、科学的知識や道徳に関する知識は人間が問題を解決するための道具であるとした[113]。先に挙げた諸理論はその意味で、経験や知、倫理といったものが伝わる過程をよりよくするための道具を考察するものである。図書館情報学以外の論者がこの領域の貢献について言及する際には、そうした道具的な側面を強調することが多い。レリヴァンスにおいては情報検索システムという利用者とシステムが対峙するという分かりやすい場が想定されている。社会認識論においては何かの権威構造を測定するツールとしてのデータベースやそれらを用いた計量的な実証研究がある。ドメイン分析は情報サービスという場を想定したものである。

　最後に、筆者の考えを述べておこう。図書館情報学をプラグマティズムに基づく道具主義的な立場から考えたときに、イーガンとシェラが書誌（bibliography）の重要性を説いたことの重要性を再認識する必要がある。これは筆者自身、研究生活に入るときの出発点の1つであり、そのことに着目して書誌コントロールの分析概念としての重要性に着目してきた[114]。これらは、

ドキュメントを利用者の立場から操作可能な状態に置くための条件として、メタデータを利用する方法を中心とする。だが、パトリック・ウィルソンが書誌コントロールにメタデータによる記述的コントロール以外に実効的コントロール（exploitative control）があると主張したときに、書誌コントロールは単に図書館の目録や分類、書誌作成、索引のようなものにとどまらないものを指していることは明らかである[115]。ここには、ドキュメントが生産されてから利用者の手に渡るまでに作用するさまざまな力関係の総体が指示されている。筆者は、その過程の重要な側面にレファレンス（reference）概念があることを指摘した。これは西洋の人文主義の伝統を意識したからである[116]。レファレンスは、資料を収集し分類し目録を作成すること、何らかの知的作業を行うときに他のドキュメントを参照しそのことを表明すること（参照・引用）、特定の著作家・研究者の著作他の一次資料を集めて編集して全集・著作集とすること、研究者が資料を集めてそれを元に研究をし、ビブリオグラフィをつくること、一定期間に現れた重要研究の文献レビューをおこなうことなど多様な場面で行っている行為である。論文を書けば末尾に文献一覧をつけることや事典項目を書く場合も同様である。

　もちろん、図書館におけるレファレンスサービスはそうした行為の一部を代行する行為ということになる。Wikipediaが文献典拠主義をとっていることから、日本でもようやく書誌の重要性が理解されつつある。また冒頭でも触れたが、歴史的時間軸のなかで図書館情報学の役割を考えるために、アーカイブという用語を再検討してそれが西洋と日本で歴史的に現れ方が異なってきたことを述べた[117]。

　図書館情報学が外部世界に貢献するとすれば、知をプラグマティックに捉えて書誌コントロールやレファレンス、アーカイブという分析概念をうまく使うことによって、人を世界知に導く可能性をどれだけ示せるかが課題になる。こうした立場は、現在のヨーロッパの情報学においては、知識組織論（KO）が原理的な検討から実践的な研究まで実施しているものである。先に存在論的多元論に基づく分類論を展開していることを紹介したニョーリは、*Introduction to Knowledge Organization* で世界知の理論の情報学的アプローチを概観している。

カバーされるのは知識組織論における存在論と認識論との関係、知の構造としてのリスト、ヒエラルキー、ファセット、知の表現方法としてのタグ付け、タクソノミー、シソーラス、分類、ドキュメントの概念的分析、そしてそのデジタル空間における応用といった分野である[118]。ここには学校教育のカリキュラムについても一言だけ触れられていたが、カリキュラムが学びの走路という意味から来ており、走路には複数あってそれはアリストテレス以来の学問の分類の考え方が反映されている[119]。

　確かに、探究学習と学校図書館の間をつなぐツールとして、分類や目録ほどふさわしいものはないだろう。そして、戦後新教育における実践例として思い出されるのが、学校図書館の資料組織である。最初に触れた戦後間もない時期の学校図書館の実践や運動はほとんど何もないところから図書館をスタートさせたときに、設備や資料の整備と職員配置と並んで図書館員たちが強い関心を寄せたのが資料組織法だった。すでに青年図書館員聯盟編『日本目録規則』（間宮商店、1942-）や森清編『日本十進分類法』（間宮商店、1929-）、加藤宗厚編『日本件名標目表』（間宮商店、1930-）は成立していて、これらを手がかりにカード目録を作成し資料を分類して排架することは可能だった。しかし彼らがもっとも関心を寄せたのは学校教育の現場で利用可能な件名目録である。つまり、教育課程やそこで行われる単元学習を展開する際に、利用者（教員、児童生徒）と資料を結びつけるための手段としての件名目録を作成することが各学校で進められた。そのために、日本図書館協会が上記のツールを発展させていわゆる三大ツール NCR、NDC、BSH を刊行するのと並行して、全国学校図書館協議会は学校向けのツールとして『学校図書館件名標目表』（全国学校図書館協議会、小学校用、1953; 中学校用、1954; 高等学校用、1954）を整備した。校種で分けられるのは学習内容に対応した件名を用いるからである[120]。

　だが、こうした書誌的ツールで媒介されるドキュメントの知は、すでに系統主義になり教科毎に学ぶべき知が定められているような教育課程においては必要とされなかった。ここまで検討してきた用語を使えば、当時の学校現場で学習者が学ぶべきものはポパーの世界3のなかでも限定された狭い範囲のものであったし、ローゼンブラットの読書反応理論で言えば、学習者には、情報を取

り出すような遠心的な読書よりも、審美的なあるいは求心的な読書が要求されたのである。これには学習者が探究を行う際のレリヴァンスが、デューイの主張するものとどのくらい隔てられていたかという見方も可能かもしれない。社会認識論で言えば、学校における知の枠組みが1950年代の短期間にあれだけ大きく変化し、それが子どもの学びに影響した例は格好の研究素材であるといえよう。また、これらを検討するのに特定の学校なり地域に対してヨーランドのドメイン分析を適用すれば有効だろう。ニョーリの知識組織論は学術知がドキュメント知になり、それらがカリキュラムの基本を構成するプロセスを考察するのに役立つかもしれない。

おわりに

　すでに述べたように、1960年代に米国で「教育の現代化」が進められたときに、『教育の過程』という報告書で先導したのはジェローム・ブルーナーであった。この現代化というのは、本質主義をベースに進歩主義の影響から多様な方法が導入されていた当時のカリキュラムに対して、学術研究と類似の知的創造性をもたらす方法を新たに導入するという試みであった。ブルーナーが執筆した論文を集めた著書の翻訳として、日本でも1972年に『教育の適切性』（原著：*The Relevance of Education*, 1971）が刊行されている[121]。その中心論文「技能の適切性ないし適切なる技能」のなかで彼が強調している概念が「教育の適切性」（relevance of education）と「一般的能力」（competence）である。前者についてシュッツへの言及はないが、ナチスに追われてアメリカに渡ったシュッツが1959年に亡くなり、1960年代に著作集が出版されていたときで、その影響下でレリヴァンスの用語を用いて、教育に関わる現実を多層的に把握しようとしたと考えられる。またコンピテンスは、OECDの教育政策の基礎用語となったコンピテンシーの基になった言葉である。注33で触れたように、これはブルーナーが進歩主義教育と現在の教育政策の繋ぎ手であったことを示す。さらにデューイの再評価やレリヴァンスという用語を検討する分野の拡がりも含めて考えてみると、哲学、社会学など教育学を超えて知を扱う多様な分野間の交流がすでに始まっていることが分かる。

今、学校でデューイの探究を保証しようとすれば、学習者を世界知へと結びつけることが必要となる。言うまでもなく、これは大きな研究課題であって、長期的な見通しの下にすすめなければならない。差し当たっての手がかりは図2「研究コミュニティにおける教授のための知識過程」で示されたような研究と学習をつなぐプロセスを明らかにすることである。本論文は、欧米で行われている図書館情報学の理論的知見を基にして、学校という場の知的枠組みを変革する研究をするための方法論を探ったものである。世界知を探るための理論装置であって、それと学校教育とのあいだのギャップはまだまだ大きい。

　少なくとも、教育学におけるカリキュラム論や教育方法の検討と図書館情報学における世界知の組織論や学習者や教授者の情報行動論との間にはかなりの隔たりがある。今後は教育学と図書館情報学が協同して行う研究プロジェクトが必要になるだろう。教育学については、デューイの探究概念を基に教育課程が外部に向かう場合に直接経験に頼る傾向があったが、メディアやアーカイブをどのように教授過程や学習者支援カリキュラムに取り入れるかという間接経験の研究をしっかりと行うことが求められる。また、図書館情報学においては、情報行動論やドメイン分析を学校における探究を行う場に適用し、知識組織化の手法の再検討が必要である。両者の知見がうまく組み合わされたときに、探究学習における世界知の重要性が認知され、それを保証する仕組みを検討するという段階に進むことができるだろう。

注

1) 根本彰『アーカイブの思想：言葉を知に変える仕組み』みすず書房, 2021, 296, 13p
2) 本稿では図書館情報学を用いるが、以下論者によっては情報学（information science）の用語も使っている。後者が前者の発展形であることについては以下を参照。D. ボーデン & L. ロビンソン, 田村俊作監訳, 塩崎亮訳『図書館情報学概論』勁草書房, 2019, xviii, 424p.
3) 根本彰「書評：『アメリカ公立学校図書館史』」『図書館界』vol. 75, no. 4, 2023, p. 269-270.
4) 根本彰「戦後学校図書館政策のマクロ分析」『日本図書館情報学会誌』vol. 68, no. 2, 2022, p. 112-128.

5）佐藤学『学びの快楽：ダイアログへ』世織書房, 1999, p. 43-44.

6）根本彰『図書館教育論：学校図書館の苦闘と可能性の戦後史』東京大学出版会, 2024.（予定）

7）Jo Ann Boydston, series editor, *The Collected Works of John Dewey, 1882-1953*, Southern Illinois University Press, 1969-1985, 38 vols.

8）リチャード・ローティ, 室井尚他訳『プラグマティズムの帰結』筑摩書房, 2014, 636p.（ちくま学芸文庫）

9）ジョン・デューイ『デューイ著作集』東京大学出版会, 2018-, 第1期8巻, 第2期8巻.（既刊4巻）

10）田中智志編『教育哲学のデューイ：連環する二つの経験』東信堂, 2019, 348p; 加賀裕『民主主義の哲学：デューイ思想の形成と展開』ナカニシヤ出版, 2020, 321p; 小柳正司『デューイ実験学校における授業実践とカリキュラム開発』あいり出版, 2020, 385p; 谷川嘉浩『信仰と想像力の哲学：ジョン・デューイとアメリカ哲学の系譜』勁草書房, 2021, 351, 26p; 上野正道『ジョン・デューイ：民主主義と教育の哲学』岩波書店, 2022, 246,13p.（岩波新書）

11）ジョン・デューイ, 市川尚久訳『学校と社会, 子どもとカリキュラム』講談社, 1998, 318p.（講談社学術文庫）

12）*ibid.*, p. 140, 147. ただし, 訳語は原文を参照して変えた部分がある.

13）多賀茂『イデアと制度：ヨーロッパの知について』名古屋大学出版会, 2008, vi, 316, 44p; 安酸敏眞『人文学概論：人文知の新たな構築をめざして』増補改訂版, 知泉書館, 2018, xiii, 296p.

14）*op.cit.*, 1)

15）山田雅彦「subject matter と material の差異に着目した教材分類の試み：「上から」「下から」分類を出発点に」『教育学研究年報』（東京学芸大学教育学学校教育学分野・生涯教育学分野）33号, 2014, p. 123-140.

16）*op.cit.*, 11) p. 141.

17）*ibid.*, p. 146.

18）杉浦美朗『真の知の教育：デューイ教育学の再構築』風間書房, 2007, p. 564.

19）谷川, *op.cit.*, 10), p. 337.

20）魚津郁夫『プラグマティズムの思想』筑摩書房, 2006, 342, 8p; ジョン・マーフィー & リチャード・ローティ, 高頭直樹訳『プラグマティズム入門』勁草書房, 2014, vi, 244, xlvii p.

21）John Dewey, *Logic: The Theory of Inquiry*, New York, Holt, Rinehart & Winston, 1938, viii, 546p.

22）*ibid.*, p.104-105. 翻訳書として以下があるが, ここは原著を参照した. 魚津郁夫訳「論理学：探究の理論」『世界の名著48：パース ジェイムズ デューイ』中央公論

社, 1968, p. 380-546.（抄訳）; 河村望訳『行動の論理学：探求の理論』人間の科学新社, 2013, 525p.

23) *ibid.*, p. 110-119.

24) 早川操『デューイの探究教育哲学：相互成長をめざす人間形成論再考』名古屋大学出版会, 1994, ix, 287, 7p.

25) *ibid.*, p. 41.

26) 水原克敏『現代日本の教育課程改革：学習指導要領と国民の資質形成』風間書房, 1992, 717, 17p; 水原克敏他『学習指導要領は国民形成の設計書』新訂版, 東北大学出版会, 2018, 340p.

27) 苅谷剛彦『追いついた近代 消えた近代』岩波書店, 2019, 369, 6p.

28) *op.cit.,* 6）

29) 徳久恭子『日本型教育システムの誕生』木鐸社, 2008, 320, xxxii p.

30) *ibid.*, p. 302.

31) 差し当たっては、以下が手がかりになる。木原健太郎編著『教科教育の理論』第一法規出版, 1974, 386p; 安彦忠彦編『カリキュラム研究入門』（初版に限る）勁草書房, 1985, vi, 218, xxii p.

32) ダイアン・ラヴィッチ, 末藤美津子他訳『学校改革抗争の100年：20世紀アメリカ教育史』東信堂, 2008, 638p.

33) デューイとブルーナーの関係については以下を参照。嶋口裕基『ブルーナーの「文化心理学」と教育論：「デューイとブルーナー」再考』勁草書房, 2018, ix, 446p.

34) 田中耕治編『戦後日本教育方法論史』ミネルヴァ書房, 2017, 2巻.

35) C. Fernandez & M. Yoshida, *Lesson Study: A Japanese Approach to Improving Mathematics Teaching and Learning*, Routledge, 2009, xiv, 250p.

36) Zongyi Deng, "Transforming the subject matter: examining the intellectual roots of pedagogical content knowledge," *Curriculum Inquiry*, vol. 37, no, 3, 2007, p. 279-295.

37) マリアンナ・ボスク, ジュゼップ・ガスコン, 大滝孝治, 宮川健訳「教授学的転置の25年」『上越数学教育研究』32号, 2017, p. 105-118.

38) Zongyi Deng, "Powerful knowledge, transformations and Didaktik/curriculum thinking," *British Educational Research Journal*, vol. 46, no. 6, 2021, p. 1652-1674.

39) リック・アンダーソン, 宮入暢子訳『学術コミュニケーション入門：知っているようで知らない128の疑問』アドスリー, 2022, x, 330p.

40) 日本カリキュラム学会『現代カリキュラム研究の動向と展望』教育出版, 2019, xci, 402p.

41) R. K. ソーヤー編, 森敏昭他監訳『学習科学ハンドブック』第2版, 北大路書房, 2017-2018, 全3巻.

42) 文部科学省『今、求められる力を高める総合的な探究の時間の展開（高等学校編）』

2023 年, p. 24. https://www.mext.go.jp/a_menu/shotou/sougou/20230531-mxt_kyouiku_soutantebiki03_2.pdf

43）松下佳世編著『＜新しい能力＞は教育を変えるか：学力・リテラシー・コンピテンシー』ミネルヴァ書房, 2010, ii, 319p.

44）杉原真晃「＜新しい能力＞と教養：高等教育の質保証の中で」*ibid*, p. 108-138.

45）石井英真「学力論議の現在：ポスト近代社会における学力の論じ方」*ibid*, p. 141-177.

46）次の2種類の復刻版資料集はそうした研究を進めるための基礎資料になるはずである。水原克敏編, 解題『戦後改革期文部省実験学校資料集成』編集復刻版, 不二出版, 2015-2018, 全18巻; 金馬国晴・安井一郎編集, 解説『戦後初期コア・カリキュラム研究資料集』クロスカルチャー出版, 2018-2022, 全17巻.

47）アルフレッド・シュッツ, トーマス・ルックマン, 那須壽監訳『生活世界の構造』筑摩書房, 2015, 634, iv p.（ちくま学芸文庫）

48）渡部光他訳『アルフレッド・シュッツ著作集：第3巻 社会理論の研究』マルジュ社, 1991, p. 176-177.

49）T. Saracevic, "Relevance: a review of and a framework for the thinking on the notion in information science," *Journal of the American Society for Information Science and Technology,* vol. 26, no. 6, 1975, p. 321-343.

50）日本でもこの議論を紹介する論文があった。戸田慎一「文献の探索におけるレレバンス概念」『書誌索引展望』vol. 11, no. 3, 1987, p. 1-20; 同「レレバンス概念から見た情報検索システム」『書誌索引展望』vol. 12, no. 1, 1988, p. 12-26.

51）Michael Buckland, *Information and Society*, MIT Press, 2017, p. 161.

52）J. Strassheim, "Relevance and irrelevance," Jan Strassheim & Hisashi Nasu, eds., *Relevance and Irrelevance: Theories, Factors and Challenges*, Walter de Gruyter GmbH, 2018, p. 1-20.

53）D. スペルベル, D. ウィルソン, 内田聖二他訳『関連性理論：伝達と認知』研究社, 1999, xix, 403p.

54）Tefko Saracevic, "Relevance: A review of the literature and a framework for thinking on the notion in information science. Part II," *Journal of the American Society for Information Science and Technology*, vol. 58, no. 3, 2007, p. 1915-1933; T. Saracevic, "Relevance: A review of the literature and a framework for thinking on the notion in information science. Part III: Behavior and effects of relevance," *Journal of the American Society for Information Science and Technology,* vol. 58, no. 13, 2007, p. 2126-2144. これらの3つのパートは著者によってオープン化されている。https://tefkos.comminfo.rutgers.edu/articles.htm. また、著者のレリヴァンス論をまとめた著書として次のものがある。Tefko Saracevic, *The Notion of Relevance in Information Science: Everybody knows what relevance is. But, what is it really?* Springer, 2017, 129p.

55）*ibid.* (Part II), p. 9-10.（opened paper）

56）Tefko Saracevic, "Information science," J. D. McDonald and M. Levine-Clark, eds., *Encyclopedia of Library and Information Sciences*, 4th ed., CRC Press, p. 2216.

57）Saracevic, *op. cit.,* 54）p. 1928.

58）ルチアーノ・フロリディ, 塩崎亮, 河島茂生訳『情報の哲学のために：データから情報倫理まで』勁草書房, 2021, p. 1.

59）*ibid.*, p. 31-39.

60）*ibid.*, p. 76.

61）*ibid.*, p. 77-78.

62）R.L. Ackoff, "From data to wisdom," *Journal of Applied Systems Analysis,* vol. 16, 1989, p. 3.

63）Martin Frické, "The knowledge pyramid: a critique of the DIKW hierarchy," *Journal of Information Science*, vol. 20, no. 10, 2007, p. 1-13.

64）*ibid.*, p. 5.

65）フリッケは図書館情報学のコンテクストでAI問題までを論じた著作をオンラインで公表している。Martin Frické, *Artificial Intelligence and Librarianship: Notes for Teaching*, 2nd ed., 2024, 508p. https://softoption.us/AIandLibrarianship

66）*op.cit.*, 2）

67）John M. Budd, *Knowledge and Knowing in Library and Information Science: A Philosophical Framework*, The Scarecrow Press, 2001, 361p.

68）Ronald E. Day, *Documentarity: Evidence, Ontology, and Inscription*, MIT Press, 2019, x, 184p.

69）Michael K. Buckland, "What is a "document"?," *Journal of the American Society for Information Science*, vol. 48, no. 9, 1997, p. 804-809.

70）なお、ドキュメンテーションは現象や操作をドキュメント化することを指す。ソフトウェア開発の用語でもある。他にも保育や教育の領域でもドキュメンテーションが使われるが、これは子どもの言葉、作品、写真、動画などを用いて、教育プロセスを可視化させ、教育者同士、または教育者と子どもが一緒に活動を振り返り、省察して、次の展開を考えることを言う。白石淑江『スウェーデンに学ぶドキュメンテーションの活用：子どもから出発する保育実践』新評論, 2018, 232p.

71）根本彰「知のメディアとしての書物：アナログvs.デジタル」『情報の科学と技術』vol. 73, no. 10, 2023, p. 416-422.

72）戸山田和久『知識の哲学』産業図書, 2002, p. 236.

73）スティーヴ・フラー, 永田晃也他訳『ナレッジマネジメントの思想：知識生産と社会的認識論』新曜社, 2009, 398p.

74）カール・ポパー, 森博訳『客観的知識：進化論的アプローチ』木鐸社, 2004, vi, 411, 16p.

75）ヴォルフガング・イーザー, 轡田收訳『行為としての読書：美的作用の理論』岩波書店, 1982, 415, 29p.

76）Louise M. Rosenblatt, *The Reader, the Text, the Poem: The Transactional Theory of the Literary Work,* Southern Illinois University Press, 1978, xiv, 210p; Louise M. Rosenblatt, *Literature as Exploration*, D. Appleton-Century Company, 1938, xiii, 340p; 5th ed., Modern Language Association of America, 1995. xx, 321p.

77）山元隆春『読者反応を核とした「読解力」育成の足場づくり』渓水社, 2014, iv, 225p.

78）John Dewey and A. F. Bentley, *Knowing and the Known*, Beacon Press, 1949. vii, 334p.

79）Kiersten F. Latham, "Experiencing documents," *Journal of Documentation*, vol. 70, no. 4, 2014, p. 544-561.

80）さらには読解の過程そのものを検討することはリテラシーから情報リテラシーへの道を探るという意味で重要であるが、これも次の著作を手がかりとしてあげておくにとどめる。山元隆春『文学教育基礎論の構築：読書反応を核としたリテラシー実践に向けて』渓水社, 2005, 732p. 著者はローゼンブラットも含めた内外の読者中心の読書論・文学論を検討した上で、学校教育におけるリテラシー授業の展開をするためにさまざまな実践を記述している。ここでのリテラシー実践は、テキストと格闘しながら知を自ら構築する読者の育成に焦点が合わされている。

81）清水学「図書館というトポス（1）」『神戸女学院大学論集』65巻2号, 2018, p. 65-82; 清水学「図書館というトポス（2）」『神戸女学院大学論集』66巻1号, 2019, p. 27-44.

82）差し当たって次を参照。川口茂雄『表象とアルシーヴの解釈学：リクールと「記憶、歴史、忘却」』京都大学学術出版会, 2012, 506, xiv p.

83）アストリッド・エアル, 山名淳訳『集合的記憶と想起文化：メモリー・スタディーズ入門』水星社, 2022, 338p.

84）カール・R. ポパー, 森博訳『客観的知識：進化論的アプローチ』木鐸社, 1974, vi, 411, 16p.

85）*ibid.*, p. 176-177.

86）カール・R. ポパー, 森博訳『果てしなき探求：知的自伝』岩波書店, 1978, ix, 340, 36p.

87）B.C. Brookes, "The foundations of information science: part I. philosophical aspects," *Journal of Information Science*, vol. 2, no, 3/4, 1980, p. 125-133.

88）村主朋英「Karl Popperの"客観的知識"概念とその情報学に対する意義」*Library and Information Science,* no. 24, 1986, p. 1-10; 岡部晋典「Popper理論の情報学への適用に対する批判的検討：客観的知識のPopper哲学内部の関連性に着目して」『社

会情報学研究』vol. 13, no. 2, 2009, p. 1-12.

89) Claudio Gnoli, "Mentefacts as a missing level in theory of information science," *Journal of Documentation,* vol. 74, no. 6, 2018, p. 1226-1242.

90) B. Hjørland, "The foundation of information science: one world or three? a discussion of Gnoli (2018)," *Journal of Documentation.* vol. 75, no. 1, p. 164-171. この議論については、横山幹子も紹介している。横山幹子「図書館情報学における存在論の対立：Gnoliの存在論的複数主義とHjørlandの存在論的一元論の比較」*Library and Information Science,* no. 84, 2020, p. 1-21.

91) B. Hjørland and H. Albrechtsen, "Toward a new horizon in information science: domain analysis," *Journal of the American Society for Information Science*, vol. 46, no. 6, 1995, p. 400-425. また、先のボーデン＆ロビンソンの『図書館情報学概論』*op.cit.,* 2) でもⅠ章を当ててドメイン分析を解説している。

92) B. Hjørland, "Domain analysis in information science: eleven approaches - traditional as well as innovative," *Journal of Documentation*, vol. 58, no. 4, 2002, p. 422-462.

93) Anders Ørom, "Knowledge organization in the domain of art studies: history, transition and conceptual changes," *Knowledge Organization*, vol. 30, no. 3-4, p. 128-143.

94) M. Egan & J. H. Shera, "Prolegomena to bibliographic control," *Journal of Cataloging and Classification*, vol. 5, no. 2, 1949, p. 17-19.

95) M. Egan & J. H. Shera, "Foundations of a theory of bibliography," *Library Quarterly,* vol. 22, no. 2, 1952, p. 125-137.

96) J. H. Shera, *Libraries and the Organization of Knowledge*, Crosby Lockwood, 1965, xix, 224p.

97) Jonathan Furner, ""A brilliant mind": Margaret Egan and social epistemology," *Library Trends*, vol. 52, no. 4, 2004, p. 792-809.

98) J. H. Shera, *The Foundations of Education for Librarianship*, Wiley-Becker and Hayes, 1972, xiv, 504p.

99) J. H. Shera, "An epistemological foundation for library science," E. B. Montgomery, ed., *The Foundations of Access to Knowledge: A Symposium,* Syracuse University Press, 1968, p. 7-25.

100) M. Fricker, et al. eds, *The Routledge Handbook of Social Epistemology*, London, Routledge, 2019, xxii, 489p.

101) Steve Fuller, *Social Epistemology*, Indiana University Press, 1988, xv, 316p; 2nd. ed., 2002, xxxi, 314p.

102) Alvin I. Goldman, *Knowledge in a Social World*, Oxford University Press, 1999, xiii, 407p.

103) *op.cit.*, 73)

104）伊勢田哲治『認識論を社会化する』名古屋大学出版会, 2004, vi, 331, 25p.

105）Don Fallis, "Veritistic social epistemology and information science," *Social Epistemology,* vol. 14, no. 4, 2000, p. 305-316; Alvin I. Goldman, "Replies to reviews of Knowledge in a Social World," *Social Epistemology*, vol. 14, no. 4, 2000, p. 317-333.

106）"Special issue: social epistemology and information science," *Social Epistemology,* vol. 16, no. 1, p. 1-114.

107）Steve Fuller, "Social epistemology," B. D. McDonald & Michael Levine-Clark, eds., *Encyclopedia of Library and Information Sciences*, 4th ed., CRC Press, 2018, p. 4197-4203.

108）*op.cit.*, 100）

109）John M. Budd, "Jesse Shera, sociologist of knowledge?," *Library Quarterly*, vol. 72, no. 4, 2002, p. 423-444.

110）D. Swanson, "Undiscovered public knowledge," *Library Quarterly*, vol. 56, no. 2, 1986, p. 103-118.

111）*op.cit.*, 107）p. 4200.

112）図書館情報学においても学際的に批判理論を探る動きがある。G. J. Leckie, et al. eds., *Critical Theory for Library and Information Science: Exploring the Social from Across the Disciplines*, Libraries Unlimited, 2010, xxii, 326p.

113）魚津, *op.cit.*, 20）,「第11章　デューイの「道具主義」と教育論」p. 234-250.

114）根本彰『文献世界の構造：書誌コントロール論序説』勁草書房, 1999, viii, 273p.

115）Patrick Wilson, *Two Kinds of Power: An Essay of Bibliographic Control*, University of California Press, 1968, 155p. なお根本『文献世界の構造』(*ibid*) の第2章「知識を獲得する力：パトリック・ウィルソンをめぐって」も参照のこと。exploitは悪用する、搾取するというように否定的な意味で理解されることが多いが、原義は、ラテン語ex（外へ）-plicare（折り畳む）から来ていて、畳んであったものを展開するという意味をもつ。

116）根本彰「レファレンス理論でネット情報源を読み解く」根本彰・齋藤泰則編『レファレンスサービスの射程と展開』日本図書館協会, 2020, p. 74-102.

117）*op.cit.*, 1）

118）Claudio Gnoli, *Introduction to Knowledge Organization*, Facet Publishing, 2020, x, 147p.

119）*ibid.,* p. 107.

120）全国学校図書館協議会編『件名目録の作り方』全国学校図書館協議会, 1955, 138p.

121）J. D. ブルーナー, 平光昭久訳『教育の適切性』明治図書出版, 1972, 354p.

『百科全書』における分類の枠組み
「記憶・想像・理性」から「記憶・理性・想像」へ

はじめに

　『百科全書』は、18世紀、フランスの啓蒙思想家ディドロとダランベールを中心に編集・刊行された百科事典であり、近代における「知の編纂」を試みた文献として、学術史、印刷史、書誌学史上に重要な地位を占めている。本文17巻および図版11巻の全28巻からなり、総項目数は71,709を数える。

　『百科全書』は、産業革命を背景として学術・工芸の分野が社会生活へと波及していく近代において、新たな知識領域を横断的に記述しようとする試みであり、同時に当代の研究者たちの協働によって「近代的な編集知」を初めて体現していた。近代科学技術の知識が集約され、前近代的な旧来の世界観を打破し合理的思考を招来した文献として、今日でも研究が続けられている。

　図書館情報学の領域では、図書館史や知識史、分類史の中で『百科全書』の「人間知識の系統図」に言及されてきた。フランシス・ベーコンが『学問の進歩』で示した学問分類を引き継ぎ、ルネサンス以来の人間中心の分類体系を提示したものとして取り上げられる。「ベーコンによる知の体系と分類の構想が、百科全書と万国博覧会という知の装置を支え、遠く新大陸で1876年フィラデルフィア万博として体現され、その展示空間を体験したM.デューイ発案の十進分類法にまでたどりつくという、遥かな知の系譜学」とも指摘される[1]。

　ただし、ベーコンが「記憶・想像・理性」という人間の認識に基づいて「歴史・詩・哲学」の学問領域の大枠を示したのにたいし、『百科全書』ではディド

ロの「第二趣意書」やダランベールの「序論」において「記憶・理性・想像」に基づく「歴史・哲学・詩」という枠組みが示される。これらの知識体系の順序立てには違いがあるが、それはどういった理由に根ざすのであろうか。ベーコンの分類法が、「およそ一世紀半のちの百科全書派にほとんどそのまま受け継がれた」との評価もあるが[2]、それら順序立ての相違によって本質的な変化はないと言えるのだろうか。

　本稿では、近年における『百科全書』や関連研究の知見を踏まえつつ、ベーコンの学問分類と『百科全書』のディドロとダランベールの知識分類の枠組み、および、それらの拠って立つ人間の認識過程の違いについて考察する。

1　先行研究

　1981年、根本彰は書誌コントロールについて論じる中で、ベーコン、デカルト、ライプニッツらが「知の記述とタクソノミー（分類）による百科事典的な方法をつくり上げたことは特筆に値する」として、「博物学も百科事典も世界のすべてを解読し、ことばの連鎖をもって記述し、それをどのように配置するかで世界の秩序を再構成しようというもの」であり、この認識方法が啓蒙主義の時代を経て、百科全書派に受け継がれたことを論じている[3]。他にも根本は、寺田元一の研究[4]を引きながら、クロスレファレンスという『百科全書』の編集手法が、諸概念を対比することで新たな観点を得ようとする知恵であったことに言及した[5]。ただしこのときは「アーカイブの思想」全体を考察する中で部分的な紹介にとどまった。図書館情報学の領域では他にも、図書館で『百科全書』が所蔵・展示される際に解説が付されることはあったが[6]、主たる論述対象として『百科全書』に取り組んだ研究はほとんどない。

　着実な研究成果が見られるのは哲学の領域である。逸見龍生や井田尚によれば[7], [8]、1960-70年代のフランスで『百科全書』研究が本格化し、とくにジャック・プルースト『ディドロと百科全書』（1962）とジョン・ラフ『百科全書』（1971）の実証的研究により[9], [10]、その編纂・執筆過程の全貌が明らかになった。その後、シュワップとレックス、ラフによる『百科全書』本文および図版の目録化作業、ロバート・ダーントン『啓蒙のビジネス：百科全書の出版史

1775-1800 年』(1979) における文化史的視点の導入を経て[11],[12]、1986 年に研究誌『ディドロと百科全書に関する研究』が創刊されて[13]研究交流が進んだ。また、アメリカのシカゴ大学とフランスの国立科学研究センターの共同研究によるARTFLプロジェクトにより『百科全書』の電子化も進められるようになり[14]、最も信頼が置けるとされる『百科全書』パリ版 (初版) に基づいた二種類の電子版『百科全書』の閲覧が、インターネット上で可能となった。これを受けて、今世紀に入ってから特に個々の執筆者や分類項目を単位とした研究が進展しているという。

　日本の状況については、1971 年に岩波文庫から『百科全書』が翻訳刊行され、代表的な項目やダランベールによる序論、「人間知識の系統図」が収められた[15]。1979 年にはプルーストによる入門書『百科全書』が訳出された[16]。1990 年代になると、中川久定、市川慎一らによって研究成果が発表され[17],[18]、2000 年代に寺田や鷲見洋一による本格的な研究に結実した[19]。その後も、美術史の見地からマドレーヌ・ピノーが論じた『百科全書』が訳出されたり[20]、鷲見・逸見を代表とする研究チームによって、フランスの電子版『百科全書』プロジェクトENCCREと連携が進められるなどしているという[21]。最近も鷲見による浩瀚な成果が発表され[22]、研究の裾野は広がり続けている。

　こうした1970 年代以降の研究の潮流について、逸見は以下の三点から整理している。すなわち、(1) 文献学的研究の進展。これは『百科全書』の全体像を明瞭にしたシュワッブらの成果に代表される。(2) ダーントンを画期とする知の媒介と伝播構造への着目。書物史と公共圏、知的・社会的諸制度の相互連関のうちに『百科全書』の歴史的射程を捉えた。(3) 言語の権力作用の力学を含めた、テキストの意味論的構築の諸条件を分析する解釈学的視点。特にプルーストは持続的な関心を向けた。

　鷲見による今日的研究課題の指摘もある[23]。『百科全書』を 17 世紀以降のヨーロッパにおける知をめぐる文化的転換の中に捉える意識は強まっており、『百科全書』の時空の全容を描出する企画が必要とされている。それは例えば、ある国民・民族にとって分類が何を意味するのかという分類総論を展開すべきことや、ベーコン哲学における記憶術の重要性とそこから編者ディドロがどの

ような影響を受けたかといったことであり、自身の研究成果に結実している。

　こうした研究成果や課題意識を踏まえつつ、以下、まずは『百科全書』の刊行を振り返る。そして、ディドロとダランベールに影響を及ぼしたベーコンの学問分類を取り上げ、最後に『百科全書』の分類の枠組みの特徴を述べる。

2　『百科全書』の刊行

2.1　前史

　世界を一冊の書物に収めてしまおうとする試みには、たとえば古代ローマのプリニウスが77年に著した『博物誌』全37巻がある。『博物誌』はルネサンス期に印刷されて知識人の間に広まったが、宇宙、元素、天体、気象など、天文関係の事柄にはじまり、地理、人間、動植物、鉱物など、自然現象を網羅する内容であった。自然のすべての事柄やそれらの特性を明らかにすることを目指したのである[24]。そこには怪獣や巨人のような非実在のものも記され、信憑性に疑念の抱かれる箇所も少なくはなかったが、世の中の事物すべてを書き尽くそうとする百科全書的な集大成の原点であった。

　16世紀にはスイスの博物学者コンラート・ゲスナーによって『万有文庫』（1545）が編纂された。ラテン語、ギリシア語、ヘブライ語で書かれた書物を中心に、当時存在した写本や刊本の網羅的収集を目指した書誌であった。ゲスナーは当時の印刷業者の作成する目録をもとにしつつ、その不備を認識した上で、可能な限り書物の現物を確認し、著者名、書名、印刷地、印刷者、印刷年、判型、シート数、内容注記といった記述要件を整えた点に特色があった。古代から同時代までの5,280名に上る著述家を取り上げ、中世以来の略伝を中心とした著者目録からの転換を図ったものであり、雪嶋宏一はそこに「書誌コントロールの考えの芽生え」を読み取っている[25]。

　『万有文庫』では、図書館の蔵書目録を参考に21の主題による分類も行われた。1548年に第1～19類を、また翌年に第21類（キリスト教神学）を、それぞれ対象にした分類目録が刊行された（第20類（医学）は未刊）。分類には中世以来の伝統的な学問体系が反映された。体系の頂点に「学芸と学識を包含する哲学」が置かれ、これが「教養」と「実体」に二分され、このうち「教養」はさら

に「必修」と「選択」に二分され、「必修」は「言葉の学」と「数字の学」に区分された。各類には、自由学芸七科（文法、論理学、修辞学の三科と、幾何学、算術、音楽、天文学の四科）と、大学における教養科目（哲学、倫理学、歴史学、地理学、詩学等からなる学芸）および上級科目（法学、医学、神学）が配置された[26]。当時、自由学芸の知識は「有用な」知識の上位として認識され、図書館における書物の排列、すなわち「本の秩序」も、大学のカリキュラムの再現として解釈されている[27]。

　雪嶋は、ゲスナーが主題による文献把握のため、類だけでなく、類を下位に細分化したティトゥルス、部、節、段落、主題（Locus）の計六段階を設定したことも述べている。ティトゥルスの数は249、細分された主題の数は全部で40,130件に上り、それぞれに、関連する文献（もしくは関連する言葉・事物）が提示された。例えば、第12類の歴史は、ティトゥルス1「歴史とその及ぶところ一般」、同2「ヨーロッパ一般」から同12「島嶼の歴史」まで12のティトゥルスに細分されている。このうちティトゥルス3「時代順の各ローマ皇帝」には、即位順にローマ皇帝267名、東ローマ皇帝14名、神聖ローマ皇帝62名の名前と文献が挙げられており、それを見ることで、いわば人物文献索引として活用できるという具合であった[28]。

　17世紀になると、世界を記述するための言葉の定義が広く意識されるようになり、一冊の中に言語を網羅した言語辞典の刊行が続いた。フランスの宰相リシュリューによって学者の公式な集まりとしてアカデミー・フランセーズ（1635）が組織されると、当初から言葉を収集・分類して辞書を編むことが企図された。作業は滞り半世紀以上の歳月を要したが、『アカデミー・フランセーズ辞典』（1694）としてまとめられた。作家の用例を基に言葉を定義してアルファベット順に排列しており、国の権威のもとで言葉を選別する性格を帯びていた。時期を前後して、ヨーロッパの俗語辞書の中で初めて1か国語辞典で複数巻からなるリシュレ『フランス語辞典』（1680）や、アカデミー・フランセーズによる出版特許に対抗してアントワーヌ・フュルティエールが独自に出版を目指した『普遍辞典』（1690）も出された。フュルティエールの辞書は副題に「新旧の全フランスの語彙、技芸学術を包括する」と記され、技術的学術的な

用語が積極的に採用された。後にバナージュ・ド・ボーヴァルがこれを増補・改訂した第2版（1702）を刊行したが、この第2版にはプロテスタントの価値観が反映され、さらに、フランスのアン県トレヴーを拠点とするイエズス会修道士たちがカトリック的見地からこの第2版をさらに改編した『トレヴー辞典』（1704）も刊行された[29]。言葉の記述・定義は宗教と密接に関わる事柄であった。また、言語対象を定義づける作業の主体として集団が立ち上がるようになった。

　18世紀には学問領域が拡大・細分化の傾向を帯びるようになり、産業の成果が社会の各所に波及するようになった。領域ごとに専門事典が刊行されるようになったほか、個人の博学的才によって知識の全領域を網羅することに代わって、集団の力で知識体系を横断的に展望する枠組みがますます必要とされるようになった。ここに登場したのが『百科全書』であった。

2.2　『百科全書』の刊行

　『百科全書』の企画の発端は、1745年、パリの出版業者ル・ブルトンがイギリスで評判のチェンバースの百科事典『サイクロペディア』全2巻（1728）の仏語訳を試みたことにあった。当初の編集担当は王立科学アカデミー会員のギュア・ド・マルヴ神父であったが、若き思想家ディドロがフランス語訳の監修役から編集責任者（ダランベールと共同）として関わるようになる中で、単なる翻訳ではなくチェンバースを超えたフランス独自の大百科事典構想の実現に向かうこととなった。チェンバース百科事典は、アルファベット順の項目排列や項目間の参照指示を行った点で画期的であったが、フュルティエールやトレヴーからの流用も多く、また記述分量も十分ではなかった[30]。

　『百科全書』の刊行に先立ち、ディドロは予約購読者を募集するための宣伝パンフレットを1745年と1750年の2回に分けて執筆した（これらの趣意書はそれぞれ「第一趣意書」「第二趣意書」と呼ばれている）。1751年に『百科全書』第1巻が出版されたが、イエズス会から剽窃・盗用との非難が浴びせられ、翌年に宗教項目の執筆者のひとりであったド・プラド神父がソルボンヌ大学に提出した博士論文が異端として断罪されると、イエズス会の働きかけによって国

王顧問会議が既刊の『百科全書』第1巻と第2巻の刊行・販売を禁じる決定を下した。ただし、このときは出版統制局長マルゼルブらの理解が得られたため、1753年以降も毎年1巻ずつ刊行し続けることができた[31]。しかし1757年、ダランベールの執筆した項目「ジュネーヴ」が第7巻に載せられると事態は急転した。ジュネーヴの牧師たちを理神論的な反三位一体の立場に立つソッツィーニ主義者たちであると記し、また、ジュネーヴに市民道徳に寄与する劇場の設置を勧めたことが、社会論争を巻き起こすこととなった。理神論者ヴォルテールの影響を受けた前者の記述は、ジュネーヴの牧師たち自身を含む宗教界からの反論に遭い、共同体を代表する装置として劇場の設置を謳った後者の考えはジャン・ジャック・ルソー『ダランベールへの手紙』(1758) で批判された。ルソーもヴォルテールも『百科全書』の執筆に協力した「文人の共同体」の一員であったが、この「ジュネーヴ事件」を通じて、そうした啓蒙思想家の思想的方向性の相違が表出することとなった[32]。

　1759年に国王顧問会議の決定により、『百科全書』は出版允許を剥奪された。ダランベールは共同編集者の任を降り、多くの執筆協力者の離反を招いたが、ディドロが中心となって残りの巻の刊行準備を進めた。その際は、出版統制局長マルゼルブが図版の巻の刊行に新たな允許を与えるとともに、予約購読者への購読料の返金を回避させるなど暗黙の支援を行ったり、1762年に百科全書批判の急先鋒であったイエズス会が国外追放となったりしたことが大きく影響した。1766年に本文第8巻から第17巻までが刊行され、図版を含む全巻の刊行が1772年を以て終了した[33]。本文17巻と図版11巻の計28巻がディドロの編集になる部分であり、のちに出版者のパンクックが、ディドロの協力を得られないままで補遺と索引7冊を刊行している[34]。

　200名に及ぶ執筆者は「百科全書派」と呼ばれ、その中にはルソー、ヴォルテール、モンテスキュー、ビュフォンら、当代屈指の思想家も（執筆関与は小さかったものの）含まれていた。全項目の約4分の1を執筆したジョクールのような貴族出身者のほか、執筆協力者にはアカデミーの会員や学者、民間の技師・技術者までもが含まれ、多くはブルジョワ出身者によって占められた。官吏や神学者、秩序側に与する知識人や法律家は遠ざけられた。出版主体は民間

出版者であり、この書物は「在野性」をまとっていた。百科全書派とは、新しい経済的社会的秩序が育まれつつある中で、硬化した過去の桎梏から解放され、それぞれの活動領域で探求や革新を推進しようとしている人びとであったと言われる。多様な分野の専門家が関わる協働を実現したのは『百科全書』の大きな特色であった[35]。鷲見によれば、ディドロ自身、『百科全書』の中の「百科全書」の項目において、「この事業は、各自がばらばらにおのれの部門を引き受け、人類への一般的関心と相互の好意の感情によってのみ結ばれた、文筆家と技芸家の結社によってはじめて遂行される」旨を記している。そこでは、身分や属性などではなく、各々の認識や理性に基づいて行動する独立した人びとの結社が志向された[36]。

『百科全書』では技芸に関する記述が重視され、とりわけディドロは職人の工房に出向いて固有の語彙を集め、機械の材料や製造法から一連の作業工程まで記述することに意を注いだ。当時の先進的な技術や科学的知識を言語化する上で、名前の残らない協力者たちも『百科全書』の編纂に大いに貢献した。と同時に、産業技術の成果である道具の形状をはじめ、機械の操作手順や工房の作業工程などは視覚的に具体的イメージを喚起することができるよう、本文巻のほかに銅版画の図版巻が用意された[37]。

『百科全書』は旧来の世界観を打破し、合理的で自由な考え方を人びとにもたらすものであった。諸概念の対立や諸原理の対比を可能にするのが参照の仕組みであり、寺田が述べているように、それは例えば、ディドロが「百科全書」という項目の中で「われわれのすべてを理解するようなことが、一個人に許されているとはとうてい信じられない」と書いたのち、ダランベールの執筆項目「諸学の基礎」への参照を付している点に現れている。「諸学の基礎」の項目には「体系知」の考えに基づきながら、あらゆる学問の解析化を目指したダランベールの思想が反映されており、これら相反する説明の間で読者は能動的に自ら批判的対応をとるように迫られたのである[38]。

『百科全書』で扱われている項目相互の見取り図を示すために、ディドロは「第二趣意書」で、またダランベールは「序論」で事典の全体像を記述し、その中には分類の考えも示されている。それらにおいて、フランス・ベーコンが

『学問の進歩』で示した学問分類への言及が見られ、知識の根源に人間の「知性」を置き、知性が有する3つの機能、すなわち「記憶・理性・想像」からすべての知識が派生するとの認識が示されている。ただしベーコンの分類と比してその順序立てに相違があった。ここでいったん、『百科全書』に影響したベーコンの学問分類について見ておきたい。

3　ベーコンの学問分類

　ベーコンが学問の発展・分類を考察した『学問の進歩』は1605年に刊行され、2巻から成る。うち1603年に執筆された第1巻は序論的な位置づけを持ち、第2巻が本論に当たった。全文が英語で書かれ、のち1623年に（当時一般の学術慣行である）ラテン語で刊行された『学問の尊厳と進歩』がその改訂版の役割を果たした。

3.1　自然の解明

　『学問の進歩』は、学問的認識の価値を正当化する根拠から説き起こされる。学問はこれまで不信と汚名を被ったが、神学者や政治家から受けたものと、学者自身の未熟さに帰されるものとに大別される。特に学者の本質的な誤りには三つあり、内容よりも字句や修辞を求める術学的な学問、スコラ学に代表されるような疑念・非難・異論を論破することに終始する論争的な学問、欺瞞と軽信から成る空想的な学問であった。アリストテレスやプラトンら、哲学の創始者の言葉を絶対視するのは軽信という病である。さらに、古いものを偏重する気風は新しい発見を抑え込み、自然の考察や経験の観察よりも独断に陥る誤りを招いてきた。神から授かった理性を本来的には人類の利益や利用のために誠実に使うべきであるが、金儲けや生活の資といった個人の野心に使ったり、あるいはただ道徳と政治のみに使ったりするという、学問の終局目的における最大の誤りが引き起こされてきた[39]。そうした学問の弊害を指摘した上で、「さながら船のように、時という広大な海を渡って、遠く隔たった時代に、つぎつぎと、知恵と知識のわけまえをとらせる」という学問の永続的な価値を述べて[40]、第1巻は筆が措かれる。

ここでベーコンが学問における誤りとして指摘したことは、第2巻で論理学について説明する中で、人間精神の誤った幻像「イドラ」の議論として展開される。すなわち、（1）生得的に人間が、一旦受容した意見によって予断をもってしまう「種族のイドラ」、（2）おのおのが特殊な「洞窟」に住む人間がそれぞれの印象、偶然的な事情で受け取るものをゆがめてしまう「洞窟のイドラ」、（3）あたかも通貨のように流通する言語が、通用する意味において事物そのものを正確に反映しない「市場のイドラ」であり、このほか『学問の進歩』には明示されていないが、（4）生得的でもひそかに知性に侵入するのでもなく、誤った哲学体系や誤った論証の法則が劇場の観衆たる人びとを操る「劇場のイドラ」についても、ベーコンは論破すべき対象としている。人間の認識能力は、こうしたさまざまな誤りや偏見と離れがたく、あたかも光線を歪めてしまう凸凹の鏡のように、自然の事物の光を正しく受け止めることができない。それでは学問に進歩はない。したがってイドラをできるだけ緩和し、自然の光を受け止めること、言い換えれば、自然を解明することが肝要となる[41]。

　学問の対象となる自然とは何であろうか。ベーコンにおいて知は本源的に神に由来するものとして想定され、神を求める行為は知恵や英知に基づく信仰によってなされる。ただし、神の英知には人間の学的営為の対象となる自然の知が含まれており、それは神の啓示を理解するためにも重要なものとなる。神の摂理は聖書に表れるとともに、神の力を表す被造物、すなわち自然の形でも提示される。自然の知とは、森羅万象の自然に関する知識を指すとともに、キリスト教における神の啓示を理解する枠組みとして位置づけられるものであった[42]。ベーコンはソロモン王の真理探求の姿勢を評価し、その言として、「事をかくすのは神のほまれであり、事をきわめるのは王のほまれである」ことを紹介しているが[43]、神の隠した自然の秘密を「発見」することが自然の解明の糸口であった。

3.2　人間の知力の働く過程

　ベーコンは人間の精神と能力に関する学問を、正確な理性の利用に関する学問である「論理学」と、正しい意思の使用に関する「倫理学」に区分し、論理学

についてさらに四つの部門に区分して、発見の術、判断の術、保管の術、伝達の術としている。「発見」の重視はルネサンス・ヒューマニズムの伝統を引き継いだものであるが、ベーコンはこれを技術と知識に関する発見と、議論と談話に関する発見に区別した。前者は印刷術、火薬、羅針盤のような人間生活に根本的変化をもたらした発明を含み、こうした発見のための方法論が帰納法であった。一方、後者は既知の素材の発見とされる。レトリックにおいてよく議論される素材を貯えておくことや、素材から何を探求すべきかを考え出すことまでを含んだ。このとき発見は、素材を蓄積しておくための記憶術との関連が重要となるが、ベーコンは当時の教育の欠陥として発見と記憶の分離を説いた[44]。なお、ここでいうレトリックは論理学に相似しており、論理学が理性そのものを対象とするのに対し、レトリックは大衆の通念に基づく理性を対象とするものとされる。双方とも諸技術の中で最も重みのある「技術の中の技術」であった。

　発見を出発点とし記憶に蓄積された知識は、判断・証明を経て（判断の時点で迷わすものが先のイドラである）、伝達される。技術と知識の発見のために有用な帰納法は、判断においても同じ方法をとるとされる。帰納法では経験や実験が重んじられ、自然の記録を収集・整理し、一覧表を作成することから始まる。続いて、研究対象を比較・対照し、否定的事例をすべて適切に取り除いた後で、肯定的事例を論証していくのである。その際、個別の事例から一挙に一般化するのではなく、個別の事例から徐々に中間的命題に至り、最高法則へと上昇する。そして今度は新しい中間命題、新しい個々の事例へと下降する。上昇は帰納法であり、下降の過程は演繹法と似た帰納の実際的応用である。その際、判断は保管によって下支えされており、十分に整理された表、すなわち記憶を補助する記録なしには、自然の解明を進めることはできない[45]。

　ベーコンは「伝達の例証」としてレトリックを取り上げるが、その役割は、人間の欲望や意思を駆り立て行動を引き起こすために、理性の命令を想像力に伝達することであると述べている。その過程は、発見された事物の映像がまず感覚に受理され記憶され、想像力に送られたのち、理性によって判断され選択される。そして再び想像力に送り返され、行動を駆り立てるというものであ

る。ここで想像力は判断と行動の両方の道具として関わっており、自然の研究においては事物の映像をそのまま理性に送るのみであるが、知識の伝達においては中心的役割を果たすものであった。もし、帰納法によって大衆の通念を超えた知識が得られた場合には、知識伝達時にイドラを回避するため、それは仄めかされ、直喩や隠喩によって伝えられる必要がある。理性の対象を感性の対象の形式によって示すことは、受けとる側の直接的な理解にもつながるとされた[46]。

3.3　人間の知力と学問分類

　よく知られるように、『学問の進歩』第2巻では学問の分類について、「人間に関する学問の諸部門は、学問が宿る、人間の知力の三つの部門に関係がある。すなわち、歴史は人間の記憶に、詩は人間の想像力に、哲学は人間の理性に関係がある」と記される[47]。自然を解明するための学問は人間の知力によって行われるが、上に見たように、知力の働く過程とは、神の摂理による自然の知を発見し、それを記録や記憶に保管し、想像力を介して理性によって判断し、その後再び、想像力を介して伝達されるという道筋をたどるものであった。記憶はあるがままに事実的に経験の世界を模写し、想像力が使者となってそれを理性に伝え、理性がそれを解釈する。記憶や理性は経験に変更を加えないが、想像力は人間の情緒の欲するままに、独自に世界を描写することができるというのである。

　石井栄一の言を借りれば、「ベーコンは、人間の精神が感覚的知覚から始まって、理性的思考に進む段階にしたがって、歴史・詩・哲学の順序に、学問を分類したのである。歴史は保存された知覚であるから最初に位置し、哲学は理性の理解に依存するから最高の段階に位置する。想像力は、感覚と理性の仲介者であるから、想像力に依存する詩は、歴史と哲学の中間に位置するのである」ということになる[48]。もっとも、諸学問は連続しており、これら三つの部門は完全に分離できるものではないとされた。

　また、ベーコンは「神に関する学問も同じように区分することができる」と続け[49]、人間に関する学問と神に関する学問を分けている。後者は啓示神学で

あり、神を対象とし、自然の光ではなく神の啓示によって吹き込まれるものである。哲学の一部門に自然神学があるが、自然神学が神の被造物にたいする思索によって得られる神についての知識であるのと異なり、啓示神学はキリストを媒介とする啓示によって与えられる絶対的真理であった。ベーコンの学問分類は哲学（理性）が諸学を包摂するのではなく、こうした絶対的存在を前提としたのである。なお、ベーコンは啓示神学も人間の精神という容器に注がれた点で人間に関する学問と同じであるため、歴史・詩・哲学という分類は適用されるとしている[50]。

　こうした人間精神に基づく分類は、古代アリストテレス以来の観想的・行為的・制作的という観点からの学問分類とは異なり、自然を解明するための人間の認識の過程に基づいていた。

3.4　歴史・詩・哲学

　歴史・詩・哲学のそれぞれの学問についても、簡単に記しておく。

　歴史は、事実のあるがままの記述であることによって、想像力で生み出された詩とは異なっており、自然の歴史（自然誌）と市民の歴史（市民史）に分けられている。自然誌には、天体・大気・地球・物質・動植物などの歴史のほか、自然の過程の解明の上で重要な技術の歴史が含まれる。ちょうど、ある人の気質は怒らせてみなければよく分からないように、「自然の過程や変化も、自由きままにさせておいたのでは、技術によって苦しめ悩ますときほどには、十分にあきらかにはならない」とベーコンは述べている[51]。また、自然誌は経験の記述であることに加え、一定の秩序ある方法によって調査され、検証され、測定された経験から構成される必要があった。一方、市民史はさらに、狭義の市民史と学術史、教会史に分けられた。中でも学術の歴史が最も重要であり、文明の荒廃は学問の盛衰に関わるものであった。歴史は、哲学の材料としての経験の収集であり、全学問の「貯蔵庫」的な性質をもった[52]。

　詩については、ベーコンは詩を一個の世界叙述として捉え、空想力の虚像に従った世界の模写としている。対象は、歴史の模倣としての物語詩と、宗教・政治・哲学などの奥義を寓話に包んで伝える劇詩のみであり、創作的な情緒活

動は除かれた。叙情詩は存在せず、芸術的活動のうちきわめて制限された内容を対象としていた[53]。

　歴史は事柄を再現して判断の資料を提示し、仮作の歴史である詩は自然や事物の法則には拘束されない。事実の法則に従って分類・結合・解釈を行い、判断の真偽を教えるのは哲学の領分であった。ベーコンはすべての学問の本源となる普遍的な「第一哲学」を想定した上で、理性の認識の仕方に応じて、哲学を、神に関する哲学（自然神学）、被造物を対象とする自然に関する哲学（自然哲学）、自分自身を顧みて思索するような人間に関する哲学（人間哲学）の三部門に分けた。このうち自然哲学は、原因の探求と効果の生産であった。原因の探求としては、物体に内在し変化するものを考察する自然学（天文学など）と、物体から引き離されて変化しないものを考察する形而上学（数学など）があり、また、そうして判明した原因を物質に適用して得られる効果に関わるものとして機械学が想定された[54]。

　他方、人間哲学は、個別に考察される人文哲学と、社会生活の中で考察される社会哲学とに大別された。人文哲学には、身体の学である医術や精神の学が含まれ、このうち精神の学は先に述べた論理学と倫理学であった。論理学は正確な理性の使用に関する学問であり、帰納法を通じて自然の解明を図る点で、その精神はすべての学問に適用されるものであった。倫理学は人間の意志と欲望と感情を考察する学問であり、宗教や神学から完全に分離してはいなかったものの、善の性質は人間性と自然界の観察から例証されるものと位置づけられた。社会哲学には政治学が含まれたが、政治の事柄には機密で隠匿されるものが多いために、『学問の進歩』では沈黙することが適当とされている[55]。

3.5　その後の影響：ロックの認識論

　自然の解明にあたって感覚的知覚と理性を重視するベーコンの考えは、その後のイギリス経験論に引き継がれた。ここではジョン・ロックの認識論に言及しておきたい。『百科全書』の構想の引き金となったチェンバース『サイクロペディア』では、とくに哲学の説明においてロックの見解に拠っており、ディドロもロックの『人間知性論』の仏語訳に影響を受けたと考えられている[56]。

ロックは初期の小論「自然法論」(1676) において、神の世界支配を前提とした上で、神の意志の命令は自然の光によって発見・認識されると説く。神の意志の命令とは自然法ないし道徳律と同義であり、自然の光は、自然によって備えられた諸能力を人が正しく使用する限りにおいて認識され得る。人間の認識には、生来備わる刻印的知識、他者からの言い伝えの中で知られる伝承的知識、自らが感じ取った経験に基づく感覚的知識、そして人の手の及ばない神の啓示があるが、いずれも、推論能力であるところの理性が働くよりも前の段階の様態である。自然法は生まれたときから刻印されたものではなく、生まれたばかりの人間の魂は白紙に過ぎない。経験は書き込まれていくものである。四つの知識様態の中で、自然法の認識の原理として特に重要なのは感覚的知識である。そこではまず、感覚を通して物体が知覚され、その属性が像として示される。その像には名前が当てはめられ、一定の感覚印象が観念として固定される。観念と観念は相互に知性によって結合されて命題を形成し、理性の材料として提供される。世界の構造の美しさ、秩序性、運動を考察することによって、世界の源泉とは何かが見出されようとする。その結果、理性の創造者の観念を引き出す推論が行われ、創造者たる神を確証することになるというのである。自然法の認識において感覚、知性、理性は緊密に関係し合った[57]。

　知覚の対象は事物ではなく、外界の事物に由来する観念である。ロックは『人間知性論』(1690) で知性について考察したが、柱となる考えは観念であり、知覚は知性の一種として扱われた。ロックは、神の法たる自然法のもとに人間はあるという点から説き起こし、物の性質が人間の心に衝撃を与えることで生み出されるものを観念としている。人の感覚は物の性質に対して受動的であることを出発点とするのがロック思想の特徴である。すべての観念は、経験（すなわち知覚もしくは内省）に由来し、知識は観念のみを素材として形作られる。感官を通じて外部対象を知覚するとき心は事物にたいして受動的であり、心の中に運び入れられ、識別を通じて観念として知覚される。また、それら観念は継起しており、そうした継起の観念は内省によって獲得される。あらゆる観念について、その結合と一致、もしくは不一致と背反を知覚することが知識である。ロックはさらに、自然の中に基礎をもつ実在的観念を「単純観念」とし、

神によって保証されすべて正しいとした。しかるに心は単純観念を受け取る際は受動的だが、それらを材料として知性の働きによって能動的に「複雑観念」を生み出しもする。複雑観念には、単純観念の全体像である実体、実体の性質たる実相、個々の単純観念を比較することで得られる関係の三つがあった[58]。

　人間の知性の対象となる観念の結合に関して、1678年の段階でロックは記憶と想像の違いを日記に書き残している。そこでは、人間が以前観察したものの観念を心によみがえらせる場合、これを記憶としている。一方、以前観察したものから一般概念を作り出したり、かつて一緒の存在として観察してはいなかった観念を結び合わせたりしてしまう場合、これを想像としている。記憶は存在した事柄の像であるが、想像は心の中で原型を参照することなく描かれた像である。想像力という心的機能は狂気の源泉ともなり得るものとされ、狂気という逸脱的形態においてある種の能動性を発揮する。『人間知性論』でも狂気が扱われるが、狂人についてロックは、観念を誤って結びつけ、正しくない命題をつくり、しかしそこから正しく推論する存在として規定している。また『人間知性論』第4版（1700）での追記として、心が偶然もしくは習慣に起因して、すこしも同類でない観念同士を集成させ観念連合を作ることのあることが付される。感官を通じた受動的な知覚や、観念を吟味する意味での能動性とも異なる、心の「有意的、あるいは偶然的」な能動的領域の作用として想像力が設定されるのである[59]。

　ベーコンが記憶と理性をつなぐ必須の経路として想像力を位置づけていたのにたいし、ロックにおいては、感覚の知覚においても観念の生成にあたっても、事の真理を明らかにすることに関わる作用として想像力は提示されない。むしろ想像力は知性と対立的に捉えられている。

4　『百科全書』の分類

　『百科全書』では、1750年11月にディドロの手で書かれた「第二趣意書」と1751年6月に本文第1巻の巻頭にダランベールによって書かれた「序論」において、知識の分類が説明される。これらの文書はその後に刊行される『百科全書』諸巻の執筆項目が確定する前段階で、いわば予約購読者の確保に向けた青

写真として記されたものであった。そのため、鷲見は、『百科全書』の体系的指針を意図してはいたが、実際に『百科全書』の項目を体系づけたわけではない点に留意すべきことを指摘している[60]。

4.1 「第二趣意書」

　鷲見や井田によれば、ディドロは「第二趣意書」の冒頭で、学問と技芸に関わるあらゆることを辞書の形に編纂していく上で、学問と技芸が互いに支え合っている原理や帰結を明確にし、自然を構成するさまざまな存在の関係性を示し、あらゆる分野・時代の人間精神の努力の総覧を示すことを重視したと述べている[61]。従来の事典では学問と技芸の進歩が反映されておらず、本書刊行の契機となったチェンバース『サイクロペディア』にしても、わずか2巻の分量では不十分で、特に機械的技芸にほとんど実証的な言及がない点は致命的な欠陥であると批判した。チェンバースでも「系統樹」が作成され、知識を自然的・科学的なものと人工的・技術的なものに二分していたものの[62]、これを用いることはせず、それに代わってすべての学芸に及ぶ新たな俯瞰図を必要としたのである。そこで百科事典の実現に向けて踏み出すべき第一歩として、「知識の各分野の起源と、さまざまな知識が互いに、もしくは共通の幹と取り結ぶ関係を示すとともに、さまざまな項目からそれらの要点に立ち返るのに役立つ、すべての学芸の系統図を作成する」ことが企図された。趣意書末尾に載せられる「人間知識の系統図」は、「学芸が何もなかった時代に学芸の普遍的辞典の計画を立てたベーコン卿のおかげである」とその名を挙げている[63]。

　ディドロは、学問の起源が人間の心的能力にあり、歴史は記憶、哲学は理性、詩は想像力の働きから生まれたとしている。そして、人間知識という木の幹は歴史、哲学、詩の三本の枝に分かれてから、歴史は聖史・教会史、古代から近代にかけての世俗史、自然史へと分かれる。哲学は一般形而上学、神に関する学問、人間に関する学問、自然に関する学問、詩は物語詩、劇詩、寓話詩などへと、それぞれ枝分かれするとした。なお、すべてをひとりで論じることはできないので、それぞれの分野の専門家に項目執筆を委ねたと記している。さまざまな学問や技術をつなぐために、編集者としてディドロが加筆した

箇所はアスタリスクをつけて区別したとするが、この工夫は、編集者としての黒子の立場を超えて自分の主張を自由に書き入れることのできる方途ともなった[64]。

　ここで学問の起源たる人間の心的能力について、ディドロは、「物理学的諸存在は感覚に働きかける。こうした存在からの刷り込みが知性においてそれら存在についての知覚を呼び起こす。知性がおのれの知覚にかかわる仕方は三つだけで、記憶、理性、想像力という三つの主要な能力による」と述べている。自然の発見から説き起こしたベーコンと異なり、自然界の物質からの働きかけを受動的に受け入れ、知覚が呼び起こされる点から書き起こされている。こうした取り上げ方には、鷲見の指摘したように、「ベーコンがあずかり知らないロックの感覚論」の影響が認められると言ってよい[65]。また、記憶と理性の関係性の中に想像力を組み込む視点もない。詩として何が想定されるかは以下に述べるが、記憶と理性をつなぐという役割に関して想像力への認識は示されていない。

　「人間知識の系統図」に示される歴史、哲学、詩のそれぞれについて、まず歴史ではベーコンの『学問の進歩』第2巻に沿って、記憶法が重視される。中でも自然史は、「自然の一定不変性」「自然の変調」「自然の利用」に分けられるが、三番目の自然の利用の歴史には、人間がその技術を使って自然に働きかけ、自然を加工して創造していく営みが列挙されている。技術の歴史を重視したベーコンの学問観に基づき、機械的技芸に関する事柄がより具体的に例示されている[66]。

　哲学の分類ではベーコンと大きく異なる点がある。ベーコンは人間に関する学問のほかに神に関する学問（啓示神学）を置いたが、「人間知識の系統図」で神に関する学問は哲学の下位に置かれるのみなのである。そればかりか、神に関する学問の区分では「啓示神学」が「自然神学」と並置され、そこにさらに「善悪を行う諸霊についての学問」が置かれる構造となっている。また、系統図中の前二者の説明は「宗教（およびその誤用から生じる）迷信」と書かれ、諸霊についての学問には「占い、妖術」と付される。啓示神学を人間知識の及ぶ範囲に引き下げ、迷信などと関連付けたのである。「第二趣意書」は公開後にイ

エズス会のベルティエ神父から「ベーコンの剽窃」として激しい非難を浴びることになるが、鷲見が指摘するように、こうしたベーコン思想の「換骨奪胎」、あるいは「意図的な改変」としての「戦略的な知の配置」こそが咎め立てられるべき事柄であった[67]。

詩については、物語詩、劇詩、寓話詩を挙げるほか、広義の詩として、印刷活字フォントを一回り小さくして、音楽、絵画、彫刻、建築、彫版のカテゴリーがまとめられている[68]。ベーコンが物語詩と劇詩のみを詩の対象としたことと比較して、（音楽などのカテゴリーは扱いとして小さくなってはいるが、）詩の解釈は広がっている。独自に世界を描写することができるという想像力の性質の反映である。詩の独自性が高まれば、歴史と哲学の結びつきが相対的に強まる。知識としての順序立ても歴史・詩・哲学の順ではなく、歴史・哲学・詩の順として違和感はなかったように考えられる。

4.2 『百科全書』「序論」

1751年、『百科全書』第1巻が刊行された際、その巻頭にダランベールによる「序論」が掲載された。ディドロの「第二趣意書」が販売上の商品紹介としての性格をもったのにたいし、ダランベールの序論は、ディドロの言と部分的には同じでありながらも、人間知識の秩序と連鎖について哲学的に考察し、それぞれの学問や技芸、工芸の一般原理について明らかにする意図が明確であった。1749年に筆禍事件で投獄されたディドロと異なり、ダランベールは王立科学アカデミー会員という社会的地位を有しており、巻頭を飾って、この事典をこれから読もうとする読者に全体的な見取図を示す役目を担った[69]。

4.2.1 知識の起源と学問

ダランベールは人間知識の系統的成り立ちを述べるに当たって、知識の起源となる観念の発生に遡る。そして人間の知識が直接的知識と反省的知識に分けられる点から説き起こす。前者は意思の作用なしに無媒介に受け取る知識であり、後者は精神が直接知識に働きかけ、それらを結びつけ、組み合わせて獲得する知識である。直接的知識はすべて感官から受け取られ、すべての観念は感

覚に負う。反省的観念はまず自らの存在に向かい、すぐに自らの身体を含む外的物体の存在に向かう。知覚を通じて諸物体に感覚を結びつけ、身体の維持を意識し、さらには自分と同様に知覚している他者存在を認識する。そして自然探求や幾何学、力学、天文学といった広がりに向かう。こうした自然の哲学に関する方法論は、数学的解析の経験への適用か、恣意的仮説から離れた観察に拠るかの二つのみであるとされる[70]。認識論・経験論の立場は明らかである。

　神の存在も問われている。この宇宙は崇高な難解さをもつ書物に喩えることができ、ただ理性のみに拠って解明しようとしても隠されているところがある。絶対的に必要なことだけを人びとに教導するという意味で啓示宗教の必要性が生じる。その光明のおかげで、人びとは多くの切実な問題について学者よりも確信・決断力を持つことができる[71]。こうしたダランベールの議論では、神の封印したことは人にとって知りようがないが、神が人に開示したことは人の知覚対象となる。そのため啓示神学も知識の枠内に置かれるとされる。ベーコンは啓示を信仰対象とし、学問の枠外に置いた。ディドロは啓示神学を哲学に含めることについて説明を略したが、ダランベールはこうして言語化したのである。これに関して寺田によれば、ダランベールは『哲学の基礎』(1758) の「形而上学」の説明において、「われわれの観念がわれわれの知識の原理であり、観念はそれ自身われわれの感覚のうちにその原理を有する。これは経験的真理である」と述べ、形而上学は本来この原理を前提とすべきであり、神や自然の本質を「哲学」的議論の対象としない考えを示している[72]。

　また論理学の必要性について、観念の領域を広げることが利益を生むことに気づいた人びとは、思想を相互に伝達する仕方を技術に整理するため論理学を生み出したと述べられる。観念を最も自然な秩序に配列し、適切な連鎖を作り、観念から観念への移行を可能にする。厳密さと正しい論理的順序を身に付ければ、人はどのような学問や技芸についても、その諸命題や規則を単純な概念に還元し、概念をつなげて並べることができるとされたのである。観念を伝達し、各観念をできるだけ明晰に表現することが重要となる[73]。そして、同時代人のつながりだけでなく、過去に生きた人びとと関わることを望んだときこれが「歴史」の契機となると述べられている[74]。

一方、人の精神は原初的諸観念を組み合わせて概念を形成するだけでなく、直接的観念の対象である存在に類似した存在を想像したり組み立てたりして、自身の力で諸観念を形成することもできる。こうした「自然の模倣」は情動の喜びの経験とつながっており、その知識の筆頭は絵画と彫刻である。そして絵画と彫刻は感官に働きかけ、建築は自然を模倣していない粉飾された仮面であるがやはり感官に働きかけ、詩は想像に語りかけ、音楽は感官と想像に語りかけると述べられる。さらに、これら主として楽しみを目的とする「芸術」は、文法・論理学・倫理学などのような、誰でも他人に伝えることができる確定した不変の諸規則を持つわけではなく、その実地は、ほとんど天才からその規則を受け取るに過ぎない一種の発明のうちに存すると説明される[75]。

4.2.2　「記憶・理性・想像」の順序立て

　ここでダランベールは知識の系統樹を作る必要性を述べている。改めて人間の認識が取り上げられる。心が思惟対象に働きかける仕方は三つであり、知識の受動的な集積としてのみ体系をなしうる記憶、直接的観念の対象について推論する理性、およびそれらについて模倣する想像である[76]。そこで「記憶・理性・想像」の順序立てについても説明される。鷲見をはじめとする従来の『百科全書』研究において、ダランベールの序論はたびたび検討されているものの、この順序立ての個所については取り上げられてこなかったように見受けられる。以下に引用する[77]。

　　これら三つの能力が、さしあたり、私たちの体系の三つの一般的分類と人間知識の三つの一般的対象とを形作る。すなわち、記憶に結びつく「歴史」、理性の成果である「哲学」、そして、想像が産み出す「芸術」。私たちはこのように理性を想像よりも先に置くが、私たちのみるところでは、この順序の方が道理によくかない、精神の働きの自然的な進歩に一致しているのである。想像はひとつの創造的な能力であり、精神は、想像することを夢みる前に、自分が見るものと知るものとについて推理することからまず始めるのである。理性を想像よりも先に置くように定めることになるもうひとつの理由は、想像というこの心の最後の能力の中には、

ある程度までそれと統一されて他の二つの能力も存在し、またそこで理性は記憶と[直接に]結びついている、ということである。精神が対象を創作したり想像したりするのは、ただ、その対象が、精神が直接的観念や感覚によってすでに知っている対象に似ている限りにおいてのみである。

前段では、「記憶・理性・想像」の順序立てのほうが道理に適っており、記憶や推論がなされた後に想像されるという、精神の働きにも合致すると述べられる。続いて、記憶と理性との結びつきの強さについても述べられている。ダランベールは想像の働きに関わる学問として芸術を挙げ、そこにベーコンが挙げた物語詩や劇詩は想定されていなかった。人間の認識過程において記憶と理性をつなぐ想像力という役割はダランベールにおいては考慮されていないのである。ダランベールはさらに続ける[78]。

存在を一般的に精神的存在と物質的存在とのいずれかに配分することが、さきの三つの一般的部門の下位区分を与える。歴史と哲学とは等しくこの二種の存在いずれをも取り扱い、想像はまったく物質的存在に基づいてしか働かない——このことは想像を私たちの能力の順序で最後に置くための新しい理由となる。精神的存在の首位に「神」がいるが、神はその本性によっても、またそれを認識したいという私たちの要求によっても、当然首位を占める。この「至高存在」の下に、「啓示」がその存在を私たちに教える被造の精神[天使]がいる。次に人間がくる。人間は二つの原理によって合成され、その心によっては精神に属し、その身体によっては物質界に属する。そして最後に、物体的世界とか「自然」とか私たちが呼ぶこの広大な宇宙がある。こういう配分をする際の私たちの案内役をしてくれる高名な著者[ベーコン]が、なぜ彼の体系で自然を人間の先に置いたのか、私たちには分らない。むしろ反対に、人間を、「神」および[被造の]精神を物体から距てる道の中間に置けと、すべてのことが促すようにみえるのである。

歴史と哲学は、教会史／神学、世俗史／論理学・倫理学、自然史／数学・物理学のように、精神的存在と物質的存在のいずれとも扱うが、想像は精神的存

在に及ばない。この点で全二者と想像は異なる。また、物質的存在たる自然は、精神的存在や精神と物質にまたがる人間存在よりも後ろに置かれるべきものであった。物質的存在のみを対象とする想像もまた、記憶・理性の後ろに置かれるのである。以下の説明にも注意しておきたい[79]。

　　私たちは、ここで、私たちがすでにのべた百科全書の樹──それはこの『序論』の終りにみいだされるが──は、主として大法官ベーコンのおかげで作製できたことを明らかにしておきたい。[……] しかしながら、私たちは、ここではっきり私たちの師匠と認めて感謝しているこの偉大な人物の後を正確に追うてゆかねばならぬとは考えなかった。私たちがベーコンのようには理性を想像力の後に置かなかったのは、私たちが百科全書の体系において、学問復興以来の精神の進歩の歴史的順序──これは、このイギリスの著名な大法官が、彼のいわゆる人間の知識の査定と列挙をしたときに、多分ある程度まで考慮していた順序であるが──よりも精神の働きの形而上学的順序に従ったからなのである。その上、ベーコンの見取図は私たちのものとは異なっていたし、また、諸学は当時以来大きな進歩をとげたのであるから、読者は私たちが時として違う道をとったことを驚くべきでない。

　すでに見たように、ベーコンは人間の精神が感覚的知覚から理性的思考に進むと考えた上で、その段階に応じて「歴史・詩・哲学」の順序で学問を分類したのであるが、ダランベールが「精神の働きの形而上学的順序」と言うときには、感覚的知覚から理性的思考の経路の中に想像力は位置づけられていないのである。

4.2.3　諸学の位置づけ

　諸学の位置づけはどうか。記憶についてその対象は歴史であり、神の歴史は啓示と教会の歴史を包括する。人間の歴史は政治史か学芸の歴史である。自然史は数限りない産物の歴史あるいは産物の使用の歴史となる。続いて、内省し推論する能力については、まずその一般的属性を吟味する一般形而上学が置かれる。そして歴史同様に神、人間、自然の側面から分けられる。神の学問は自

然神学と啓示神学に分けられ、啓示神学の扱いにおいては、「親愛なる者［ベーコン］の手本を離れるべきだ、と考えた。私たちの見るところでは、学問は理性の仕事とみなされるかぎり、彼によってなされたように「神学」と「哲学」とに分けられるべきでない。なぜなら、「啓示神学」は理性を明示された事実に適用すること以外のものではないからである」としている。人間の学問では、まず心の学が置かれる。それから心の働きの学として、真理の発見と徳の実践のいずれを目的とするかによって、論理学と倫理学に分けられる。自然の学問も、まずは一般的属性の研究が置かれる。それから純粋な知的側面を理論的に探究する「一般自然学」（数学）と、物体そのものを研究し個々の事物を対象とする「特殊自然学」（動物学、植物学、化学など）に分けられる。そして最後に、想像から「芸術」の名の下に包括される領域がある。芸術のすべては、語源的に発明・創造を意味する「詩」に帰することもできるとされている[80]。

　序論は3部構成となっており、諸学を述べた第1部の次には、第2部で「人間知識の系統図」が取り上げられる。その意味について、個々の項目が個別地図であるとすれば、系統図は世界地図に当たるものと説明された。それぞれの項目同士の連環を読み解く方途として系統図の活用が求められており、分類項目の参照などにも言及されている。ただし、系統図自体を事物の研究そのものに代えることはできないと記している。また、第3部ではベーコンを筆頭にさまざまな学者の業績を讃えながら、学問の歴史を振り返っている[81]。

おわりに

　『百科全書』は18世紀の「編集知」を体現した書物であり、執筆にはブルジョワを中心に200名に及ぶ執筆協力者が集まった。刊行にあたって共同編集者ディドロとダランベールは、「第二趣意書」と「序論」のそれぞれにおいて、項目全体を俯瞰するための知の体系を提示し、「人間知識の系統図」を示した。ただし、それは『百科全書』全巻の刊行に先んじて公表され、「百科全書派」の人びとの総合意志というよりも、二人の編集者の見方を反映するものであった。分類の枠組みは「記憶・理性・想像」という人間精神の働きをもとに、学問を「歴史・哲学・詩」に並べる順序立てであった。これは一見、前世紀の思想家

ベーコンが「記憶・想像・理性」の人間の認識過程に基づいて「歴史・詩・哲学」という学問分類を行ったことと軌を一にするように見える。しかし、ベーコンの影響を受けつつも、そこに込められた理念は大きく異なった。

　ベーコンはまず信仰と理性を峻別した。この世の真理を解明するのは理性の役割であった。解明の過程は、神の摂理に基づく自然の知を発見することに始まり、記憶に保存した像を想像力を介して理性に送り、理性が判断を下すとされた。「記憶・想像・理性」という順序立てはまさにその過程に沿っていた。想像力は独自に世界を描写する力を持ち、判断された事柄を伝達する役目も担った。想像力を介して記憶と理性のそれぞれが結びつく考えであった。

　一方、ディドロやダランベールにおいて知識の対象は哲学であり、啓示神学も哲学の下に包み込まれた。ロックの認識論からの影響のもと、知識を形作る人間精神の働きは、自然界の物質が人間の感覚に働きかけるところから始まり、観念が知覚され記憶され、理性の働きによって観念同士が結合し組み合わされるものであった。記憶と理性は直接的に結びつき、独自に世界を描写する想像力は記憶と理性の存在なくしては成り立ち得なかった。順序立ては「記憶・理性・想像」であった。ディドロとダランベールは、神の扱いにおいてベーコンの学問分類を「換骨奪胎」していただけでなく、その基底となる人間認識や精神の働きにおいても、ベーコンの世界認識とは異なったのである。

注

　以下に参照したリンク先の最終確認は、いずれも 2024 年 1 月 31 日である。

1) 清水学「図書館というトポス（1）」『神戸女学院大学論集』65 (2), 2018, p. 76.
2) 塚田富治『ベイコン』（イギリス思想叢書 2）研究社出版, 1996, p. 111.
3) 根本彰『書誌コントロール論序説』勁草書房, 1998, p. 55-56.　なお、この箇所を含む文献の初出は以下を参照。根本彰「知識の組織化と百科事典」『図書館学会年報』27 (1), 1981, p. 23-30.
4) 寺田元一『編集知の世紀：18 世紀フランスにおける「市民的公共圏」と『百科全書』』日本評論社, 2003, 279p.
5) 根本彰『アーカイブの思想：言葉を知に変える仕組み』みすず書房, 2021, p. 130-132.

6）例えば、以下を参照。福田名津子「名古屋大学附属図書館所蔵のジュネーヴ版『百科全書』の鑑定について」『名古屋大学附属図書館研究年報』4, 2006, p. 45-52; 三浦太郎「図書館特別資料紹介—ディドロ・ダランベール『百科全書』パリ版」『図書の譜：明治大学図書館紀要』17, 2013, p. 111-114.

7）逸見龍生「はじめに」逸見龍生・小関武史編『百科全書の時空：典拠・生成・転位』法政大学出版局, 2018, iii-vii.

8）井田尚『百科全書：世界を書き換えた百科事典』慶應義塾大学出版会, 2019, p. 179-201.

9）Jacques Proust, *Diderot et l'Encyclopédie*, Armand Colin, 1962, 621p.

10）John Lough, *The Encyclopédie*, Longman, 1971, 430p.

11）Richard N. Schwab, Walter E. Rex and John Lough, *Inventory of Diderot's Encyclopédie*, 6 vols., Voltaire Foundation, 1971-1972.

12）Robert Darnton, *The business of enlightenment: a publishing history of the Encyclopédie, 1775-1800*, Belknap Press, 1979, 624p.

13）*Recherches sur Diderot et sur l'Encyclopédie*, 1986-.

14）University of Chicago, *ARTFL Encyclopédie*［https://encyclopedie.uchicago.edu/］

15）ディドロ、ダランベール編『百科全書』桑原武夫訳編, 岩波文庫, 1971, 413p.

16）ジャック・プルースト『百科全書』平岡昇・市川慎一訳, 岩波書店, 1979, 287p.

17）中川久定『啓蒙の世紀の光のもとで：ディドロと『百科全書』』岩波書店, 1994, 476p.

18）市川慎一『百科全書派の世界』世界書院, 1995, 242p.

19）鷲見洋一『『百科全書』と世界図絵』岩波書店, 2009, 298p.

20）アドレーヌ・ピノー『『百科全書』』小嶋竜寿訳, 白水社（文庫クセジュ）, 2017, 181p.

21）Académie des Sciences, *Édition Numérique Collaborative et CRitique de l'Encyclopédie*［http://enccre.academie-sciences.fr/encyclopedie/］

22）鷲見洋一『編集者ディドロ：仲間と歩く『百科全書』の森』平凡社, 2022, 895p.

23）鷲見洋一「『百科全書』研究の現在：回顧と展望」『藝文研究［慶應義塾大学藝文学会］』89, 2005, p. 269-288.

24）中野里美『プリニウスのローマ—自然と人への賛歌—』（プリニウスの博物誌＜縮刷第二版＞別巻II）雄山閣, 2022, p. 251-253.

25）雪嶋宏一『書誌学の誕生：コンラート・ゲスナー『万有書誌』の研究』日外アソシエーツ, 2022, p. 218. なお、『万有書誌』の採録点数は通説では約12,000点とも言われるが、文献記述の書誌レベルが異なっており、書物の物理単位・作品単位の相違などによって変わるため、確定することはきわめて困難である。以下を参照。同書, p. 68-72.

26) 同上, p. 66-68, 306-313. チューリッヒ大聖堂に開設されたグロスミュンスター図書館の蔵書目録を参考にしつつ、中世以来の伝統的な学問体系に基づく分類であった。全21の主題（類）として、以下が挙げられている。1.文法・文献学、2.論理学、3.修辞学、4.詩学、5.算術、6.幾何学・工学・反射、7.音楽、8.天文学、9.占星術、10.正当・不当な予言・魔術、11.地理学、12.歴史、13.文字によらない諸芸・工学・その他の有用な伝記、14.自然哲学、15.第一哲学あるいは形而上学・異教徒の神学、16.道徳哲学、17.家政哲学、18.政治学すなわち市民の政治と軍人の政治、19.法学索引三種、20.医学、21.キリスト教神学　哲学はこれら21をすべて包み込んだ。細分化は、まず教養と実体に二分され、このうち教養の中の必修「言葉の学」は第1～4類、必修「数字の学」は第5～9類が含まれた。教養の中の選択は第4類および第10～13類、また実体は第14～21類が該当するものとされた。

27) ピーター・バーグ『知識の社会史：知と情報はいかにして商品化したか』井山弘幸・城戸淳訳, 新曜社, 2004, p. 127-143.

28) 前掲25), p. 314-319.

29) 前掲4), p. 96-112; 前掲22), p. 61-75; 佐野泰雄「『トレヴーの辞典』」『一橋大学社会科学古典資料センター年報』9, 1989, p. 14-18.　後年、ディドロが『トレヴー辞典』の項目を批判的に利用した点については、以下を参照。マリ・レカ＝ツィオミス「『百科全書』は啓蒙思想の陰謀か」逸見龍生・小関武史編『百科全書の時空：典拠・生成・転位』法政大学出版局, 2018, p. 5-21.

30) 前掲8), p. 3-6.

31) 前掲22), p. 108-132.

32) 前掲22), p. 133-162; 佐藤淳二「コンテクストとしてのヴォルテール：『百科全書』項目「ジュネーヴ」の宗教論とその周辺」『仏語仏文学研究［東京大学仏語仏文学研究会］』15, 1997, p. 21-42.

33) 前掲22), p. 168-197.

34) 寺田光孝「パンクック『系統的百科全書』」『図書館情報大学附属図書館報』18(2), 2002, p. 4.

35) 前掲4), p. 126-132.

36) 前掲22), p. 625-630.

37) 前掲8), p. 100-106. 図版には技術的な知識が描かれ、その歴史性に思いを馳せたり、関連する事柄にたいする想像力をかき立てたりする効果を持ったほか、身体や風景なども積極的に図版化された。図版には、様式化され一種理想化された現実が描かれがちであったが、工場で働く子どもたちのような社会実態を浮き彫りにする側面も有した。以下を参照。前掲22), p. 637-853.

38) 前掲4), p. 178-198.

39) 石井栄一『フランシス・ベーコンの哲学』増補改訂版, 東信堂, 1995, p. 50-57.

40) ベーコン『学問の進歩』服部英次郎・多田英次訳, 岩波文庫, 1974, p. 110.

41) 芳賀守「第7章　ベイコンの倫理思想」花田圭介責任編集『フランシス・ベイコン研究』(イギリス思想研究叢書2) お茶の水書房, 1993, p. 186-188; 前掲39), p. 251-274.

42) 下野葉月「フランシス・ベイコンにおける自然の知と人間性」『東京大学宗教学年報』32, 2015, p. 81-83.

43) 前掲40), p. 76.

44) 菊池理夫「書かれざる政治学あるいはフランシス・ベーコンの方法」『法學研究：法律・政治・社会［慶應義塾大学法学研究会］』54 (2), 1981, p. 27-31.

45) 前掲39), p. 282-284; 前掲41), p. 184-186. 鷲見も、ベーコンにおいて自然科学の研究に記憶が用いられることを重視している。人工的な記憶の術、想起体系の秩序といったものは、記憶のありかの見当をつける「予知」や、知的な想念を感覚的な映像に変える「象徴」から引き出される。以下を参照。前掲19), p. 102-106.

46) 前掲44), p. 31-33.

47) 前掲40), p. 126.

48) 前掲39), p. 118-119.

49) 前掲40), p. 126.

50) 前掲39), p. 116-118.

51) 前掲40), p. 131.

52) 前掲39), p. 121-139.

53) 前掲39), p. 140-146.

54) 前掲39), p. 149-174.

55) 前掲39), p. 204-208, 307-312, 333-337.

56) 前掲22), p. 39-45.

57) 福山仙樹「ジョン・ロックの自然法論」『法哲学年報』1972, 1973, p.139-151; 藤澤郁雄「ロックの自然法論」『上越教育大学研究紀要』28, 2009, p. 167-182.

58) 亀尾利夫「ジョン・ロック哲学の基底」『弘前大学人文社会』20, 1960, p. 47-60.

59) 岩下誠「ジョン・ロックにおける教育可能性に関する一考察—観念連合を中心に」『近代教育フォーラム』13, 2004, p. 250-253.

60) 前掲22), p. 410-411.『百科全書』の項目には、項目名のもとにその項目が属する学問名 (いわゆる「分類符号」) が挙げられている。ルソーが第10巻に書いた「音楽」の項目は、「人間知識の系統図」では「想像力」に分類されるが、分類符号では哲学の中の「数学」に位置づけられる。鷲見は、系統図にない分類符号が創出される例も散見されると指摘している。以下を参照。前掲22), p. 426-430.

61) 前掲8), p. 58-59; 前掲22), p. 412-413.

62）加藤聡「チェンバーズ『サイクロペディア』にみる初期近代の百科事典の構造」
　　『Arts and Media［大阪大学大学院文学研究科文化動態論専攻アート・メディア論
　　研究室］』12, 2023, p. 39-41. チェンバースは、知識が組み合わせによって生み出
　　されるものであるという着想をロック『人間知性論』から得ていた、とも指摘さ
　　れる。以下を参照。同文献, p. 45.

63）前掲8), p. 59-63.

64）前掲8), p. 61-65.

65）前掲22), p. 419-422.

66）前掲8), p. 65-70, 73-75; 前掲22), p. 422-423.

67）前掲19), p. 49-53; 前掲22), p. 105-108, 422-424.

68）前掲22), p. 420-421, 424. 音楽、絵画、彫刻、建築、彫版のまとまりについて、
　　明確に書き分けられた系統図は以下を参照。前掲8), p. 72.; 前掲22), p. 420-421;
　　ARTFL Encyclopédie, *Système Figuré des Connaissances Humaines de l'Encylcopédie*
　　[https://encyclopedie.uchicago.edu/content/système-figuré-des-connaissances-humaines-
　　de-lencylcopédie]. それらのまとまりを識別できない例もある。以下を参照。前掲
　　4), p. 164; 前掲19), p. 50-51.

69）前掲22), p. 430-431.

70）前掲15), p. 19-39.

71）前掲15), p. 39-41.

72）前掲4), p. 173.

73）前掲15), p. 46-48.

74）前掲15), p. 52-53.

75）前掲15), p. 54-57, 61-62.

76）前掲15), p. 64-70.

77）前掲15), p. 70-71.

78）前掲15), p. 72-73.

79）前掲15), p. 102-103.

80）前掲15), p. 75-76.

81）前掲8), p. 86-94.

アメリカ西部の公立図書館における児童サービスとその空間
ロサンゼルスとシアトルを中心にして

中山　愛理

はじめに

　公立図書館における児童サービスは、図書館サービスのひとつの柱として位置付けられてきた。1890年代以降、アメリカの公立図書館では、児童サービスに力を入れる公立図書館が増加し、子どものためのサービスの実施とそのための空間整備が進められていった。公立図書館による子どものための空間整備は、児童図書を置き、場所としての児童コーナーや児童室を設けるだけにとどまらない。子どもを念頭におく年齢制限の撤廃、閲覧室に子ども向けの閲覧テーブルや椅子を設置するといった図書館に子どもを迎え入れるような環境整備やお話の時間の実施、児童図書の収集と提供のような図書館サービスの整備も空間を構成する要素として捉えることができ、それらが組み合わさって、公立図書館における児童サービス空間ができあがってきたのである。

　これまで筆者は「ピッツバーグ・カーネギー図書館における児童サービス空間」[1]や「アメリカ南部における児童サービスとその空間：アトランタ・カーネギー図書館とニューオーリンズ公立図書館を中心にして」[2]、「ウィスコンシン州の公立図書館における児童サービスとその空間」[3]において、1890年代から1930年代に児童サービスが単なる図書館の建物から学校や地域に拡張したサービスとして展開していった状況を明らかにした。そうしたなかで、アメリカの公立図書館において取り組まれた児童サービスが、人種隔離や予算などの様々な制約のもとで、類似しながらも異なりを見せていることを確認した。

本稿では、ピッツバーグ・カーネギー図書館やアトランタ・カーネギー図書館、ニューオーリンズ公立図書館及び、ウィスコンシン州の公立図書館における児童サービスを踏まえつつ、アメリカ西部を代表する大都市のロサンゼルス公立図書館とシアトル公立図書館を対象に児童サービスとその空間の展開との関係を取り上げる。アメリカ西部の公立図書館を取り上げる理由は3点ある。

　1点目に、アメリカ西部では、東部に比べて、公立図書館自体整備が遅かった点がある。そのため、東部地域における児童サービスの実践例や実践を担った人材が、西部において児童サービス空間や児童サービスの充実に影響を少なからず与えることになった。西部の公立図書館を対象とすることで、他地域からの影響を確認でき、アメリカ全体の児童サービス空間形成の傾向を把握する事が可能となる。

　2点目は、アメリカ西部のロサンゼルス公立図書館とシアトル公立図書館では、中央館以外で子どもたちに向けた図書館サービス空間の整備に力を入れていた点である。公立図書館設置直後、図書館内に子どものための空間を整備することが難しかったり、距離がありアクセスしにくかったりといった理由で、子どものための図書館空間の整備が遅れていた。公立図書館は学校や教師、さらには配本所やプレイグラウンドなどを通じて、子どもに間接的に図書を提供することを通じ、図書館サービスと空間の醸成に取り組もうとした特徴がみられた。

　3点目は、成人サービスと児童サービスとの間にあたる年齢の子どもたちに対する「中間コレクション」の整備と提供である。現在では、ヤングアダルトサービスやティーンサービスとしてサービスを確立しているが、その必要性に気づき、成人と子どもの間にある子どもたちのためのサービスと空間を整備していく過程は児童サービスの対象者を細かく捉えていく端緒と考えられる。

　以上のことを踏まえ本稿では、アメリカ西部での児童サービスに焦点をあて、子どもへの図書館サービス空間という視点から捉えようとした。具体的には、1890年代後半から1920年を範囲として、西部を代表するカリフォルニア州ロサンゼルス公立図書館とワシントン州シアトル公立図書館という2つの公立図書館を対象とした。

これらの公立図書館の事例から、図書館内外における児童サービス空間の位置づけ、空間の変化の状況を踏まえつつ、どのような児童サービスが取り組まれていたのかを探る。

1　ロサンゼルス公立図書館の概要

　ロサンゼルス公立図書館の源流は、1872年12月元カリフォルニア州知事ジョン・ダウニーが主導した会合において、ロサンゼルス図書館協会が創設されたことに始まる。翌1873年には、テンプル通とメイン通のダウニー・ブロックに同協会が約750冊の蔵書を揃え、書架、新聞架、閲覧机を備えた2つの部屋からなるロサンゼルス図書館を開館させた。年間5ドルの会費を徴収するいわゆる会員制図書館であった。1878年4月、ロサンゼルス図書館協会は、この図書館をロサンゼルス市に移譲することを決定し、1879年ロサンゼルス市議会は、この図書館を市の機関と位置付け、ロサンゼルス公立図書館とすることを議決し、引き受けることになった。ここに、ロサンゼルス公立図書館としての活動が開始された。しかし、年次報告書が公表されることもなければ、大きな関心が払われることがない状態が10年ほど続いた[4]。

　1889年9月2日に、ロサンゼルス公立図書館がロサンゼルス市庁舎の3階へと移転した。図書館理事会は図書館の拡充と発展を目指し、無料制も意識しながら活動を開始したが約80,000人の人口に対して、約6,000冊あまりの蔵書数では、市民のニーズに合致しない状況にあった。そのため、貸出用の蔵書が少なくとも20,000冊となるまでは館外貸出に4ドルの対価徴収を継続する方針が打ち出され、利用抑制が意図された[5]。この状況下では、子どもに対する直接サービスには積極的ではなかったと考えられる。その一方で、後述するように、1889年5月より教師を対象に、学校における活用を前提とした図書貸出を無料とした。このように教師を通じた子どもたちへの図書館資料の提供の有用性が強く意識され、間接的なサービスが拡大されていくことになった。

1.1　ロサンゼルス公立図書館における組織の整備

　1889年、市庁舎に移転した時点で、ロサンゼルス公立図書館の職員はテッ

サ・L.ケッソ館長以下、ジェシー・A.ガヴィット第一補佐、4名のサービス係の職員6名体制であり、児童サービス担当職員は置かれていなかった[6]。その後、1890年に職員8名体制、1891年に職員14名体制へと人員が増加した。また、人材確保のため、1891年から図書館員養成コースを開始し、学生6名を受入れ、実践的な養成が行われていた。この図書館員養成コースでは、目録やレファレンスなどに時間をかけており、児童文学や児童サービスについて学ぶ時間は少なかった。その結果、1892年に職員20名体制と図書館員数は増員されたものの、未だ児童図書館員の配置には至らなかった。

1.2 子どもに対する部門と職員体制の確立と展開

　ロサンゼルス公立図書館において、児童図書館員が配置されるようになるのは、1897年5月に就任したハリエット・C.ワドリー館長のもとで同年9月に1つの部屋に児童部門と学校部門がある児童室が設けられた後であった。1898年1月に館内の職員に対して試験を実施し、児童部門長にブランチ・パトナム、学校部門長にエリザベス・ファーゴが任命されたことで、児童サービスを専任で担当する児童図書館員の配置が実現した。それ以降、パトナムは1900年まで児童部門長を務めたが、ファーゴは1年ほどで、フローレンス・サンバーグに部門長を交代している。

　1900年に館長を引き継いだニューヨーク州立図書館学校出身のメアリー・L.ジョーンズ館長の下でマリラ・D.ブランチャード児童部門長とマーベル・S.ダン学校部門長によって、子どもに向けた取り組みが実施された。

　だが、1905年に図書館理事会により男性がふさわしいという理由で新たに任命されたチャールズ・F.ルミス館長の就任でこの体制は見直されていくことになる。ルミス館長は、新聞や雑誌の編集者として、またネイティブアメリカンの権利擁護活動などを行ってきた非専門職館長であり、読書による娯楽よりも教育機能を重視すべきという考えに基づき、様々な活動の妥当性や予算効率を重視する人物であった。具体的には、娯楽のための貸出よりも、参考部門の充実を図る必要性を指摘するとともに、館内利用と貸出の区別や貸出総数に学校部門を通じた資料提供が含まれている点があいまいになっているこ

とを指摘[7]し、報告書作成の見直しを求めた。ルミス館長は、自身の考えに基づき、あらゆる図書館活動の見直しを行った。子どもに対する取り組みも例外ではなかった。1891年から公立図書館が教育委員会と連携して実施してきた学校連携事業について、公立図書館と公立学校とはあらゆる合理的な方法で互いに補完しあうべきであるとの考えを示しつつも、教育委員会から図書館に支出される図書購入予算年間約1,500ドルに対して、図書館は2人の職員を雇用し、図書の発注、検収、装備、目録作成のために年間約2,000ドル支出する学校部門の現状に疑問を呈し、学校部門を廃止すべきではないかとの勧告を行った[8]。つまり、学校部門を通じた学校配本事業は図書館には何の利益ももたらさず、失敗であると結論付けたのである。それを受けて、1906年7月には、教育委員会と交渉し、同年9月教育委員会の予算で購入してきた学校配本用の図書16,272冊を教育委員会が新設した市立学校図書館へと移管した[9]。学校予算で購入された図書は、中央館児童部門のほか、分館の児童蔵書にも紛れ込んでおり、紛失して見つからないものも存在した。ルミス館長の下で学校配本事業から解放された学校部門は、教育に関する専門書や報告書、定期刊行物、図画を備えた教育参考図書室として機能させるとともに、文献リストの作成や教師用利用カードの交付を行うことで教師を支援する役割を担っていった[10]。学校部門の縮小方針に伴い、ダン学校部門長は辞職し、シャーロット・ケーシーが部門長代理となり、1906年以降正式な部門長として、児童部門と統合されるまで務めた。1907年にはブランチャード児童部門長からステラ・C.ベックリーへと児童部門長が交代し、1913年まで務めることになった。

　1910年3月に、貸出を重視する図書館理事会側と参考部門を重視するルミス館長は、図書館運営に対する考え方の違いが顕著となった。その結果、ルミス館長は辞任に至った。その後任には、ミズーリ州セントジョセフ公立図書館長を務めていたパード・B.ライトが館長として転任してきた。ライト館長は、学校部門と児童部門は業務に重複が見られるため、統合するべきと指摘[11]した。だが、1911年6月にライト館長はミズーリ州カンザスシティ公立図書館長へと転出してしまった。ライト館長の置き土産となる勧告は、1911年7月1日の児童部門と学校部門との統合として実現に至った[12]。児童部門との統合に伴

って、学校部門に置かれていた教師向けコレクションは貸出部門と参考部門に分割されて提供されていくことになった[13]。

　1911年以降、ニューヨーク州立図書館学校出身で1933年まで館長を務めることになるエベレット・R.ペリーが館長に就任し、図書館全体の運営が安定していく。1914年には児童部門長が、ワシントン州スポーケン公立図書館の児童図書館員であったジャスミン・ブリトンへと交代した。ブリトンは、6年にわたり児童部門長を務めることになる。一方ペリー館長は、学校との連携事業の再構築を模索しつつ、1915年には図書館理事会と協力し、中央館の児童室以外に新たな分館に3名の児童図書館員を配置することになった。さらに、翌年の年次報告書では、館長が学校との連携事業に力を入れるために学校・教師部門の設置を勧告している。それが1919年9月には、児童部門を補う位置づけとして、学校・教師部門の設置に至った[14]。さらに1920年には学校との連携を強化するために、学校訪問などを担う児童サービス部門の新設[15]とともに、ブリントン児童部門長が公立図書館の連携先としての市立学校図書館の担当者に転出することで、連携強化につながった。これによって、児童サービス部門とともに、主に教師向けの資料提供と学校配本を担う学校・教師部門、主に児童室でのサービスを担う児童部門が子どもたちに対する図書館サービスのための組織として整備され、さらなるサービスの拡充につながっていくことになった。

1.3　ロサンゼルス公立図書館における子どものための図書館空間の整備
1.3.1　中央館における児童室という空間

　1889年に市庁舎に移転したロサンゼルス公立図書館では、平日は9時から21時、日曜は13時から18時までの開館時間に児童向けのフィクションは貸出部門を通じて、館内利用もしくは館外貸出の方法で子どもたちに対して提供されていた。一方で、閲覧席の混雑が問題とされていたが、市庁舎という既存の建物において子どものための新たな空間を確保することは難しく、児童コーナーや児童室を設けることには直結しなかった。

　その後、1896年に一般向け書架の飽和状態の緩和を考慮し、成人向けの蔵

書と児童向けの蔵書を分離し、児童図書とその閲覧を提供する空間を設け、後述するように教師が教材を活用できる空間も設けたものの、広い空間とはいえなかった。実質的に子どものためのサービス空間が確保されるのは、開架制導入による館内全体の空間再配置を待たねばならなかった。1897年8月25日から9月7日にかけて一時休館をし、ロサンゼルス公立図書館は開架制へと切り替えるための書架と空間との再配置を行った。この時、手狭になっていた児童室は、26フィート×40フィートの旧参考室へと再配置された[16]。

図1　ロサンゼルス公立図書館中央館（1897年9月）：平面図

［出典］*Annual Report of Board of Directors Los Angeles Public Library and Report of Librarian. December, 1897*, n.p.

新たな空間は、それまで同様に児童部門と学校部門が1つの部屋に統合された空間であった。部屋を入ってすぐの所に新聞架、部屋中央には閲覧机、左手に図書館員の机と閲覧机、右手に子ども向けに貸出すための歴史や文学の定番作品や学校向けの参考図書の複本を置くための書架が配置され[17]、カード目録も整備された。部屋を入った正面は窓になっており、天井からは電灯が吊り下げられており、明るい空間となっていた。このような空間で、教師が図書館の使い方を教えたり、図書の配架や分類を学んだりするために、児童・生徒を連れてくることが可能なくらいの空間の広さも確保された[18]。これによって、学校に間借りしていた児童のための空間が図書館内に確保される契機となり、翌年に児童部門と学校部門が1つの部屋に入った形の子どものための空間が成立することになった。

　だが、ロサンゼルス市の急激な人口増加も影響し、中央館の空間が逼迫した状況の報告が出された[19]。実際に中央館では、子ども向けの貸出用図書と学校向けの図書が同じ部屋に置かれていたこともあって蔵書を置く場所が空間の多くを占め、閲覧スペースが十分確保できず、子どもたちに対して、個別的に対応をとることが困難となっていた[20]。その対策として、ピッツバーグ・カーネギー図書館の児童用印刷カードを活用した目録の整備[21]や1904年6月に教育委員会と協力して、新たに書庫が設けられ、学校向け図書の複本が移送された[22]。それによって、中央館に置かれる図書は約半分の10,000冊程へと減少し、児童サービス空間の確保が図られたが、それだけでは児童室の混雑は解消されなかった。1906年中央館は、市庁舎のホーマー・ラフリン別館に移転し[23]、1908年には、商業街のビル3階へ再移転し、児童部門と学校部門はそれぞれ部屋を割りあてられ2部屋となった[24]。部屋は建物の西側に位置し、空間の広さも十分で、明るく、換気も適切にできる開架書架が並ぶ空間となり、壁にはクレメント・ブラウンのカーボン印画写真25点ほども飾られた[25]。しかし、この時点ではまだ子どもたちのお話の時間のための独立した空間は設けられていなかった。

　その後も1920年には中央館児童室の再整備が行われ設備の充実も図られるなど継続的な整備が進められていった[26]。

図2　ロサンゼルス公立図書館中央館（1908年）：平面図

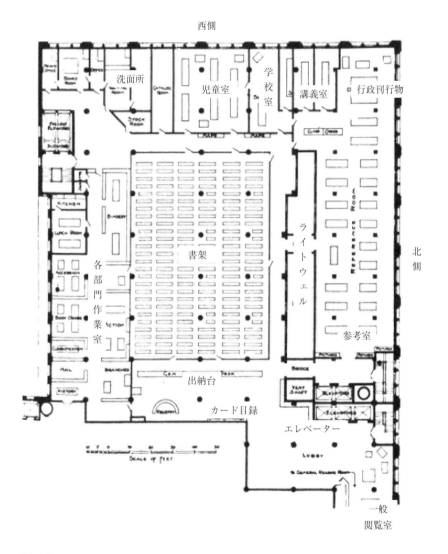

[出典] *Twentieth Annual Report Los Angeles Public Library, For the Year Ending November 30, 1908,* n.p.

そうした中でロサンゼルス公立図書館では、中央館児童室よりも学校配本によって、子どもの生活空間に近い場所での児童サービス空間の整備が模索されていった。

1.3.2　子どものための図書館空間の拡張

1890年代半ばより、中央館以外に成人の図書や雑誌とともに、児童向けの図書を提供する配本所やプレイグラウンドにおける図書提供の試みがすすめられていく。1896年にはロサンゼルスセツルメント協会から協力を得て、移民の多い地区にキャステラー閲覧室兼配本所が開設され、初年度210冊ほどの児童図書を提供し始めたが、1901年には廃止されてしまった。この他にも、1899年に教育委員会と連携したメイシー通の学校校舎を活用した閲覧室開設（1901年に図書館員を配置し分館扱いとした）や、1901年のセントラル・アヴェニュー分館開館など図書館サービスの拠点整備が進められた。その結果1901年11月時点で、2つの分館と4つの配本所が整備され、わずか数十冊から数百冊の蔵書規模ではあったものの子どもに向けた図書提供の拠点となっていった[27]。

1907年には教育委員会との協定に基づき、プレイグラウンドに分館に相当する配本所を設置し、その支援を開始した[28]。183冊の配本図書のほかに、寄贈された800冊ほどの図書を提供した。プレイグラウンドは、主に子どもたちを対象としたことからお話の時間も開催された。

このようにロサンゼルスでは、閲覧室や配本所を設置し、そこに図書館員を配置し分館としていく整備方式が先行しており、アンドリュー・カーネギーの寄付を活用した分館整備はそれから数年以上先のことであった。

1.3.3　分館における子どものための図書館空間の整備

ロサンゼルス公立図書館は、1911年1月にカーネギーからの210,000ドルの寄付を活用し6つの分館を一気に整備する計画を立てた。中央館が間借りを繰り返していたロサンゼルス公立図書館では、図書館専用の建物を建設することは初めてのことであった。その構想の中で、「子どもたちのニーズに合わせた

子どもたちが楽しめる空間の整備とお話の時間の実施」[29] が示された。

　その構想をもとに、1913年3月開館のヴァーモント・スクエア分館を始めとして、順次開館していく分館には児童室が設けられ、中央館以外に子どものための空間整備が実現していくことになった。

1.4　図書館空間における対象者としての子ども

　1889年に図書館の中央館が市庁舎へと移転した時期は、成人閲覧者にスペースも十分に確保できない状態であった。1890年6月には成績の良かった児童生徒に対し、7月から8月に館長から交付された利用カードで1冊図書を無料で借りられる取り組みも実施された[30]。この時点で館外貸出は有料であったが、翌1891年から無料化された。そうした状況下では年齢制限が行われており、12歳以上の子どもの利用登録が可能となった。中央館の出納台では多忙な業務の中で、図書館員が子どもに対して図書の選択についての指導を可能な範囲で行っていたことも報告されている[31]。

　このように図書館には、子どもに図書を貸出し、適切な読書を促すことにつなげていく意識が見られたものの、混雑する図書館空間でそれを実施することはほぼ不可能であることも報告された[32]。また、図書館が教師に対して実施した調査で、図書を容易に入手できる環境にある子どもたちは、読書量が多いことが判明した[33]。教師を通じ、子どもたちに対する図書の提供支援に力を入れていくことで、読書の質を向上させることが期待された。

　その後、市庁舎別館に移転し、児童室に空間の余裕が生まれた1907年時点でも、ロサンゼルス公立図書館は10歳以上の年齢制限を設けていた。この年齢制限について、ルミス館長は16歳でも利用に適さない子どももいれば、8歳でも利用する資格のある子どももいるように年齢の問題は自ずと決まってくると主張し、その考えは制限撤廃へとつながっていくことになった[34]。

1.5　児童図書の貸出による読書空間の提供

　ロサンゼルス公立図書館中央館における児童サービスは、児童室が設けられる前から児童向けフィクションが貸出部門を通じて提供されていたものの、

成人へのサービスに比べると遅れをとっていた。1891年の時点で、児童向けフィクションはわずか1,492冊（全蔵書の約5.9%）のみの所蔵であった。その限られた蔵書ではあったものの、館内利用13,948冊（館内閲覧の約16%を占める）、館外貸出16,117冊（貸出の13%を占める）と活発な利用がみられた[35]。なお、館外貸出に匹敵する館内利用が見られるのは、館外貸出に利用料の徴収を行っていた影響が考えられる。その後、児童室の新設や配本所や分館といった児童向けフィクションを提供する拠点が整備されていくことにともなって、その貸出数自体は増加傾向が続いていく。

中央館に児童室が整備された後の1899年時点で、児童室には約6,500冊の蔵書があり、館外貸出が51,613冊、うち、児童向けフィクションが40,253冊を占めた[36]（表1参照）。子どもたちによる図書の利用増加とともに、利用される図書についてもフィクションのみならず、ノンフィクションも利用される割合が増加傾向であることが報告された[37]。1904年には、中央館児童室の蔵書は20,973冊、貸出数77,377冊まで増加したものの、蔵書を共有していた学校向け図書の移管に伴って、1906年には、中央館児童室の蔵書数14,294冊、貸出数64,697冊へと蔵書数、貸出数ともに一時的な減少に直面した[38]。

それ以降、1908年の移転に伴って、空間に余裕ができたことで、中央館の児童室の蔵書は2万冊前後まで増加し、利用も10万冊程度まで増加していった。利用が増加することで、図書の摩耗が目立ち、再製本する必要が生じた。1910年には新たな児童図書の購入、ボロボロの状態の図書の再製本のための予算不足が貸出数の減少に結びついたことを指摘している[39]。このように、たびたび図書不足が指摘され、貸出数にも一定の影響を与えることになった。

だが、児童図書、特にフィクションの貸出は配本所や分館が整備されていくことで、1921年のロサンゼルス公立図書館全体で1891年からの30年で約29倍となる465,778冊へと増加している[40]（表2参照）。

1.6 お話の空間を通じた空間醸成

ロサンゼルス公立図書館では、1897年に児童室が設けられていたものの、お話の時間には取り組んではいなかった。それは、1908年に図書館が移転し

表1　ロサンゼルス公立図書館中央館児童室蔵書数と貸出冊数：1899-1921年

	1899	1900	1901	1902	1903	1904	1905	1906	1907	1908	1909
蔵書数(冊)	約6,500	7,311	9,766	15,919	18,488	20,973	N.R.	14,294	13,524	16,006	17,559
貸出冊数(冊)	51,613	51,420	63,988	77,427	N.R.	77,377	79,198	64,697	62,683	84,364	89,756

1910	1911	1912	1913	1914	1915	1916	1917	1918	1919	1920	1921
19,451	24,178	17,811	19,106	17,029	17,223	17,534	17,777	N.R.	N.R.	17,198	17,191
79,723	79,509	77,197	85,127	98,266	N.R.	N.R.	N.R.	N.R.	N.R.	102,184	113,624

*1899年から1908年までは12月～11月末が年度
　1909年から1921年まで　7月～6月末が年度
*N.R.は報告なし
出典：LPLの各年報による

表2　ロサンゼルス公立図書館における児童フィクション貸出総数（冊）：1891-1921年

	1891	1892	1893	1894	1895	1896	1897	1898	1899	1900	1901
貸出冊数(冊)	16,117	33,710	32,851	37,702	52,540	54,058	59,465	67,676	40,253	49,401	68,770

1902	1903	1904	1905	1906	1907	1908	1909	1910	1911	1912
75,045	91,853	107,762	N.R.	95,577	N.R.	N.R.	N.R.	100,456	95,519	142,497

1913	1914	1915	1916	1917	1918	1919	1920	1921
167,666	215,816	220,550	242,133	264,267	317,295	321,070	375,478	465,778

*中央館児童室と分館などフィクション貸出を合計した値
*1891年から1908年までは12月～11月末が年度
1909年から1921年まで　7月～6月末が年度
出典：LPLの各年報による

た後も、「子どもたちにお話を聞かせる部屋はなく、可能な限り大きな麻布で覆われた掲示板で代用している」[41]として、お話の時間のための空間確保ができていなかったためであった。1911年度に児童部門の役割が見直され、学校配本の管理業務が分館へと移されたことで空間に余裕が生じた。それをうけて1912年5月から6月にかけての毎週土曜日に、ステファニー・シュッツェを招いてお話の時間が実施され、多くの子どもたちが参加したもののその評価は時

期尚早であったと報告されている[42]。このお話の時間と同時に、すぐれた文学に触れ、体系的な読書を促すために、同時に読書リストが提供されていたことから、子どもたちの読書嗜好をコントロールし、図書館員の考える良書へ導こうとする意図が感じられる取り組みであった。この取り組みは一定の成果を上げたようで、その後お話の時間は継続的に実施されていく。

　1912年12月にはエリザベス・リデルが2回のお話の時間を実施し、翌1913年1月に児童図書館員に任命されたリデルが2月以降毎週土曜日に行われる定期的なお話の時間を主に担った[43]。こうして、お話の時間が児童サービスのひとつとして明確に位置付けられるに至った。それと並行して、高校教師やオズボーン協会などから招いた人物による標本やカリフォルニアの鳥類などに関する特別講演がお話の時間に行われた。さらに1913年から1914年の冬季にかけては、中央館の児童室のみならず、分館においても、子ども向けのお話の時間が毎週実施されるようになった[44]。このお話の時間は、中央館の児童図書館員を中心に取り組んだものの、分館の図書館員には児童サービスに注力する余裕がなかったため[45]、女性向けの私立高等学校に相当するカムノック弁論・表現学校の生徒及び南カリフォルニア大学の学生ボランティアの協力を得て実現したものであった。その翌年以降（表3参照）も、1914年は378回のお話の時間に17,333人の子どもたちが参加[46]し、1915年は327回のお話の時間に、13,904人の子どもたちの参加[47]が見られたように好評であった。1916年にも冬季に毎週お話会が実施され、師範学校の学生も新たにボランティアに加わった[48]。この年、分館に寄贈された映写機を活用して「王子と乞食」をお話の時間に上映する新たな試みも見られた。その後は、第1次世界大戦やスペイン風邪の影響で学生ボランティアの減少や図書館休館の影響を受けて、お話の時間の活動は縮小してしまうことになった[49]。そうした状況下ではあったが1920年度に中央館児童室において、年間23回のお話の時間が実施され、906人の子どもたちが参加したと報告[50]されていることから、児童図書館員を中心に細々とお話の時間は継続されていたことが確認できる。

**表3　ロサンゼルス公立図書館におけるお話の時間実施回数及び参加者数（人）：
1914-1920年**

	1914	1915	1916	1917	1918	1919	1920
実施回数	378	327	661	533	N.R.	561	23
延べ参加者（人）	17,333	13,904	26,229	19,457	N.R.	22,246	906

*N.R.は報告なし
出典：LPLの各年報による

1.7　学校との連携による子どものための図書館空間の創出

1.7.1　学校との連携の開始

　ロサンゼルス公立図書館と学校との連携は、1899年5月に図書館理事会が
ロサンゼルスの教師を無料利用者として登録し、年間4ドルの利用料を免除す
ることを決定したことに端を発している。その後、さらなる連携強化を図る
ため、同年12月ケッソ館長と教育長による検討の場を設けることが決定され、
協議が開始された。その結果、1891年5月図書館理事会が教育委員会に対して、
各学校に置かれた蔵書を公立図書館の蔵書に加えて、学校蔵書として運用する
ことを前提とした以下の6項目からなる提案を行った[51]。

　（1）学校で参考文献として利用でき、そのために学校に保管されるべき図
　　　書を除いた後、主に貸出に適した約4,000冊が残るだろう。これらを
　　　公立図書館に加えれば、教師と児童・生徒が自由に利用できる図書は
　　　約24,000冊になる。

　（2）図書は識別できるように印を付けて図書館へ引き渡されるべきであ
　　　り、図書館はそれに加えてラベルや印を付ける権限をもつべきであ
　　　る。そうすれば、いつでも簡単に区別し、扱えるような状態になる。

　（3）図書館は、通常の損耗を除き、図書に対しての責任をもつ。

　（4）各教師は、自分の学校で使用するために、毎月12冊を超えない範囲
　　　で図書を請求することができる。この請求は公立学校の担当者を通じ
　　　て行われ、図書の受領と返却を担う。図書の管理責任は教師が負う。

　（5）図書の利用を希望する児童・生徒は、公立図書館の正規の利用登録者

となり、利用カードを受け取る。そして、教師がその児童・生徒に図書を提供するときは、その利用カードを受け取り、保管する。

(6) 教師が「児童図書」以外の図書を借出した場合、その図書は一般貸出のために必要であれば、7日後に館長より返却を求める。

　同年6月教育委員会はこの提案を受け入れ、各学校にあった1,021冊を公立図書館へ引き渡したが、使用に適さない図書は廃棄されることになった。なお、高等学校に置かれていた1,000冊ほどの蔵書は除かれており、すべての図書が公立図書館に移管されたわけではなかった。学校に配本される図書の購入予算は教育委員会から図書館へ支出されることになっていた。図書館は教育委員会の図書予算を活用し新たに504冊を購入し、図書館の児童図書と合わせたひとつのコレクションとして、学校に向けた配本事業を試行し始めた[52]。同年10月には、図書館理事会が試行の状況を踏まえて運用の見直しを勧告し、1892年1月から以下のような新たな運用が開始された[53]。

(1) 各教師は一度に20冊を超えない範囲で図書を借りることができる。図書は4週間、手元に置くことができる。

(2) 市内の学校を4つの地区に分け、毎週水曜日に1地区ごとに図書を交換する。

(3) 教師は、図書館で同時に図書を借出さないように、学校で図書を借りている児童・生徒の名前を図書館長へ報告する必要がある。

(4) この規則に基づいて貸出中に破損または紛失した図書は、教育委員会が取り替えるものとする。

(5) 図書館理事会は、各学校に蔵書リストを、各教師に児童図書リストを提供し、図書館の全資料を各学校で自由に利用できるようにする。

　公立図書館は、市庁舎内に入居する限られた空間の図書館で、新たに子どものための空間を確保することが困難な状況におかれていた。この連携によって、学校という空間を間借りし、教師という図書館員の代理人を通じて、ロサンゼルス全体の子どもに向けた図書提供を実施することができるようになったのである。

　その後、教師は記入した請求票の提出のほか、来館し書架から直接図書を選

択することも可能になった。だが、学校に提供する図書不足が顕著となり、たまたま書架にあった図書からしか教師は選べないといった状況が生じ、学校での図書利用に深刻な影響を及ぼす可能性が指摘され[54]、さらには1893年には教育委員会から図書館に新規購入の予算が支出されていないことが指摘された。そのため、教育委員会は学校用図書予算を基金として積立て、図書館が選択した図書リストを承認したうえで、館長に購入権限を与え図書購入を行う流れを確立させた[55]。

学校との連携による図書の提供は、「この計画の成功は疑う余地がない」[56]と非常に好評でその数は毎年増加していった。利用が活発になったことで、新たな課題も生じた。それは学校向けに提供されるコレクションは、来館し利用されるコレクションでもあったため、学校での利用が増えれば、図書館内に残される蔵書は少なくなり、来館者の利用できる図書が少なくなってしまうというものであった。それに対して、各教師が一度に請求できる図書を15冊と制限をしたものの、図書不足という根本的な要因が解決されない状況下においては応急的な対応に過ぎなかった[57]。

1896年には教師に引率された児童・生徒が調べ学習を行う際に使用できる空間として、図書館の参考室に隣接した一室が割り当てられ[58]、その活用が進められた。

1899年には、1891年以降の8年を振り返り、公立図書館と学校との連携事業は図書不足が指摘されながらも一定程度の成果を上げてきたことが報告された[59]。さらに高等学校を配本所として位置付けた高等学校図書館において、公立図書館予算で購入した図書提供を実施し大成功を収めたことが評価された。その成功には1902年、受け入れ側の高等学校図書館に専任学校図書館員が配置されるなど連携強化も影響している[60]。

1.7.2 学校との連携の停滞と再出発

だが、前述のように1905年ルミス館長が就任すると学校図書館への配本事業は失敗であると指摘され、教師に対する図書、パンフレット、図画などの参考資料の提供と学校に読書材を提供する配本所の設置と運営に特化することに

なった[61]。この変化は、1911年7月の学校部門廃止という結果をもたらし、一時的に公立図書館と学校との連携事業の縮小へとつながっていくことになった[62]。

その後、ペリー館長のもとで、児童部門により教師向けの図書リストの作成と提供が継続されていった[63]。1914年からは、分館の図書館員が学校訪問し、子どもたちに対して、図書館利用指導を直接行う取り組みが本格的に開始された。翌1915年からは、学校に対する配本事業が再び実施されるようになった。

図書館員による学校訪問と学校に対する配本事業は、ロサンゼルス公立図書館と学校との連携事業の2本柱となっていく。こうした取り組みを通じてペリー館長は、「完全な成功は、公立学校との緊密な協力によってのみ達成できるものであり、この2つの部門［図書館と公立学校］が、納税者の負担を最小限に抑えながら、市内のすべての子どもたちに最良の読書を提供するために何らかの計画を立てて、近いうちに一致団結することが望まれる」[64]とさらなる子どもに向けた取り組みを模索していった。

1919年9月には、図書館と学校との連携事業を担当する部門として、学校・教師部門の再設置が実現した[65]。学校・教師部門には、教師向けの教育学に関する資料及び、学校配本用を通じて提供される子どもたちの余暇のための読書用図書が備えられた。新たに、学校・教師部門より109校が子どもたちの読書用の配本を受けるとともに、それまで分館が周辺の学校に行っていた学校配本事業については、31校でそのまま継続された[66]。なお、1906年に当時の学校部門から分離した市立学校図書館との役割分担も意識されていた。具体的には市立学校図書館は学校の授業に関わる副読本や資料が主なコレクションであるのに対して、学校・教師部門は読書のための図書コレクションを提供するものと棲み分けがなされていた[67]。翌1920年には、学校訪問などの業務のみを担う児童サービス部門を新設することでより連携の強化を図っていこうとしたのである[68]。

1.7.3 学校における図画の活用

ロサンゼルス公立図書館による学校に対する図画の提供は学校との連携が

開始された1891年に開始された。具体的には、教師に向けたサービスとして、『ハーパーズ・ウィークリー』、『イラストレイテッド・ロンドン・ニュース』、『フィガロ』などの定期刊行物から得られた色付きもしくは白黒の図画を台紙に固定し、図書と同様に提供した[69]。教師たちは、この図画コレクションを大いに活用し、好評となったことで、翌年には、各教師に3枚の図画コレクションが提供され始めた[70]。1898年には、政治家、作家、画家、建物などに関する図画を台紙に固定し、国別に整理したコレクションとして提供するに至った[71]。なお、教師に提供されるコレクションとしての図画が額装され児童室の壁に飾られたり、出来事を紹介するために中央館の児童室内で使われたりするといった副次的な活用もみられた[72]。

　1907年には学校部門の図画は、2,000枚ほどのコレクションへと成長し、探しやすくするためのカード目録が整備された[73]ことで、翌年には教師による図画の利用がさらに増加したことが報告された[74]。その後も、図画コレクションの充実が図られ、1909年には2,352枚の図画コレクションとなり、さらに2,253点のステレオ写真も提供された[75]。しかし、教師向けの図書コレクションが児童部門から貸出部門へと移管された後は、活用の報告がされなくなってしまった。

1.8　子どものための図書館空間への関心を喚起する取り組み

1.8.1　児童室における展示

　公立図書館における展示事業は、お話の時間と同様に1912年まで取り組みが見られなかった。1912年12月、書店から提供された図書を使ってクリスマスに関する図書の展示が行われた。さらに、図書以外の展示も実施された。外部から借り受けて、南米の蝶の標本コレクションやカリフォルニアの野生の花の標本の展示も実施された[76]。翌年以降も、この蝶の標本と野生の花の標本の展示は毎年のように継続され、恒例行事となっていった。この他、1913年に地元の写真家の撮影した子どもの肖像写真展[77]、1918年にオズボーン協会の鳥の展示、フランスのポスター展示が行われている[78]。1919年以降も、全米児童図書週間にあわせた図書展示などが年数回実施されたものの、児童室への

関心を喚起させるための特別な取り組みであり、常時実施される日常業務としての位置づけにはならなかった。

1.8.2　子どもの読書に関わる人に対する講演

　ロサンゼルス公立図書館では、1900年頃より、ブランチ・パトナム児童部門長が、市内のいくつかの母親クラブにおいて、子どもの読書に関する講演を行った[79]。翌年以降も、子どもの読書に関する講演は児童研究サークルや保護者を対象に継続的に実施されていく。だが、1906年から1910年までのルミス館長の時代には、実施報告がなくなり中断されたと考えられる。再び、1911年以降、保護者に対する子どもの読書、児童図書、児童文学、家庭での読み聞かせに関する講演が毎年継続されていった[80]。このように子どもに関わる人びとに対して、子どもと図書に関する講演を実施することを通じて、子どもを取り巻く周囲からの読書を促す働きかけにつながることを期待したのである。

2　シアトル公立図書館の概要

　シアトルは、1851年にデニー・パーティーという開拓者集団によって定住が始まった。その17年後の1868年7月30日に住民50人が集まり、図書館協会を結成したところからシアトルにおける図書館活動が開始される。その後、20年ほど維持されたものの目立った活動は行われなかった。1888年にシアトル公立図書館設立の強力な支援者として女性図書館協会が結成された。彼女らは、資金集めと土地の確保に奔走したものの、1889年のシアトル大火によって一時的に図書館設立運動の中断を余儀なくされてしまう。それでも彼女たちは市への働きかけを継続し、1890年10月の市憲章によって、市の一部門とする図書館の設立が正式に決定することになった[81]。そして、シアトル公立図書館の運営を担う5人の図書館委員会委員のうち2人に図書館設立運動を担った女性が選ばれた。

　図書館委員会は、図書館開設の準備を進め、シアトルの中心街に位置するオクシデンタル街区（現在のパイオニアスクエア地区）に位置するビルの上階に部屋を確保した。その結果、1891年4月8日に、約180種類の定期刊行物を備

えた閲覧室としての図書館を開設するに至った。だが、図書貸出は東海岸の
ボストンから購入した6,541冊が届くまで延期された。これらの図書館の図書
費や運営費は市に納入される罰金や免許交付料などの一部があてられることに
なっていた。だが、市の財政悪化なども重なり、図書館予算が非常に厳しい状
態となっていく。少しでも運営費を節減するために、1894年には、図書館は
向かい側のコリンズ街区のビル5階に移転し、1896年にはリアルトビルの2階
(現在のシアトル公立図書館中央館から2ブロック離れた場所)に再移転を繰り
返すことになった。

2.1　シアトル公立図書館における組織の整備

　1891年、シアトル公立図書館が閲覧室を開設した時点で、シアトルに図書
館専門職は存在しなかった。インディアナ州での教師生活に限界を感じ、西
部シアトルへと転居し、ちょうど仕事を探していたアダムス・J.スノークが非
専門職の初代館長となった。初期の図書館長は、1893年にジョン・D.アトキ
ンソンが館長となり、次いで1895年にチャールズ・W.スミスが館長となり、
図書館の移転同様に頻繁な館長交代が続いた。スミスは、1907年まで館長と
して児童サービス部門や児童図書館員の配置を含めた組織整備を図っていく。
1897年には館長による年次報告書に児童部門に関する記載が見られるように
なった。その後、1899年には児童室が設けられ、児童図書館員の必要性が指
摘されるようになった。だが、後述するように1901年の図書館火災によって
組織整備に時間を要することになった。シアトル公立図書館の児童部門では、
1人の図書館員が児童室を管理し、必要に応じて他の図書館員が応援する体制
がしばらく続いた[82]。

2.2　子どもに対する職員体制の確立と展開

　シアトル公立図書館において、子どもを専属的に担当する役職が置かれたの
は1903年であった。この時、最初の児童部門長としてジョセフィン・G.テー
バーが任命された。同時に、児童部門にはテーバー児童部門長のほかに、2、3
名の図書館員が配置された。テーバー部門長の後、1906年から1908年にはア

リス・A.ブランチャードが児童部門長を務めた。なお、テーバーは、分館と学校部門へと異動し、児童部門との連携強化を図ることが期待されていた。

　その後の1908年9月、ピッツバーグ・カーネギー図書館においてフランセス・オルコットのもとで、児童図書館員を務めていたガートルード・E.アンドラスが着任した[83]。アンドラスは、ピッツバーグでの児童サービスの実践をシアトルに導入し、子どものための図書館空間形成に大きく寄与することで、1946年まで児童部門長を務めることになる人物であった。さらにアンドラスを支える児童部門にはエリザベス・ロビンソンをはじめとする6名の図書館員が配置され、組織体制の整備につながった。1911年には、ユニバーシティ分館、ウェスト・シアトル分館、バラード分館に、専門的な知識を学んだ児童図書館員の配置が行われることで[84]、分館においても児童サービスの組織体制の整備がすすめられた。

　また、1912年には学校との連携を強化するため、学校部門を担当するマーガレット・ラスロップとシャーロット・S.ベストが配置された[85]。なお、ラスロップは、ピッツバーグ・カーネギー図書館児童図書館員養成学校で学び、ウィスコンシン州マディソン公立図書館の児童部門長を務めた経験をもつ人物であった。

　この間、館長もスミスから、1907年から1942年まで館長を務めたジャドソン・T.ジェニングスへと交代し、館内のみならず、ピッツバーグ・カーネギー図書館児童図書館員養成学校で学んだ者や図書館での経験者も含めて採用することで、児童部門を継続的に支える人材の拡充と配置が継続的にされていくことになった。

2.3　シアトル公立図書館における子どものための図書館空間の整備

2.3.1　中央館における児童室という空間

　シアトル公立図書館は、閲覧室の開設時から少ないながらも子どものための図書を提供していた。だが、1893年の利用規則で利用対象者が12歳以上とされていること[86]からも、一定の年齢に達した子どもを対象とする空間であった。1895年末の時点で児童向け蔵書は1,093冊で、同年受入れられた55冊の子

ども向け図書のうちフィクションが37冊を占めた。この傾向は翌年以降も変わらず、1896年受入れの188冊中165冊、1897年受入れの293冊中176冊がフィクションであった。1896年にシアトル公立図書館で開架制が導入されると「現在の空間では、若い読者のために限られたスペースを手すりで囲むことはできるが、そうした配置は彼らのために望ましいすべての対応ではない。理想は、成人閲覧室からの独立した、児童用の豊富な資料が揃った、ゆったりとした空間が必要である」[87]として成人と子どもとの分離が意識され始めた。

　その分離は、1899年に、シアトル市長を務め、1892年に亡くなったヘンリー・イェスラーの邸宅を図書館へと転用し、新たなシアトル公立図書館としたことで実現した。この図書館の正面入口近くに独立した児童室が設けられたのである。しかし、この子どものための空間は長くは続かなかった。1901年1月に、旧イェスラー邸を転用した図書館は火災となり、木造であったため25,000冊蔵書の大半が焼失することになってしまったからである。この時、貸出中の5,000冊の他、奇跡的に児童室の蔵書約2,000冊は焼失を免れた。蔵書は、焼け残った旧イェスラー邸の納屋へとひとまず運ばれた。その後、ワシントン準州大学が移転し、使われなくなっていた古い建物を仮の図書館とすることになった[88]。1901年から1906年まで図書館として使われたこの古い建物は、空間としてふさわしくないという評価もされたが、カード目録と閲覧席、壁面書架を備えた児童室[89]を設けることができた。

　そうした状況下で、火災直後に支援を表明したアンドリュー・カーネギーからの寄付を得て、新たな中央館建設が開始され、1906年12月19日開館した。完成した図書館は地上3階と半地下から構成されていた。児童室は半地下に、教師室、製本室、書庫、分館への配本室、特許資料室、新聞室、談話室とともに置かれており、成人閲覧室や参考室と完全分離されていた。

　新たな児童室は、半地下構造であったが、天井に近い部分に窓が設けられたほか、天井から吊り下げられた照明もあり、明るさが確保されていた。また、壁面には書架が置かれ、その上部には絵が飾られていた。部屋の中央部には椅子と長方形の閲覧机が置かれ、椅子が足らない子どもは立って図書を読んでいた。

この時点で、児童室の対象となる子どもは14歳未満とされ、利用登録するために、保護者と教師からの承諾書の提出が求められていた。

　なお、カーネギーの中央館の建物は市の公債で新館が建設される1960年まで長く活用され、子どものための図書館空間として、安定的なサービスに取り組む拠点となった。

図3　シアトル公立図書館中央館（1906年12月）：平面図

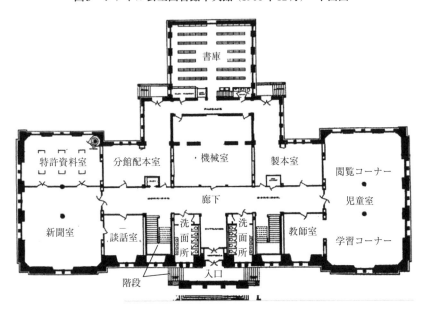

［出典］*Sixteenth Annual report of the Seattle Public Library 1906,* n.p.

2.3.2　分館における子どものための図書館空間の整備

　シアトル公立図書館では、1903年から1921年にかけて、児童室を伴う分館の整備を行い、子どものための図書館空間を拡張していった。

　当初、分館整備は既存の建物や部屋を借りる方式で、1903年にフリーモント分館、1905年にグリーン・レイク分館、サウス分館、1908年にユニバーシティ分館、1909年にコロンビア分館を開設し、午後の数時間を標準的な開館

時間[90]と定めサービスを実施した。子どもたちにもよく利用され、貸出数が100冊を超える日が何度もあったという[91]。なお、1906年6月サウス分館は新たな中央図書館の至近に立地していたため、新館の開館に伴って閉鎖された。サウス分館を利用していた子どもたちは、中央館の児童室や後述する配本所へと流れた。その状況は「サウス・ストリートとメイン・ストリートの近隣の学校からの図書の貸出数が異常に多く」なったと年次報告書でも特記された[92]。1907年には、合併したバラード市の図書館がバラード分館としてシアトル公立図書館に組み込まれた。

　1908年には、カーネギーからの資金を得て、分館建設が開始された。1910年には、グリーン・レイク分館、ユニバーシティ分館、ウェスト・シアトル分館が開館した。これらの分館はいわゆるカーネギー図書館として、建物を入っ

図4　ウェストシアトル分館（1910年）：平面図

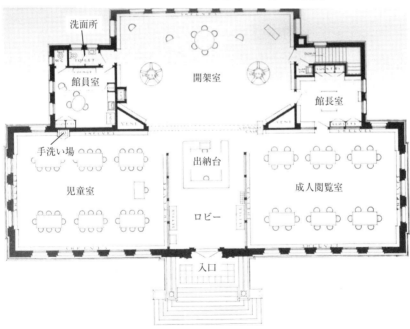

［出典］*Twentieth Annual report of the Seattle Public Library 1910*, p. 27.

て正面に貸出カウンター、その奥に書架を配置し、左右に対になる配置で児童室と成人閲覧室が設けられることで、子どものための図書館空間が拡張していった。児童室は、大きな窓が設けられ、天井には間接照明がつけられ、オーク製の長方形の閲覧机と椅子が置かれることで、子どもたちが落ち着いて読書をする空間が演出されていた。また、児童室内に手洗い場を設け、子どもの手が汚れていれば、洗うよう指導することができるようになっていた。

　1911年のカーネギーから得た追加資金を元手に、こうした児童のための空間をもつ分館が、1914年のクィーン・アン分館、1915年のコロンビア分館として相次いで実現していく。しかし、1921年以降は1954年まで分館新設は行われず、自動車図書館などの別の方法で空間醸成が試みられることになった。

2.3.3　配本所という子どものための図書館空間の拡張

　分館整備が進められるとともに、図書館の可能性を最大限に引き出すためには、図書館が人々の所へ出向いていく必要があると指摘されるようになった[93]。1906年には、その手段として図書館からさほど離れていない地域の店舗や薬局などに配本所を設置する時期に来ているとされた。翌1907年には、19の消防署のほか、電力会社、工場、病院、日曜学校、高等学校、ユダヤセツルメントハウスなどに10冊から20冊程度のコレクションが箱に入れられ提供され始めた[94]ものの、当初、子どもはその主たる対象と考えられていなかった。だが、サウス分館閉鎖に伴って、ユダヤセツルメントハウス配本所を活用する子どもが目立つことになった[95]。

　1911年には、資料費を確保し、500冊から800冊を備えた大規模な配本所を3か所の薬局に順次開設する試みを開始した。配本所では、子どもたちが月あたり200冊から500冊程の図書を借り出したことで、一定の成功を収めた[96]。こうした配本所は分館の新設や利用状況に応じて、開設と廃止が繰り返され、子どもたちが図書館という空間へアクセスする手段として維持されていった。

2.3.4　プレイグラウンドという子どものための図書館空間の拡張

　1908年に着任して間もなくアンドラス児童部門長は、ピッツバーグ・カー

ネギー図書館での実践を参考に、図書館への呼び水とすることも念頭に置き、夏期休暇中の子どもたちに対して、プレイグラウンドにおける子どものための図書館空間づくりに着手した。1909年の夏期には、公園委員会の協力を得て、シアトルで初めて監督者が常駐していたコリンズ・プレイグラウンドにおける図書の提供を開始した[97]。公園の建物の一室を借り受け、図書を並べて提供し、2冊の図書を手にした子どもは翌日返却することになっていた。また、子どもたちが手にした図書が遊びの妨げにならないように、帰宅時まで預けられる「チェックシステム」という仕組みを導入し、1,734冊の貸出に結びつき、成功した取り組みとして評価された。

　1910年には、コリンズに加えて2か所のプレイグラウンドが加わり、6月中旬から9月初頭の週2日、3か所での取り組みとなった。そして、魅力的な遊具が揃っているプレイグラウンドで、図書館への関心を喚起させるべく、屋外でのお話の時間も実施され、4,291冊の貸出につながった[98]。1911年は、さらに2か所を追加し、5か所のプレイグラウンドで取り組みを行い、お話の時間も継続されたが、5,595冊の貸出に留まり、期待したほど成功しなかったと評価された[99]。1912年にも6か所へと増やして夏期のプレイグラウンドでの取り組みが実施されたものの、4,035冊へと貸出が減少する結果となった[100]。1913年以降もプレイグラウンドでの取り組みは、継続されていくが、1920年に1,592冊にまで貸出が減少した[101]ように、その役割は低下していった。

2.4　児童図書の貸出による読書空間の提供

　シアトル公立図書館に児童部門が設けられた1897年には21,215冊の図書が貸出され、うち17,615冊がフィクションであった[102]。翌1898年は、21,628冊の貸出のうち、フィクション18,258冊を占めた[103]。1899年、移転した旧イェスラー邸の図書館に児童室が設けられた年は、30,042冊へと貸出が増加し、そのうち、26,108冊がフィクションであった[104]。

　火災の影響で移転した後の1903年に中央館の貸出45,388冊のうち、34,922冊がフィクションであり、カーネギー図書館として整備された中央館に再移転した1907年の貸出74,642冊のうち、51,616冊がフィクションで占められてい

た。この数値から、貸出は右肩上がりの傾向が継続していく状況下でフィクションが好まれる傾向は、子どものための図書館空間の変化や整備に左右されない点であったといえる。

　フィクションが好まれることを踏まえて、図書館員は優れた価値のある図書を複本として揃え提供することで、子どもたちの読書習慣とともに、読書嗜好の形成を図ることを意識していた。そのため子どもたちを守ることが図書館員の義務であるとし、購入する児童図書に対して、検閲することを正当化したのである[105]。

　貸出数の変化は、優れているとされる図書の複本の提供のみならず、図書館の多様な取り組みや図書館空間の影響を受けていた。1908年6月には中央館の児童室においても、毎日21時までの夜間開館が開始された。6月から12月までの半年間で夜間の中央館児童室への入室者数は、7,203人となり、夜間の貸出は5,943冊に上った[106]。こうした取り組みによって、1,596人の子どもが新規利用登録を行い、年間貸出76,156冊へと増加につながった。1909年にも貸出数が大きく伸びた。その要因のひとつとして報告されているのがお話の時間であった。後述するように、シアトル公立図書館において、お話の時間は読書を促すために、子どもと図書を結び付ける手段として考えられていた。お話の時間を通じて、子どもたちに図書を紹介することで、中央館の貸出は90,732冊、図書館全体での児童図書の貸出が211,743冊へと貸出増加につながったのである。

　1910年には、図書館全体での児童図書貸出数は245,241冊へと増加している一方で、中央館児童室の貸出は87,114冊へと減少となった。この数値は、分館の整備が進められることによって、子どもたちはより身近な分館という図書館空間を選択するようになったことを示している。

　そうしたなかで、1912年にアンドラス児童部門長は、児童室が対象とする年齢の子どもが成長し、成人閲覧室に移行する14歳となっても児童室を利用し続けている状況に気づき、以下のように指摘した[107]。

　　　成人向け蔵書の豊富さに戸惑う子どもが多いようであるし、成人閲覧室
　　　の図書館員が忙しそうにしていれば、子どもたちは助言を求めようとは

しない。その結果、成人向けの図書を読むべき、何百人もの子どもたち
が児童室にやって来て、ヒューゴーやサッカレーを読むべきときに、バ
ーバーやリチャーズを読み続けている。必要なのは、このような子ども
たちの興味に合うような特別に選択されたコレクションであり、定番の
フィクションのみならず、歴史や伝記から構成されたものである。

　このようなコレクションは、成人向け図書と一緒に配架することが一般
的であるものの、この状況を考慮すれば、児童室に置くことが望ましい
と考えられる。

　そして、翌1913年には、児童室に子どもと成人の中間層である14歳以上の
子どもたち（現在のヤングアダルト）を対象としたコレクションを配架する
ようになった[108]。そうした児童サービス空間の充実は、減少傾向にあった中
央館児童室の貸出冊数が1913年に85,840冊、1914年に90,489冊、1915年に
94,401冊へと増加傾向に転じる一因ともなった。

表4　シアトル公立図書館中央館児童室貸出冊数：1897-1920年

	1897	1898	1899	1903	1904	1905	1906	1907	1908	1909	1910
貸出冊数(冊)	21,215	21,628	30,042	45,388	49,474	40,426	40,490	74,642	76,159	90,732	87,114

	1911	1912	1913	1914	1915	1916	1917	1918	1919	1920
	82,102	82,653	85,840	90,489	94,401	96,855	99,865	88,969	108,300	120,839

*1900年から1902年は報告なし
*1907年以降は雑誌を含む
出典：SPLの各年報による

2.5　お話の時間を通じた図書館空間の醸成

　シアトル公立図書館でお話の時間が実施されるのは、カーネギーの寄付によ
る中央館に成人部門と切り離された子どものための児童空間である児童室が設
けられた翌年からであった。

　1907年10月から1908年5月までの間、毎週水曜日15時30分から計34回の
お話の時間が実施され1,937人の子どもたちが参加した[109]。1908年にも28回

のお話の時間が実施され、2,137人の子どもたちの参加があった。お話の空間は学校の教室へと拡張し、20回のお話の時間が実施され、1,105人の子どもたちが参加した。なお、この年の春には、図書館に教員を招き、子どもたちにお話を聞かせる目的や方法について話し合う場を2度設け、活発な議論が行われており、学校との連携の一形態としても捉えることができよう。

　1909年には、図書館や学校のみならず、お話の空間を公園やプレイグラウンドへとさらに拡張し、延べ7,661人がお話を聞く機会を得た。お話の時間の目的は、学校やプレイグラウンドでは図書館に関心を呼び起こすことであり、図書館では図書の利用と直接結びつくことが意図された。その目的に応じて、取り上げるお話や図書の挿絵をスクリーンに投影させるなどの工夫もされた。例えば、1909年11月にはお話の時間に年長の子どもたち向けに『アーサー王物語』が繰り返し取り上げると、11月から12月の『アーサー王物語』の貸出が延べ408冊となったことが報告されている。

　1910年以降も、お話の時間は継続され、参加する子どもは増加傾向が続いていく。1910年には、中央館4,355人、学校、公園、プレイグラウンド4,503人のお話の時間参加者に加えて、新たに開館したウェスト・シアトル分館でもお話の時間を開始し5,181人の子どもたちが参加したことも影響し、14,039人と増加した。

　1911年には、21,704人の参加があったが、子どものみならず、成人の参加もあったことが報告されている。そうしたなかで子どもたち向けには、フリーモント分館及び、コロンビア分館における毎月1回土曜日に絵本を活用したお話の時間の実施や、児童室における年少の子どもたちに向けた、動物の物語、神話、伝説、聖書の物語、年長の子どもたちに向けた『ジークフリート』や『シャルルマーニュの物語』の語りがあった。

　1914年には、お話の時間にお話の語りのみならず、ユニバーシティ分館において映画を上映する試みも取り入れられた。子どもたちが新しいものに興味を抱いた効果もあって、中央館と分館で20,413人、学校やプレイグラウンド等で9,824人の延べ30,237人の子どもたちがお話の時間に参加した。そうした成果は「子どもたちに図書や図書館をひきつける上でお話を語るほど効果て

き面な手段はなかった」[110] と1915年の年次報告書で評価されている。その後、1918年にスペイン風邪の流行や戦時活動の影響で参加者が29,454人と減少した年もあったが、お話の時間は継続されていくことになった。

表5　シアトル公立図書館におけるお話の時間参加者数（人）：1909-1920年

	1909	1910	1911	1912	1913	1914	1915	1916	1917	1918	1919	1920
延べ参加者（人）	7,661	14,039	21,704	22,312	29,924	30,237	34,000	32,494	38,769	29,454	N.R.	20,593

*N.R.は報告なし
出典：SPLの各年報による

2.6　学校との連携による子どものための図書館空間の創出

2.6.1　学校への配本事業による図書館空間の拡張

　シアトル公立図書館では、予算不足のため学校との連携が実現していなかった。そうしたなかで、1895年に、アメリカ国内の先進的な都市における取組を踏まえて、学校と緊密に連携し、学校に提供する図書リストの作成と配布に着手すべきであるとの指摘がなされた[111]。その後も、予算不足が続き、すぐに指摘を実現するに至らなかった。

　ようやく、1899年に教師に向けて図画の提供が実施されるなど細々と開始された[112]。そこから図書の充実を図り、1903年には、3,000冊以上の学校に提供する図書を揃えた。同年9月から、150以上の教室に対して、20冊の定期的な配本事業を実施し、19,796冊の利用につながった[113]。その際、教師の負担を増やさないようにする工夫として、司書係となった生徒が図書の貸出と返却業務を担うことが一般的であった。1904年には、図書の提供が355教室に増加し、それに伴い41,859冊へと利用も増加した[114]。図書館による配本事業は、教師と生徒に対して有益であるとされ、公立学校長会から、感謝の意がたびたび示された[115]。

　1908年には、シアトル市内の各学校の4学年から8学年の子どもたちの教室には20冊の配本が行われた。子どもたちは、配本された図書を自宅に借りていくこともでき、図書館は学校配本を分館に相当する取り組みと認識してい

た[116]。1学年から3学年には24冊の絵本や読み物の配本が行われたが、教師の指導のもと校内で利用された。そのほかに、50冊から90冊ほどの参考図書が校長室に配本され、必要に応じて教師が借出し、子どもたちに活用させた。その結果、4学年から8学年の子どもたちによる42,521冊の貸出につながった。この冊数には、1学年から3学年を含めた教室内での閲覧や校長室の参考図書の利用は含まれていないため、活用の全貌を把握することは困難であった。だが、数値に表れない教室での閲覧なども常に行われていたという教師からの報告[117]を踏まえれば、十分活用されていたといえる。

　また、1910年には1教室、平均42人の子どもが在籍することを踏まえて、20冊以上の配本をするためには、配本のための図書が不足する現状も報告[118]されたが、1920年になっても状況は変わらなかった[119]。そうした状況下で、1916年には、リンカーン高等学校との配本事業などの連携といった新たな試みも実施された[120]。

2.6.2　図書館員による利用指導を通じた図書館空間へのいざない

　学校への配本という連携事業とともに、児童図書館員による学校訪問と学校の教師や子どもたちによる図書館訪問が行われ、図書館やそこで提供される図書の活用方法を学んだ。

　1907年、児童図書館員が16校の45教室を訪問し、公立図書館の利用方法について講演を行った。逆に学校から図書館訪問も10回実施され、教師とともに、485人の子どもたちが図書館を訪れ、見学とともに、目録や参考図書の使い方の指導を受け、利用登録を行う機会ともなった[121]。

　この取り組みは拡充され、1913年には図書館員から高等学校進学前までにシアトルのすべての子どもが図書館利用法についての授業を受けられるようになっていた[122]。さらなる学校訪問の充実には学校訪問を担当する図書館員が必要であると人員不足が指摘された[123]。

2.6.3　教師室という空間の整備

　1907年の新中央館開館時には半地下の児童室に隣接した教師室が設けられ

たが、1910年には中2階に置かれていた。教師室は、学校との連携事業の司令塔と位置付けられ、学校配本用の複本などを管理[124]し、教員向けの図書リスト[125]や図書館の利用法を紹介する冊子[126]の作成も行った。1912年に、より利用しやすくするために教師室は最上階へと移転させ、教育関係雑誌や各都市の関係資料、学習カリキュラムに関する資料、教科書コレクション、図画コレクションなどが揃えられた。しかし、教師室自体の利用に結びつかなかったものの、図画コレクションには大きな関心が寄せられ、実際に利用もされていた。

　教師室の利用を促進するため、1917年には参考室に置かれていた教育関係の参考図書を教師室へと移し、次いで1920年には一般書架に置かれていた教育書を教師室へと移すことで、教育関係資料をまとめて利用できるようにした[127]。教師室を通じて提供される図画をはじめとする資料は教師を通じて、学校にいる子どもたちへと届けられていくことになった。

2.7　子どものための図書館空間への関心を喚起する取り組み

　1908年に児童部門長となったアンドラスは、子どもとかかわる成人に対しても児童部門の存在感を高めるために、同年12月のクリスマス時期に子どもへ贈るのにふさわしい図書の展示と図書リストの配布を開始した[128]。この取り組みは、継続され、図書リストに掲載された図書の売り上げが伸びたとの声が地元書店から寄せられた[129]。1916年のクリスマス時期には、地元書店に図書館の推薦する図書を並べるとともに、図書館員を派遣し、子どもに贈る図書の選択を助言したり、児童図書についての講演を行ったりする取り組みへと拡大させた[130]。1918年には、この取り組みが新聞で報道されることで注目を集め成功を収めるに至ったと報告されている[131]。1920年には、クリスマス時期以外にも赤ちゃん週間の図書展示や児童図書週間の展示などへと広がりを見せた[132]。

　その他にも、1908年から開始された少年読書サークルという取り組みがあった。ボーイスカウトの子どもたちが、指定された図書を読み、特定のテーマに関する図書リストを作成し、アウトドアや運動競技に関する話題について討

論を行うという、図書館の子ども向け蔵書を活用した試みであった[133]。こうした取り組みは、子どもたちを図書館空間へと導く手段のひとつとなっていた。

おわりに

　本稿では、1890年代から1920年代初頭までの時期を中心に、アメリカ西部を代表するロサンゼルス公立図書館とシアトル公立図書館の児童サービスに焦点をあて、子どものための図書館サービスの取り組みとそこから生じる空間について創出や形成という視点からまとめた。

　図書館創設時、ロサンゼルス公立図書館、シアトル公立図書館どちらも、予算不足もあり、子どものための図書を豊富にそろえた児童室という空間を設けることが困難であった。

　ロサンゼルス公立図書館では、図書館内に子どものための児童サービス空間を設けるよりも、学校との連携によって、市内全域の学校で図書館サービスを享受できる空間を創出することに熱心であった。のちに、非専門職館長により、取り組みが否定され、一時中断してしまう事態にもなったものの、こうした試みは、後に学校図書館形成の素地になっていったといえる。

　さらに、市内全域に児童サービス空間を拡張していく発想は配本所やアメリカ東部地域の図書館の実践を参考に導入されたプレイグラウンド、さらにはカーネギーの寄付に基づき、建設された児童室を有する分館における空間でも見られた。

　シアトル公立図書館でも、アメリカ東部地域での児童サービス実践の影響が見られた。特に、1908年に着任したアンドラス児童部門長は、前職のピッツバーグ・カーネギー図書館での実践を踏まえて、プレイグラウンドの実施や図書館員による学校訪問や生徒に対する利用指導の実施といった取り組みを行った。東部地域の図書館の取り組みを取り入れる際には、プレイグラウンドにおけるチェックシステムのように、地域の子どもの状況に合わせた工夫もみられ、単なる真似ではなかった。アンドラス児童部門長の他にも、ウィスコンシン州マディソン公立図書館の児童部門長を務めた人物を学校部門に任命するな

ど中西部からの人材確保もみられた。

　また、現在のヤングアダルトサービスにつながる子どもと成人の中間に位置する子どもたちを念頭においた中間コレクションの形成と提供など、子どもたちに合わせた空間づくりが意識されていた。

　その一方で、図書館員が良書を提供することを意識したり、児童室に手洗い場を設けたり、子どもたちの読書嗜好や行動を統制する空間としての側面もみられた。

　このように、ロサンゼルス公立図書館もシアトル公立図書館も状況に応じた相違は見られるものの、東部や中西部地域の図書館の影響を受けつつ、独自の工夫で子どものための図書館空間の創出と拡充に取り組んでいたのである。

注

　ロサンゼルスおよびシアトル公立図書館の年報の表記は簡略化した。例えば、"Juvenile," *Fourteenth Annual Report of the Board of Directors of the Los Angeles Public Library and Report of Librarian, December, 1902*, p. 21-22 は、以下のように表記した。"Juvenile," *14th LAPLAR Dec. 1902*, p. 21-22. 年報の表記は一貫しておらず変化がある（例えば号数が示されていない）が、書誌事項が明確にわかる範囲で、上記の例に準じている。

1) 中山愛理「ピッツバーグ・カーネギー図書館における児童サービス空間」相関図書館学方法論研究会（川崎良孝・吉田右子）編『トポスとしての図書館・読書空間を考える』（シリーズ「図書館・文化・社会」1）, 松籟社, 2018, p. 181-209.
2) 中山愛理「アメリカ南部における児童サービスとその空間：アトランタ・カーネギー図書館とニューオーリンズ公立図書館を中心にして」相関図書館学方法論研究会（川崎良孝・三浦太郎）編『時代のなかの図書館・読書文化』（シリーズ「図書館・文化・社会」3）, 松籟社, 2020, p. 181-211.
3) 中山愛理「ウィスコンシン州の公立図書館における児童サービスとその空間」相関図書館学方法論研究会（川崎良孝・三浦太郎）編『公立図書館の思想・実践・歴史』（シリーズ「図書館・文化・社会」6）, 松籟社, 2022, p. 195-242.
4) "Report of the Board of Directors of the Los Angeles Public Library," *LAPLAR Dec. 1889*, p. 9.
5) *ibid.*, p. 10.
6) "Los Angeles Public Library," *ibid.*, p. [5].

7) "School Department," *LAPLAR For the Year Ending Nov. 30, 1905*, p. 22.

8) "The Growth of the Library," *ibid.*, p. 38-39.

9) "School Department," *18th LAPLAR For the Year Ending Nov. 30, 1906*, p. 33-35.

10) *ibid.*, p. 34.

11) "Juvenile Department," *23rd LAPLAR July 1911*, p. 14.

12) "Juvenile Department," *24th LAPLAR July 1912*, p. 20-22.

13) "Report of the Librarian," *ibid.*, p. 12.

14) "Report of the Librarian," *32nd LAPLAR Sept. 1920*, p. 19.

15) "Department of Children's Work," *33rd LAPLAR Oct. 1921*, p. 32-34.

16) "Schools and Library," *LAPLAR Dec. 1897*, p. 11-12.

17) "School and Juvenile Department," *ibid.*, n.p.

18) "Schools and Library," *ibid.*, p. 11.

19) "Report of the Board of Directors," *13th LAPLAR Dec. 1901*, p. 7.

20) "Juvenile," *14th LAPLAR Dec. 1902*, p. 21-22.

21) "Juvenile," *15th LAPLAR Dec. 1903*, p. 19.

22) "School and Juvenile," *Annual Report of the Library Department of the City of Los Angeles, California, For the Year Ending November 30, 1904*, p. 14-15.

23) "Librarian's Report," *18th LAPLAR For the Year Ending Nov. 30, 1906*, p. 14.

24) "Los Angeles Public Library 20th Annual Report," *20th LAPLAR For the Year Ending Nov. 30, 1908*, p. 8.

25) "Juvenile," *21st LAPLAR For the Year Ending June 30, 1909*, p. 57.

26) "Juvenile Department," *32nd LAPLAR Sept. 1920*, p. 32-34.

27) "Branch and Delivery Stations," *30th LAPLAR Dec. 1901*, p. 36.

28) "Report of the Condition of the Los Angels Public Library," *19th LAPLAR For the Year Ending Nov. 30, 1907*, p. 38-39.

29) "Twenty-Third Annual Report of the Board of Directors of the Los Angeles Public Library," *23rd LAPLAR July 1911*, p. 8-9.

30) "Report of Librarian to the Board of Education 1899," *LAPLAR Dec. 1, 1898 – Nov. 30, 1899*, p. 34.

31) "Children's Reading," *6th LAPLAR Dec. 1894*, p. 32.

32) "The library and the Public Schools," *LAPLAR 1891*, p. 19.

33) "Distribution of Books Through the Schools," *5th LAPLAR Dec. 1893*, p. 19.

34) "Librarian's Report of the Condition of Los Angeles Public Library," *19th LAPLAR For the Year Ending Nov. 30, 1907*, p. 19-20.

35) "Books," *LAPLAR 1891*, p. 15-16.

36) "School and Juvenile," *LAPLAR Dec. 1, 1898 – Nov. 30, 1899*, p. 12.

37）"Juvenile Department," *13th LAPLAR Dec. 1901*, p. 22-23.

38）"Juvenile Department," *18th LAPLAR For the Year Ending Nov. 1906*, p. 71-72.

39）"Juvenile Department," *22nd LAPLAR July, 1910*, p. 16.

40）"Comparative Classified Statistics of Circulation, "*33rd LAPLAR Oct. 1921*, p. 48.

41）"Juvenile," *21st LAPLAR For the Year Ending June 30, 1909*, p. 57-58.

42）"Juvenile Department," *24th LAPLAR July 1912*, p. 21.

43）"Juvenile Department," *25th LAPLAR June 1913*, p. 20.

44）"Juvenile Department," *26th LAPLAR July 1914*, p. 20.

45）"Report of Branches Department," *ibid.*, p. 29

46）"Juvenile Department," *27th LAPLAR July 1915*, p. 21.

47）"Juvenile Department," *28th LAPLAR July 1916*, p. 17.

48）"Juvenile Department," *29th LAPLAR Sept. 1917*, p. 22.

49）"Report of the Librarian," *30th LAPLAR Oct. 1918*, p. 16.

50）"Juvenile Department," *33rd LAPLAR Oct. 1921*, p. 34-35.

51）"Report of Librarian to the Board of Education 1899," *LAPLAR Dec. 1, 1898 – Nov. 30, 1899*, p. 35.

52）"The library and the Public Schools," *LAPLAR 1891*, p. 19.

53）*ibid.* p. 19-20.

54）"Distribution of Books Through the Schools," *5th LAPLAR Dec. 1893*, p. 19.

55）"Report of Librarian to the Board of Education 1899," *LAPLAR Dec. 1, 1898 – Nov. 30, 1899*, p. 37.

56）"Distribution of Books Through the Schools," *6th LAPLAR Dec. 1894*, p. 13.

57）"Library and Schools," *7th LAPLAR Dec. 1895*, p. 18-19.

58）"In General," *8th LAPLAR Dec. 1896*, p. 15.

59）"Distribution of Books Through the Schools," *5th LAPLAR Dec. 1893*, p. 19.

60）"School," *15th LAPLAR Dec. 1903*, p. 19.

61）"School Department," *18th LAPLAR For the Year Ending November 30, 1906*, p. 34.

62）"School Department," *24th LAPLAR July 1912*, p. 22-23.

63）"Juvenile Department," *26th LAPLAR July 1914*, p. 20.

64）"Report of the Librarian," *28th LAPLAR July 1916*, p. 12.

65）"Report of the Librarian," *32nd LAPLAR Sept. 1920*, p. 19.

66）"School and Teachers Department," *ibid.*, p. 32.

67）*ibid.*

68）"Department of Children's Work," *33rd LAPLAR Oct. 1921*, p. 32-34.

69）"The library and the Public Schools," *LAPLAR 1891*, p. 20.

70）"Distribution of Books Through the Schools," *4th LAPLAR Dec. 1892*, p. 17-18.

71) "Schools and Library," *LAPLAR From December 1, 1897 to November 30, 1898*, p. 10-11.

72) "Juvenile," *14th LAPLAR Dec. 1902*, p. 21-22.

73) "Department of Schools," *19th LAPLAR For the Year Ending Nov. 30, 1907*, p. 93-94.

74) "Schools," *20th LAPLAR For the Year Ending Nov. 30, 1908*, p. 72.

75) "For the Schools," *21st LAPLAR For the Year Ending June 30, 1909*, p. 57-58.

76) "Juvenile Department," *25th LAPLAR July 1913*, p. 21.

77) "Juvenile Department," *26th LAPLAR July 1914*, p. 20.

78) "Juvenile Department," *31st LAPLAR Oct. 1919*, p. 26.

79) "School and Juvenile," *12th LAPLAR Dec. 1900*, p. 17.

80) "Juvenile Department," *24th LAPLAR July 1912*, p. 21.

81) "The Story of Twenty-five Years," *25th SeattlePLAR 1915*, p. 6-7.

82) "Children's department," *The city of Seattle Public Library Department Thirteenth Report of the Librarian, 1903*, p. 9-11.

83) "Children's department," *18th SeattlePLAR 1908*, p. 10-11.

84) "Children's department," *21st SeattlePLAR 1911*, p. 20.

85) "Children's department," *22nd SeattlePLAR 1912*, p. 30.

86) "Rules and Regulations," *Catalogue of the Public library of the city of Seattle*, Seattle, Sunset publishing co., printers, 1893, p. iii-iv.

87) "Children's department," *The city of Seattle Public Library Department Seventh Report of the Librarian,1897*, p. 10.

88) "The Story of Twenty-five Years," *25th SeattlePLAR 1915*, p. 8.

89) "Old Building Children's Room," *15th SeattlePLAR 1905*, p. 21.

90) "Branches," *ibid.*, p.12.

91) *ibid.*

92) "Deposit stations," *18th SeattlePLAR 1908*, p. 19.

93) "Branches," *16th SeattlePLAR 1906*, p. 18.

94) "Other Agencies," *17th SeattlePLAR 1907*, p. 14.

95) "Deposit stations," *18th SeattlePLAR 1908*, p. 19.

96) "Deposit Stations," *21st SeattlePLAR 1911*, p. 26.

97) "Children's department," *19th SeattlePLAR 1909*, p. 16.

98) "Children's room, central library," *20th SeattlePLAR 1910*, p. 13-14.

99) "Playgrounds," *21st SeattlePLAR 1911*, p. 22.

100) "Children's department," *22nd SeattlePLAR 1912*, p. 24.

101) "Table 3 Juvenile Circulation by Classes 1920," *30th SeattlePLAR 1920*, p. 38.

102) "Circulation," *The city of Seattle Public Library Department Seventh Report of the*

Librarian, 1897, op.cit., p. 9.

103） "Circulation," *The city of Seattle Public Library Department Eighth Report of the Librarian, 1898*, p. 8.

104） "Appendix Circulation," *The city of Seattle Public Library Department Ninth Report of the Librarian, 1899*, p. 17.

105） "Children's department," *The city of Seattle Public Library Department Thirteenth Report of the Librarian, 1903, op.cit.*, p. 10.

106） "Children's department," *18th SeattlePLAR 1908*, p. 10-11.

107） "Children's department," *22nd SeattlePLAR 1912*, p. 24.

108） "Children's department," *23rd SeattlePLAR 1913*, p. 18.

109） "Children's department," *17th SeattlePLAR 1907*, p. 9-10.

110） "Library service to children," *25th SeattlePLAR 1915*, p. 34-35.

111） "University and School Extension," *The Fifth Annual Report of the Library Commission of the City of Seattle,1895*, p. 10.

112） "Children's department," *The city of Seattle Public Library Department Ninth Report of the Librarian,1899*, p. 12.

113） "Work with schools," *The city of Seattle Public Library Department Thirteenth Report of the Librarian,1903, op.cit.*, p. 11.

114） "Children's branches and schools," *14th SeattlePLAR 1904*, p. 17-18.

115） *ibid.*; "Work with schools," *16th SeattlePLAR 1906*, p. 19.

116） "Work with schools," *18th SeattlePLAR 1908*, p. 19.

117） *ibid.*

118） "Teacher's room, central twentieth," *20th SeattlePLAR 1910*, p. 15.

119） "Children's department," *30th SeattlePLAR 1920*, p. 25.

120） "Hight school library," *26th SeattlePLAR 1916*, p. [8].

121） "Children's department," *17th SeattlePLAR 1907*, p. 9-10.

122） "Children's department," *23rd SeattlePLAR 1913*, p. 20.

123） "Children's department," *30th SeattlePLAR 1920*, p. 25.

124） "Teacher's room, central twentieth," *20th SeattlePLAR 1910*, p. 15.

125） Gertrude F. Hess, *A list of books for teachers in the Seattle Public Library*, Seattle Public Library, *1910*, 22p.

126） "Children's department," *21st SeattlePLAR 1911*, p. 23.

127） "Children's department," *30th SeattlePLAR 1920*, p. 24.

128） "Children's department," *18th SeattlePLAR 1908*, p. 10-11.

129） "Children's room, central library," *20th SeattlePLAR 1910*, p. 13.

130） "Children," *26th SeattlePLAR 1916*, p. [7-8].

131) "Children's department-Miss Andrus," *28th SeattlePLAR 1918*, p. 11-12.

132) "Children's department," *30th SeattlePLAR 1920*, p. 24.

133) "Children's room, central library," *20th SeattlePLAR 1910*, p. 13.

各論文抄録

宗教グループの集会室利用に関する裁判事件：アメリカ図書館協会の到達点

川崎良孝

　本稿は宗教グループの図書館集会室の利用をめぐる裁判を取り上げ、そうした裁判がアメリカ図書館協会（ALA）の方針に与えた影響と結果を考察している。概して図書館は国教禁止条項に沿って、宗教グループ集会室利用を拒否してきた。しかし1899年の「アメリカを懸念する女性」事件判決を受けて、ALAは、宗教グループが宗教的見地から社会問題などを一般に向けて論じる場合、集会室の利用を拒否できないとした。2000年代に生じたフェイスセンター事件などでは礼拝を含むプログラムが問題になり、判決はいずれも原告の宗教グループを支持していた。それを受けてALAは言論の内容や主催者の性格での制限は許されず、内容中立の時間、場所、態様での制限に限るという方針を採択した。これは集会室の基本方針について、ALAの到達点を示している。

デンマークにおける「公共図書館・教育学習センター開発補助金」：採択プロジェクトにみる脆弱層への視点

吉田右子　和気尚美

　本稿では「デンマーク図書館サービス法」に基づく公共図書館・教育学習センター開発補助金について、脆弱層への視点に焦点を当てた政策的展開を明らかにするために、2014年から2022年までの補助金対象事業を対象に、助成内容、助成金の変遷を分析した。開発補助金による助成プロジェクト280件を分析した結果、

脆弱層・脆弱住居地域を対象としたプロジェクトは全部で12件であった。公共図書館がプロジェクト実施を通じて担う役割は、パブリックライブラリアンシップが内包する社会的公正の観点に合致していることが明らかになった。公共図書館における社会的公正は全住民への平等・公平なサービスの提供を基調とする図書館の包摂に関わる基本的性格に基づくものであり、マジョリティとマイノリティの格差の解消は、公共図書館の運営原理の最優先事項である。脆弱層を包摂し集中的にリソースを投入することは、デンマーク公共図書館の社会的公正の具現化への中心戦略となっている。

Communication Media for International Cultural Exchange in the Public Libraries of China: A Case Study on the "Window of Shanghai" Project of the Shanghai Library

金晶（Jin JING）　王凌（Ling WANG）

Media is a tool in communication. The development of modern media has raised new requirements for the public library. The "Window of Shanghai", a project of the Shanghai Library has been aiming at library's cultural exchange. Through its development and trials on various media forms, it is progressing with media development and is also confronted with some challenges. This essay, focusing on the media options of the "Window of Shanghai" tries to discuss the situation a public library has to face in the background of media development and gives some proposals for media options in library's future cultural exchange.

探究を世界知につなげる：教育学と図書館情報学のあいだ

根本彰

　学校図書館を理論的制度的に位置付ける作業の一環として、学校図書館が知を媒介する作用をもつことを示す（図書館）情報学的な理論装置を検討した。その際に、ジョン・デューイの道具主義的教育論の基底にある探究（inquiry）概念が世界知（accumulated wisdom of the world）への志向性をもっていることに着目し、

それを、レリヴァンス（relevance）、データ・情報・知識・知恵のヒエラルキー（DIKWピラミッド）、ドキュメントと書物の関係、読者反応理論とメタファーとしての知、客観的知識論とドメイン分析、社会認識論（social epistemology）の6種類の理論装置から検討する方法をとった。最終的には、ドメインとしての学校における知識組織のあり方を分析することにより、世界知への方向付けをもったカリキュラム構築の一助になることを述べた。

『百科全書』における分類の枠組み：「記憶・想像・理性」から「記憶・理性・想像」へ

三浦太郎

　『百科全書』刊行に際して、共同編集者ディドロとダランベールは項目全体を俯瞰するための知識体系の大枠を示し、「歴史・哲学・詩」の順序立てとした。これは一見、ベーコン『学問の進歩』における学問分類の踏襲に見える。しかし、ベーコンが神の摂理に基づく自然の真理の解明という見地から、自然の発見から記憶へ、そして想像を介した理性の判断へと向かう「記憶・想像・理性」の認識過程を考え、学問分類を根拠づけたのにたいし、ディドロとダランベールはロックの認識論の影響を受けつつ、自然界からの働きかけを起点に、観念の知覚、記憶、理性の働きによる観念結合という流れを考察し、そうした認識に基づき学問を整理して『百科全書』の見取図を描いた。記憶と理性が直接に結びつき、「記憶・理性・想像」という順序立てを導いたもので、ベーコンの分類の枠組みとは異なったのである。

アメリカ西部の公立図書館における児童サービスとその空間：ロサンゼルスとシアトルを中心にして

中山愛理

　本稿では、1890年代から1920年までのアメリカ合衆国西部地域における子どもに対する図書館サービス空間を探るために、カリフォルニア州ロサンゼルス公立図書館及び、ワシントン州シアトル公立図書館の事例に基づき検討を行った。他

地域に比べて図書館の整備が遅れていた西部では、児童のためのサービス空間の確保が困難な状況がみられた。そうしたなかで、学校との連携を重視し、学校への配本事業などを通じて図書館サービスを享受できる空間の創出が行われた。取り組みを担う人材は、館内で養成されることもあったが、東部のピッツバーグカーネギー図書館やウィスコンシン州など各地からの人材確保がみられた。これらの児童サービスを担う人材は、アメリカ東部や中西部で取り組まれていた児童サービスの実践を西部にもたらし、影響を与えた。そうしたなかで、西部の図書館は、東部や中西部地域の図書館の影響を受けつつも、独自の工夫で子どものための図書館空間の創出と拡充に取り組んでいた。

索　引

・用語対照という性格を持たせている。
・書名で著者がカタカナになっている図書には訳書があり、原書名は示していない。
・金晶論文の索引は作成していないが、以下がキーワードである。Media development, Cultural exchange, Window of Shanghai, Shanghai Library.

編集後記

　相関図書館学方法論研究会は多年にわたって活動を続け、2018年4月から松籟社の協力を得て、研究成果を〈シリーズ〉「図書館・文化・社会」として世に問うことになった。今回は第9号になるが、順調に4月に刊行できたことを喜んでいる。

　本シリーズは研究会会員の相互研鑽の場なのだが、過去に塩見昇さんに図書館法制の歴史展開（3号, 2020）、1960年代後半から1970年代前半の大阪市立図書館の動き（6号, 2022）に関する論文を依頼した。今回は根本彰さんに、これまでの研究と今後の展望について力作をお願いした。長年の研究と今後の展望が窺われる論文なので、ぜひお読みいただきたい。

　本シリーズは毎年4月に刊行している。それに加えて『図書館研究の回顧と展望』（4号, 2020）と『テーマで読むアメリカ公立図書館事典』（8号, 2023）は各々10月と9月の発刊で、この2冊は研究会としてテーマを設定して、1年以上の準備期間を設けてまとめたものである。そうした意味で他の号とは性格が異なる。

　2018年に第1号『トポスとしての図書館・読書空間を考える』を起点に今号は第9号なので、翌2025年4月号は第10号になる。10号でひとまずシリーズの区切りをつけたいと考えている。発刊からほぼ10年が経過し、各会員の公私の生活の具合にも大きな変化があり、研究会の今後について改めて検討する必要があると考えている。

（川崎良孝）

編者・執筆者紹介［掲載順］

●編（著）者

川崎　良孝（かわさき　よしたか）
　2015　京都大学名誉教授
　主要業績：『社会を映し出す『図書館の権利宣言』』（京都図書館情報学研究会, 2021）；アメリカ図書館協会知的自由部『図書館の原則　改訂5版』（共訳, 日本図書館協会, 2022）；ウェイン・A.ウィーガン『アメリカ公立学校図書館史』（共訳, 京都図書館情報学研究会, 2022）ほか

三浦　太郎（みうら　たろう）
　2019　明治大学文学部教授
　主要業績：『図書・図書館史』（編著, ミネルヴァ書房, 2019）；「江戸時代における西洋図書館の知識について」（共著『社会的媒体としての図書・図書館』松籟社, 2023）；"Don Brown and Japanese Librarianship During the Occupation Period," *Proceedings from the Document Academy*, 10 (2), 2023. ほか

●執筆者

吉田　右子（よしだ　ゆうこ）
　2011　筑波大学大学院図書館情報メディア研究科教授
　主要業績：『メディアとしての図書館』（日本図書館協会, 2004）；『デンマークのにぎやかな公共図書館』（新評論, 2010）；『オランダ公共図書館の挑戦』（新評論, 2018）ほか

和気　尚美（わけ　なおみ）
　2022　三重大学情報教育研究機構　招へい教員
　主要業績：「移民・難民のくらしに寄り添う公共図書館」（共著『多文化社会の社会教育』明石書店, 2019）；『越境を経験する：デンマーク公共図書館と移民サービス』（松籟社, 2022）；「デンマークの公共図書館プログラム」（共著『デンマーク式生涯学習社会の仕組み』ミツイパブリッシング, 2022）ほか

金　晶（Jin Jing）
　上海図書館国際交流センター　「上海の窓」担当主任
　主要業績：「超越图书」（『第八届上海国际图书馆论坛论文集』上海科学技术文献出版社, 2016）；「上海図書館国際交流処の歴史と展望」（共著『時代のなかの図書館・読書文化』松籟社, 2020）；"A Research of the 'Window of Shanghai' Project of the Shanghai Library"（共著『公立図書館の思想・実践・歴史』松籟社, 2022）ほか

王　凌（Wang Ling）
　英語インストラクター

根本　彰（ねもと　あきら）
　2015　東京大学名誉教授
　2015-2020　慶應義塾大学文学部教授
　主要業績：『教育改革のための学校図書館』（東京大学出版会, 2019）；『アーカイブの思想：言葉を知に変える仕組み』（みすず書房, 2021）；『図書館情報学事典』（編集委員長, 丸善出版, 2023）ほか

中山　愛理（なかやま　まなり）
　2016　大妻女子大学短期大学部国文科准教授
　主要業績：「アメリカ南部における児童サービスとその空間：アトランタ・カーネギー図書館とニューオーリンズ公立図書館を中心にして」（共著『時代のなかの図書館・読書文化』松籟社, 2020）；「ウィスコンシン州の公立図書館における児童サービスとその空間」（共著『公立図書館の思想・実践・歴史』松籟社, 2022）ほか

シリーズ〈図書館・文化・社会〉9

図書館思想の進展と図書館情報学の射程

2024 年 4 月 30 日　初版発行　　　　定価はカバーに表示しています

編著者　　相関図書館学方法論研究会
（川崎良孝・三浦太郎）

発行者　　相坂　　一

発行所　　松籟社（しょうらいしゃ）
〒 612-0801　京都市伏見区深草正覚町 1-34
電話　075-531-2878　　振替　01040-3-13030
url　http://www.shoraisha.com/

印刷・製本　　モリモト印刷株式会社
カバーデザイン　　安藤紫野（こゆるぎデザイン）

Printed in Japan